JUNHO FEBRIL

Junho febril
Igor Mendes

© n-1 edições, 2023
ISBN 978-65-81097-63-9

Embora adote a maioria dos usos editoriais do âmbito brasileiro, a n-1 edições não segue necessariamente as convenções das instituições normativas, pois considera a edição um trabalho de criação que deve interagir com a pluralidade de linguagens e a especificidade de cada obra publicada.

COORDENAÇÃO EDITORIAL Peter Pál Pelbart e Ricardo Muniz Fernandes
DIREÇÃO DE ARTE Ricardo Muniz Fernandes
ASSISTÊNCIA EDITORIAL Inês Mendonça
GESTÃO EDITORIAL Gabriel de Godoy
EDIÇÃO EM LaTeX Guilherme de Araújo
REVISÃO Fernanda Mello
CAPA Lucio Ayala
FOTO DE CAPA Daniel Marenco

A reprodução parcial deste livro sem fins lucrativos, para uso privado ou coletivo, em qualquer meio impresso ou eletrônico, está autorizada, desde que citada a fonte. Se for necessária a reprodução na íntegra, solicita-se entrar em contato com os editores.

1ª edição | Junho, 2023
n-1edicoes.org

JUNHO FEBRIL

IGOR MENDES

n-1 edições

Sumário

I	LATÊNCIAS.	.9
1	Sexta-feira, 31/05/2013	»11
2	Sábado, 01/06/2013	»24
3	Domingo, 02/06/2013	»35
4	Segunda-feira, 03/06/2013	»41
5	Terça-feira, 04/06/2013	»46
6	Quarta-feira, 05/06/2013	»51
7	Quinta-feira, 06/06/2013	»56
8	Sexta-feira, 07/06/2013	»64
9	Sábado, 08/06/2013	»72
10	Domingo, 09/06/2013	»85
11	Segunda, 10/06/2013	»97
12	Terça-feira, 11/06/2013	»104
13	Quarta-feira, 12/06/2013	»117
14	Quinta-feira, 13/06/2013	»122
II	CESURA.	.133
15	Quinta-feira, 13/06/2013 (mais tarde)	»135
16	Sexta-feira, 14/06/2013	»146
17	Sábado, 15/06/2013	»158
18	Domingo, 16/06/2013	»166
19	Segunda-feira, 17/06/2013	»175
20	Terça-feira, 18/06/2013	»202
21	Quarta-feira, 19/06/2013	»209
22	Quinta-feira, 20/06/2013	»221

23	Sexta-feira, 21/06/2013	»245
24	Sábado, 22/06/2013	»251
25	Domingo, 23/06/2013	»255
26	Segunda-feira, 24/06/2013	»266
27	Terça-feira, 25/06/2013	»273
28	Quarta-feira, 26/06/2013	»283
29	Quinta-feira, 27/06/2013	»291
30	Sexta-feira, 28/06/2013	»304
31	Sábado, 29/06/2013	»331
32	Domingo, 30/06/2013	»346

A José Maria Galhasi (in memoriam)

*O vento é o mesmo: mas sua resposta é
diferente, em cada folha*

Cecília Meireles

Parte I

Latências

Sexta-feira, 31/05/2013

NAVALHA: UMA TRAULITADA NA CABEÇA.

Essa é a sensação de ser demitido, mesmo que o emprego seja uma merda e o salário, idem. Afinal, se o lugar era uma droga, e eu ainda assim fui despedido, então, eu devo ser uma droga pior ainda, certo?

De jeito nenhum. Sem essa, irmão! É melhor cair de pé do que se tornar um golpista ou um baba-ovo. Sim, mil vezes melhor. Na hierarquia de coisas desonestas que alguém pode fazer na vida, extorquir velhinhos deve estar bem lá no topo. O problema é que a merreca fará falta. Ah, isso sim. Afinal, não são tantas as opções de trabalho quando se tem só o ensino médio. No tempo dos meus pais, isso ainda era alguma coisa; no dos meus avós então... "Fulano tem o científico completo" significava quase uma pessoa letrada dentro de casa. Tipo, o orgulho da família. Se não era garantia de fazer uma faculdade, nem de sair da favela, ao menos dava a chance de entrar numa fábrica, criar os filhos, esperar pela aposentadoria. Agora, pessoas com diploma universitário disputam comigo uma vaga de atendente de telemarketing e eu nem sonho em me aposentar um dia.

Isso é o que eu chamo de pensamento positivo. Mas quem é que pensa em coisas positivas no dia em que fica desempregado?

Na avenida Presidente Vargas as pessoas vão e vêm, apressadas; os bares estão lotados; outdoors oferecem felicidades pagas. Se a minha vida fosse um outdoor ele estaria em branco, com pedaços rasgados.

Dentro do trem, o zunido na minha cabeça se aquieta um pouco. Mas, antes da partida, eu já volto a pensar que não terei mais salário, nem dinheiro para inteirar as compras do mês ou a possibilidade de arranjar calças e tênis novos (o único que eu tenho está com a sola tão gasta que eu sinto a sujeira do chão sob os pés). Conheço bem o cheiro das horas vagas, o gosto das tardes cheias de tédio, que me esperam; a prisão que é não ter dinheiro para fazer o que se quer, mesmo que se queira pouco. De que adianta a força nos braços e nas pernas, se eu não consigo ganhar a vida com ela? O pior é isso: quando chegar em casa à noite, e me encontrar largado no sofá, minha mãe vai dizer: "Você já tem vinte e dois anos, não tem mais idade para se meter em confusão, não para em lugar nenhum, vai terminar igual o teu irmão etc. etc. etc. etc. etc. etc." Ela vai dizer e repetir e insistir nisto até eu ter vontade de mergulhar no rio Jacaré. Alto lá, como assim eu "já tenho" vinte e dois anos? vinte e dois anos por acaso é muito? Só porque eu sou preto e pobre não quer dizer que eu vou ter o mesmo destino dos outros pretos e pobres da minha família. Não quer dizer, certo? E essa comparação com o meu irmão. Na escola, ele que era o certinho, o que tirava boas notas e recebia elogios dos professores. Eu era o matador de aula, mau exemplo, só fazia merda. Depois daquele dia ele se perdeu. Aquela desgraça ferrou a cabeça dele. A culpa é minha se ele se deixou levar, igual tantos outros? É fácil se deixar levar, se você pensa bem (e até se você não pensa). As amizades, as roupas, as garotas. Armas, revolta. Do outro lado, salário mínimo, dura do patrão, dura do polícia, dura do pastor. "Sim senhor, sim senhor". Lembro do dia em que meu irmão foi preso: eu estava soltando pipa com o Golpe quando um moleque veio gritando que ele apareceu no programa do Wagner Montes. Como qualquer favelado sabe, aparecer no Wagner Montes significava estar preso ou morto. Quando cheguei em casa, esbaforido, minha mãe estava sentada no sofá, incapaz de dizer qualquer palavra. A dona Cleide – nossa vizinha de fundos – tentava fazer ela beber um copo d'água com açúcar. "Eu sei como é", ela dizia, "meus dois mais velhos estão agarrados. No começo é assim, depois você se acostuma." De lá para cá, ela meio que se acostumou mesmo, e eu já a vi consolar outras mães como foi consolada pela dona Cleide.

A gritaria dos camelôs corta os meus pensamentos. É só o trem partir da Central que eles começam a oferecer de alho picado a caixas de som. Está aí, de repente eu me junto a eles. Na estação do Maracanã eles ficam em silêncio enquanto os seguranças da Supervia vasculham do lado de fora. Já vi, mais de uma vez, homens que bateram o dia todo da Central à Baixada perderem a mercadoria num baque desses; gente acostumada a tomar pancada da vida chorar que nem criança porque não terá o que levar para casa. Mas também já vi juntarem cinco, seis, dez camelôs para defenderem um "amigo", e o prejuízo ficar do lado dos guardas – e o prejuízo, nesse caso, não é de dinheiro, mas de um nariz ou um braço quebrado. Neste jogo de gato e rato os passageiros costumam ficar do lado dos vendedores. "É melhor trabalhar do que roubar", dizem. Sem falar que tudo aqui é pela metade ou um terço do preço – menos a cerveja, que é igual em toda parte.

Quando o trem arranca e a camelotagem recomeça, um homem fala: "Isso é por causa da Copa." Uma mulher gorda com um lenço roxo na cabeça completa: "Querem convencer os turistas de que o Rio é um lugar sério." Ela fala de um jeito que faz todo mundo rir, até os vendedores que passam. Sabe como é, no perrengue há sempre um diálogo. "Até parece que algum turista vai pegar o ramal Belford Roxo", digo, em voz alta, só para participar da conversa – mas desta vez ninguém ri. Será que eles pensaram? Não, não é possível. Eu não quis desmerecer o ramal Belford Roxo. "Pessoal, eu moro no Jacarezinho", tenho vontade de dizer, mas não falo é mais nada. O pior é que essas coisas sempre acontecem comigo. Ou eu não falo, quando tenho que falar, ou digo tudo atropelado de uma vez na hora errada. Enquanto isso, o carteado come solto no fundo do vagão. Um cego passa pedindo dinheiro, fala numa cirurgia complicada, diz que não há os remédios no posto. Dentro do cesto, eu jogo uma moeda que me fará falta. Do lado de fora, os prédios, o Maracanã e a Uerj se afastam. Nos fins de linha da cidade, as favelas se desenrolam por todos os lados, como os fios que se desprendem das carretilhas de pipa. De repente, quando a viagem sossega, meu pensamento, qual redemoinho, volta a me puxar para as lembranças do patrão antipático, das cobranças da minha mãe, da falta de grana, e todos esses reflexos se embaralham enquanto o trem chacoalha e a minha vida parece imitar o trem, para a frente e para trás, dando sempre nas mesmas paradas.

Jacarezinho.

Quase não consigo atravessar a tempo a multidão que me separa da porta. Ao sair esbarro num camelô apressado, vindo no sentido contrário. Eu quase caio, mas, quando me viro para ele, disposto a tirar satisfação, percebo um sorriso conhecido do outro lado.

– Qual foi, Navalha!

– Fala, Zero Bala!

Nós costumávamos jogar bola na época da escola. Agora, ele trabalha de sol a sol para sustentar mulher e filhos. Não trocamos nada além do magro cumprimento: ele, desaparece em meio à mancha humana do lado de dentro, eu, me perco no fim da tarde do lado de fora.

Na favela, a sexta-feira ferve. A todo o vapor, o comércio de balas, de tênis, de pó, de boné, de pastel com caldo de cana, de maconha, de comida japonesa, de Bíblia, de camisetas de times; os mototáxis, os lava-jatos, as barbearias umas do lado das outras, os meninos armados no miolo do morro, os polícias da UPP nos acessos. Todos os barulhos misturados. Ouvi dizer que a passagem vai aumentar de novo. Com que dinheiro eu vou procurar emprego? Terei que ir a pé, sem um puto no bolso para comprar um copo d'água. (Com sede, pedirei nalgum boteco, onde beberei da bica mesmo.) Quantas vezes. O seu Otávio, pai do Golpe, sempre diz que "um homem com razão não perde a briga." Eu fico quieto, por respeito, mas não concordo. Se fosse verdade, eu ainda teria um emprego. No McDonalds, por exemplo, eu me invoquei com o gerente que passava a mão na bunda das garotas. Um dia, quando a Suelen reclamou e ele a chamou de "preta abusada", eu quase arrebentei a fuça dele com a espátula quente de fritar hambúrguer. Quer dizer, não é que eu faria aquilo de verdade, mas valeu a pena ver aquele escroto apavorado. Pergunto: eu estava errado? Só não deu polícia porque as garotas ficaram do meu lado, falaram que iriam denunciá-lo se ele botasse os canas na jogada. Depois, elas levavam lanche de graça para mim, até que eu parei de ir lá por perto (quando zerou o cartão da passagem) e tive que engolir um tempão desempregado. Agora esse telemarketing, que minha mãe conseguiu com a conhecida de uma conhecida da igreja. O dia inteiro convencendo pessoas que ganham um ou dois salários a pegar crédito para pagar suas outras dívidas, ou as dívidas dos seus filhos e netos, a prazo. Às vezes, são os coitados que nos ligam, apenas para nos xingar com os palavrões mais sujos que alguém possa imaginar. (Dia desses uma senhora de 75 anos – juro, ela nasceu em 1938 – me disse aos berros: "vai pra puta que o pariu, seu bife de rato." Sério, eu fiquei traumatizado.) O que eu posso fazer se, hoje, o patrão entrou na sala bem na hora em que eu dizia – também aos gritos – a um senhor que tem mais de trinta empréstimos no seu contracheque (ele garante que não se lembra de ter autorizado nenhum deles) que entrasse na justiça contra "esses agiotas" e que "desse um cano neles"? Esses agiotas = os caras que pagam o meu salário. Eu deveria dizer o quê? "Pague tuas dívidas e morra de fome?" "Honra teus compromissos e dane-se o remédio para a pressão?"

Hoje, o cheiro do rio está forte. Fica assim quando não chove. Muita bosta estagnada. Eu estou acostumado e nem me incomodo, assim como já estou acostumado com as pessoas magras como uma folha de papel revirando o lixo, ou sentadas de cócoras, fumando crack. Há uns dez anos isso era proibido. Depois, a moda chegou com força total, e com a mesma velocidade se multiplicaram os barracos de madeirite e papelão nos acessos da comunidade. Dentro da favela não pode fumar pedra, mas, à medida que o comércio cresce, esse dentro e fora é cada vez mais relativo. Olho para o portão preto de casa, onde a tinta desbotada marca A42, e me bate um cansaço. É como se eu também estivesse estagnado; como se eu nadasse, nadasse e sempre morresse na Beira do Rio. Agora, a frase da minha mãe, "você já tem vinte e dois anos", espeta a minha mente como uma agulha, e sinto como se eu fosse um velho decrépito, para o qual não há nenhuma promessa de futuro, nada. As pessoas com quem convivemos ao longo da vida têm esse defeito: elas sabem como nos acertar, bem lá onde dói.

FLÁVIA: NUMA ESTAÇÃO QUALQUER, BEM LONGE DE CASA.

"Não quero ir embora, mamãe, não quero." O Júnior me olha; grossas lágrimas escorrem pelas suas bochechas. "O seu avô está te esperando", eu digo. Por que ele não está aqui? Como eu posso permitir que essa criança viaje sozinha? Quando a porta do metrô se fecha, ele se agarra às minhas pernas, e metade do seu corpo fica para o lado de fora. Essa droga não tem nenhuma trava de segurança? Meu Deus, ele vai ser despedaçado! O vagão começa a se deslocar e eu espanco as laterais, grito por socorro, enquanto a velocidade aumenta.

Desperto. No andar de cima, o vizinho pula com vontade sobre o chão e, embora eu o odeie por isso (a sessão de tortura começa às oito horas, de segunda a sexta), hoje não tenho do que reclamar. Meu corpo treme e eu sinto calafrios. Em geral, esses pesadelos me ocorrem após o Júnior passar o fim de semana comigo – o que não será o caso agora, pois no celular há uma mensagem do meu pai dizendo que o "Vítor terá uma festinha" e por isso eles não virão (por alguma espécie de estúpido orgulho masculino, ele se recusa a chamar o neto de "Júnior"). Mais tarde, eu decidirei se essa informação me deixará triste.

Quando ele era menor, na hora de ir para a rodoviária, costumava se agarrar às minhas pernas e pedir para ficar. O meu coração só faltava implodir nessa hora. Será que isso já aconteceu antes? Digo, uma pessoa morrer, de repente, apenas porque seu coração se cansou de bater? Credo, que pergunta estúpida. Todo mundo sabe que isso já aconteceu trilhões de vezes. Da última vez que o Júnior fez aquilo, eu pensei em desistir da música, do trabalho, de tudo, e ficar em casa sendo apenas a mamãe atenciosa dele. Pensando bem, Vassouras não é tão ruim assim, e agora as pessoas não vão mais ficar me apontando como a garota que engravidou aos dezesseis. Afinal, eu já tenho vinte e quatro. Acho até graça em ser confundida com a irmã mais velha do meu filho, ou com a amante gostosona do meu pai (que, por sua vez, fica com a fama de velho tarado, mas isso é problema dele).

Não, não, não. Vassouras é tão provinciana quanto monótona, e viver lá não era legal. Limpar mesas de dia, estudar alguma coisa chata à noite, namorar caras que só pensam em casar e ter mais filhos. Música, apenas aquela resumida às reuniões de família, sem falar a obrigação de conviver com o Vítor, pai do Júnior. Além de engravidar do primeiro moleque com quem transei, eu ainda tive a genial ideia de botar o nome dele no menino. Parabéns, Flávia. Coisa de adolescente, não é mesmo? A diferença é que uma criança é um fato definitivo na sua vida, ao contrário de quase todas as outras modas adolescentes. Eu até tentei ser uma balconista/mãe solteira exemplar, mas um dia me peguei chorando sozinha com tanta frequência embaixo do chuveiro, ou no banheiro da lanchonete, ou durante os passeios com o meu filho, ou quando olhava o violão inerte ao lado do guarda-roupas que decidi tentar um outro caminho. O Rio de Janeiro pode não ser a maior ou mais acolhedora cidade do mundo – e não é mesmo! –, mas era isso ou definhar. E, verdade seja dita, jamais passou pela minha cabeça deixar o Júnior de fora dessas mudanças, porque mesmo nos piores momentos – sobretudo nos piores momentos – era daquela pequena criaturazinha com olhos enormes que eu arrancava forças para levantar da cama. Numa tarde, meu pai me surpreendeu amontoando as nossas roupas (as roupas dele) na mochila. Ele olhou e percebeu tudo no ato. Não tentou me deter, mas disse que eu não sairia dali com uma criança, que precisava ter rotina, alimentação regular, educação, disciplina. "Você poderá dar isso a ele?", perguntou. Algumas horas depois, eu despencava para esta capital, sozinha, dilacerada.

O lado positivo é que eu me tornei uma espécie de pai legal de fim de semana: ele prefere mil vezes a mim que ao babaca do Vítor, com quem convive ainda menos do que comigo, embora eles morem na mesma cidade. Somos, como se vê, uma perfeita família moderna, em que o neto é criado pelo avô, e os pais ausentam-se alternadamente. (Moramos juntos nos primeiros dois anos, embora ele quase não parasse em casa, dividido entre o trabalho na loja de carros usados do pai, o pré-vestibular, as minúsculas apresentações da bandinha de rock e os casos extraconjugais.)

De pé, preciso encarar os problemas de uma citadina solitária. Hoje é 31 e eu ainda não paguei a minha parte do aluguel. Embora eu more em um minúsculo quartinho de empregada, cuja única comunicação com o mundo exterior é um basculante emperrado, e tenha que manter minhas roupas guardadas dentro de mochilas e sacos plásticos (aqui só cabem a minha cama de viúva usada e o criado-mudo branco, onde empilho caixa de moedas, abajur, estojo de maquiagem, revistas com cifras, alguns livros, o rádio e a coleção de CDs), cair aqui me custa oitocentas pratas por mês, só porque é a Lapa, e olha que a Lapa está longe de ser grande coisa. Eu pago bem menos que a Karen e a Vivian, que moram nos outros dois quartos espaçosos, com janelas amplas que dão para a rua, mas ainda assim levantar a grana é um desafio que se renova a cada mês. O pior é que, por conta da proximidade da Copa, os aluguéis estão exorbitantes e a Karen outro dia falava num possível reajuste. Se isso acontecer, vou ter que perguntar ao Magrão, o meu parceiro, se ele me arruma uma vaga na sua casa em Cosmos (ou seria Vila Cosmos? Eu sempre confundo), na zona oeste, a umas duas horas de distância daqui. Ele já me disse que, lá, com esse valor, eu moraria numa casa com quintal. Quintal! (A desvantagem é que eu não usufruiria muito desse espaço, pois passaria a maior parte da minha vida dentro de um ônibus.)

Na cozinha, para onde dá a porta do meu quarto, o Biscoito me olha. Acho insano que se criem gatos em apartamentos coletivos, mas eu acho engraçada a forma como ele me encara, como se estivesse sempre fazendo alguma pergunta. No banheiro, faço meus exercícios vocais diários, alguns dos quais são bizarros, se se vê de fora. Aprendi algumas dicas com uma professora de canto, como o fato de que bocejar pode ser bastante útil. Mas eu só tive verba para pagar duas aulas (na verdade, uma, porque a primeira era grátis). O restante aprendi na base de tentativa e erro. Tendo que me esgoelar o dia inteiro em praças e vagões de metrô, eu já descobri o que funciona e o que não funciona, dentro do amplo universo do meu agudo mediano.

Na Cidade Maravilhosa, entulhada de turistas, é viável ser artista de rua, se você estiver disposta a receber cantadas grosseiras, beber água da torneira ou receber recusas para usar o banheiro (eu já entendi que, ao invés de pedir, deve-se entrar com a cabeça erguida e ir direto para o fundo). Também há a Guarda Municipal, sempre disposta a usar qualquer pretexto para meter a mão no nosso chapéu. Um dia, eu espero alçar voos maiores: cantar em casas badaladas, gravar álbum, ter agenda própria, mas, quando não se tem sobrenome, dinheiro ou contatos, isso é complicado. Enfim, eu não desanimo, porque, como diz o provérbio, os começos são sempre difíceis.

Desço a Riachuelo. A qualquer hora do dia ou da noite esta rua está movimentada, com seu fluxo disparatado de turistas, mendigos, boêmios, estudantes, donas de casa com carrinhos de feira, ladrões, policiais, taxistas, pequenos golpistas, ricos, pobres, remediados, desesperados. Eu gosto disso: dá a contínua sensação de estar no centro do mundo, bem ali onde as coisas acontecem. Na esquina com a rua do Lavradio, há uma aglomeração: percebo um lençol sujo sobre um corpo estirado, do qual só vejo os pés descalços, um pedaço de pele preta. Ouço as palavras "assalto", "reagiu", "bem feito", e já imagino o que houve. O trânsito segue em meia pista e ninguém parece dar a mínima. Essa cidade pode ser surreal com uma frequência imbatível.

Nos Arcos, o Magrão me espera, com cara de poucos amigos:
– Pô, atrasada de novo, Venta!

A voz dele está fina, o que acontece todas as vezes em que ele fica nervoso. Isso é engraçado, se você pensa que ele tem 1,90m de altura e é magro como um cabo de vassoura.

– Está rindo de quê?
– De nada, Magrão, desculpa.
– Eu pego ônibus, trem, trago essa caixa de som, e você, que mora aqui perto, chega atrasada.

– Já pedi desculpa. E também já disse que a caixa de som pode ficar aqui.
– Está legal. Deixa para lá.

Essa caixa de som portátil é o amor das nossas vidas. Se em dez anos eu não estiver com as cordas vocais arruinadas, será graças a ela.

– Senhoras e senhores, eu sou Flávia, Ventania, e este é o Magrão, meu parceiro de cantorias!

Começamos assim nossas apresentações nas calçadas, bares e vagões. Eu sei, eu sei, a rima é sofrível. Mas o nosso forte não é a poesia. Quem me deu esse nome artístico foi o próprio Magrão, no dia em que nos conhecemos (ele disse que eu andava muito depressa, pra lá e pra cá, daí o apelido. Eu estranhei e lhe perguntei se não havia uma ideia melhor, ao que ele respondeu: "O que você acha de Flávia, Notícia Ruim?" Eu acabei cedendo).

Desde então, temos sido inseparáveis, com algumas exceções aos finais de semana. Eu já me acostumei tanto à sua companhia que nem sei se conseguiria me virar sem ele. Outro hábito, que já virou rotina, é o Magrão esticar a saideira até a hora em que o trem acaba, só para dizer: "Pô, Venta, eu posso cair no sofá lá da tua casa?" Na maior parte das vezes eu não vejo problema, mas acontece de as duas freiras com quem eu moro não gostarem, e a minha inadimplência me obriga a ser mais cautelosa (É brincadeira. Eu não moro com duas freiras. A Karen estuda Enfermagem e a Vivian faz mestrado em não sei o quê. É alguma coisa que permite a ela passar a maior parte do tempo trancada no quarto). Por isso, agora, eu tenho que lembrá-lo do horário.

– Hoje foi fraco, não é? – ele me diz, virando o copo que ia pela metade de uma só vez.

– Final de mês – respondo, desanimada. Meu copo já estava vazio.

– Falta quanto para você inteirar a tua parte?

– Umas duzentas pratas.

– Eu te empresto.

– Não precisa. Obrigada, mas eu não vou aceitar.

– Eu não pago aluguel e lá onde eu moro é tudo mais barato. Vamos comigo no caixa eletrônico, eu faço questão.

Eu não quero aceitar, mas não posso recusar. Neste caso, eu teria que pedir dinheiro para o meu pai, e demonstrar, para ele e para mim mesma, que eu ainda não consigo caminhar com as próprias pernas. Sem falar que ele já sustenta o meu filho.

– Está bom. Se tudo der certo, lá pelo meio da semana eu te pago.

– Sem problemas.

No prédio antigo, subo até o quarto andar, neste elevador da década de 50. Na sala, a Karen assiste tv, e responde com um "tá bom" quando lhe digo que a minha parte do aluguel está sobre a mesa. Sinto-me aliviada ao pisar a pequena pilha de roupas espalhada pelo quarto, tendo o direito de chamar de minha esta ínfima fração do universo. Depois de um dia de poeira e barulho é bom estar um pouco só. Os meus pés doem. Releio a mensagem do meu pai e decido que a falta deles me deixará triste.

APÊ: SERÁ QUE VAI DAR CERTO?

Ansioso, eu aguardo o resultado da apuração do lado de fora do salão nobre. Como o meu pai, eu estou prestes a ser eleito para a Diretoria do caco, o Centro Acadêmico da Faculdade Nacional de Direito. O velho vai ficar contente. Seria uma grata surpresa ganhar a eleição, ainda por cima, no dia do meu aniversário.

– Cauê, você acha que nós vamos levar?

– De novo, Apê? Já disse que acho que sim.

"Acho que sim" não me parece muito seguro. Pego no celular. Mensagem da Alice: "amor, kd vc???", escrito assim mesmo, em caixa-alta, como se ela gritasse com um megafone nos meus ouvidos. Sinto até a orelha arder, imaginando os diálogos dela com a minha mãe. Mas eu não poderia, e não conseguiria, sair antes do fim da apuração.

– Vai demorar muito, Cauê?

Dessa vez, ele nem responde.

Vou até a cantina, tomar um café. Será que eu devo tomar café ou isso só vai me deixar mais ansioso?

– Como vai, Antônio Pedro? – Ao virar, dou de cara com o meu professor de Direito Tributário, um homem de respeitáveis cabelos brancos, terno e gravata impecáveis. Que vergonha, eu deveria ter assistido à sua aula hoje.

– Olá, professor, me desculpa, é que...

– Eu sei, eu sei. Eleições para o caco. Não se preocupe, rapaz. Não há melhor treinamento para o futuro advogado do que a política universitária. Desde que você não vire um fanático, ouviu bem?

– Sim, sim, professor, obrigado, pode deixar.

Eu nunca tinha visto as coisas por este ângulo. Só quis ajudar os amigos, implementar alguns projetos, mais nada. Também pesou a coisa do meu pai. Depois de algumas taças de vinho ele adora contar das reuniões secretas que eles faziam fora do *campus*, por causa da ditadura, e de como conheceu a minha mãe na preparação do ato das Diretas, em 84. Hoje ele também é um senhor respeitável, dono de um escritório de renome, Leite & Uchôa Advogados Associados. Não defende mais presos políticos, como antes, mas políticos presos, segundo conta, às gargalhadas. "Naquela época, era de graça e podia dar cadeia; hoje, ganho uma fortuna e dou entrevista na *Veja*." Não, eu não ficarei "fanático" por causa de política. Pretendo fazer a minha parte, o que significa pagar os impostos, votar em pessoas sérias e nunca me tornar um babaca racista. Não está de bom tamanho?

Quando volto à entrada do salão nobre, ouço gritos do lado de dentro. Pelo visto, já temos um resultado! Meu coração dá saltos. A porta afinal se abre e a Rita, nossa representante na comissão eleitoral, tem a cara séria. Caramba, eu não aguento mais esse suspense. Ao lado dos meus amigos, eu nem posso respirar.

– Gente, o informe é o seguinte: vencemos!

Não vejo mais nada por alguns minutos. Eu só pulo, abraço e grito. Quando vejo, estamos descendo as escadas, fazendo um verdadeiro carnaval, gritando: "Vou festejar, vou festejar, o seu sofrer, o seu penar...." Parece que estamos saindo do Maracanã depois de uma suada vitória do Fluzão por 3x2. Olho as fotografias das turmas de formandos fixadas na parede e está lá a imagem do meu pai. É incrível pensar em um filho meu me olhando nestas paredes centenárias, algum dia. Quais as chances de um filho de advogado ser advogado?

No boteco lá embaixo, em frente ao prédio da Nacional, depois dos primeiros brindes à nova gestão, eu convido todo mundo a ir lá para casa. A comemoração, então, contorna o campo de Santana, a caminho da Central, adentra no vagão do metrô, desembarca conosco na Siqueira Campos, sobe a rua Santa Clara, toma as escadas e o elevador. Minha mãe abre a porta e a sua primeira reação é alegria por me ver; a segunda, pânico, por descobrir que eu trago uma tropa inteira comigo. Meu pai está nos fundos da ampla sala, de bermuda e mangas de camisa, sorridente, com bochechas vermelhas pelo efeito do vinho. Quando lhe conto as boas-novas, nós pulamos e gritamos outra vez. A casa está toda enfeitada, com lâmpadas coloridas e confetes. Percebo a mão da Alice nas coisas, e é ela quem eu procuro para dar um beijo. Minha mãe está confusa, conversa na cozinha com a Aparecida, nossa empregada, em busca de uma solução.

– Celeste, que cara é essa? – diz o meu pai. Pede vinte pizzas e está tudo resolvido. Garanto que a cerveja é suficiente.

É bom vê-lo de bom humor. Desde que eu sou criança ele é assim: o perfeito bonachão, o preferido dos meus amigos e das minhas namoradas (bem, além da Alice, só houve outra, no primeiro ano). Se não fossem minha mãe e minha irmã – Denise, um ano mais nova do que eu, que passa a maior parte da sua vida trancada no quarto – a casa seria um entra e sai constante. Agora, quem visse o senhor João Leite numa segunda-feira, metido em terno e gravata, despachando no escritório, se surpreenderia com a implacável máquina de trabalho em que ele se transforma. Mal poderia recordar aquele coroa simpático e festeiro.

Depois dos parabéns, e das pizzas (meu pai convenceu a minha mãe de que não era preciso encomendar às pressas um bufê num restaurante, a peso de ouro), descemos à praia, para um luau improvisado. Faz um friozinho gostoso e a orla está vazia. Formamos uma roda e logo começa a passar um baseado, ao som do violão e das ondas que se quebram. Policiais nos observam do calçadão, mas não fazem menção de se aproximar. Eu gosto da sensação da areia gelada sob os pés; também gosto dos beijos da Alice e da minha família e da faculdade, apesar dos percalços. Quem não os tem? Somando tudo, acho que eu tenho uma vida legal. Uau, eu tenho vinte anos. É um pouco assustador esse ritual de passagem, se você para e pensa nele. O que eu farei aos quarenta? Será que terei me tornado um bom marido, com filhos pequenos, como o meu pai nessa idade? Estes filhos, serão filhos meus e da Alice? Dá medo. Mas a Alice me beija de novo, e eu percorro outra vez o trajeto que vai da família à vida toda e chego aos mesmos resultados. É, uma vida legal. Vivo melhor do que os meus pais e os meus filhos viverão melhor do que eu. É isso o que se chama progresso, não é? Ao meu redor, tudo parece sólido. Eu só preciso me manter firme.

Sábado, 01/06/2013

NAVALHA

Antes das seis, acordo com o barulho da minha mãe se arrumando para o trabalho. Para minha irritação, ela ligou o rádio mais alto do que de costume na Tupi. O problema é este: esta casa só tem um quarto, e eu acho justo que ele seja ocupado pela mulher que paga as contas. A mim, resta dormir – e também passar todas as outras horas vagas – na sala, que é dividida da cozinha só por um batente. (Não sei como será quando o meu irmão sair da cadeia. Por mim, ele pode escolher: dormir no chão ou no banheiro. Bem, acho que até lá eu já terei um lugar meu para morar.) Esta arrumação provoca uma forma bem esquisita de comunicação entre a minha mãe e eu. Quando ela está de boa – por exemplo, quando eu consigo trabalho –, ou preocupada demais com o meu irmão para se lembrar de mim, ela abre a torneira com cuidado e anda na ponta dos pés para não fazer barulho. Agora, quando brigamos – por exemplo, quando eu sou mandado embora –, ela deixa a água jorrar com força pela pia, fecha com violência a porta de correr do banheiro, acende luzes sem necessidade. Hoje, ela faz tudo isso, e ainda a coisa do rádio, o que me faz pensar que o seu nível de raiva está acima da média (de zero a dez, talvez oito). Mas eu também sei ser carne de pescoço: não abro os olhos e nem a boca, aguento firme. Por fim, ela bufa e sai. Amanhece.

 Na véspera, para meu espanto, ela estava em casa quando eu cheguei. Ao me ver, ela esboçou um sorriso, que logo desapareceu, ao ver a minha cara de poucos amigos.

 – Que bicho te mordeu?
 – Nada.
 – Como está no trabalho?
 – Você pode esperar eu pelo menos trocar de roupa?
 – Aposto que você aprontou de novo.
 – Eu não fiz nada. Eles é que são uns pilantras.
 – Não me diga que você saiu do emprego?
 – Eu não falei isso.
 – No olho da rua outra vez, era só o que faltava.

– Você não se interessa em saber o que aconteceu? Eu estou sempre errado, não é mesmo?

– Eu não quero saber o que eles fazem ou deixam de fazer lá, Roberto Carlos. É cumprir tua obrigação, pegar o salário e ponto. Mas você não consegue fazer isso!

Sim, sim, morar com ela ainda tem essa outra desvantagem: ela é a única pessoa que me chama de Roberto Carlos. Meu irmão se chama Paulo Sergio (outra homenagem a um cantor, mas, por sorte, este é menos conhecido).

– Você sabe o que é aquilo? Agiotagem. Agiotagem legalizada.

– Diga isso para a caixa do supermercado, para ver se ela deixa a gente colocar mais comida dentro do cesto. Você sabe quanto me custa um dia de visita?

– Você pode pegar dinheiro da caixinha, se quiser.

– No dia em que eu estiver morta você pode botar a mão neste dinheiro amaldiçoado!

"Caixinha" é a ajuda em comida ou dinheiro com que o tráfico ampara as famílias dos homens que estão presos. Mas a minha mãe preferiria derreter em cima de um balde com vassoura a aceitar qualquer centavo. Bem, é mais ou menos isso o que acontece.

– Eu não tenho culpa se o seu caçula querido resolveu fazer merda!

– Não começa!

Depois, ela foi para o quarto. Citar o meu irmão é sempre a forma mais rápida de acabar com a discussão. Um calo sempre à mostra. Eu sei que é golpe baixo, mas funciona. Por isso, hoje cedo, ela ligou o rádio, acendeu as luzes etc.

Eu tenho vinte e dois anos, não tenho nem um quarto, muito menos uma casa, não tenho trabalho ou dinheiro e a minha mãe é tão importante para meu sustento hoje como era há dez anos. É claro que algo está dando errado. Eu posso começar de novo? Tentar outra vez? Vamos lá, faça um esforço. Pensa o seguinte: eu poderia ter engravidado uma garota, ou me viciado em drogas; eu poderia ter engravidado uma garota viciada em drogas, e minha mãe, além de mim e do meu irmão, sustentaria neto e nora. Em vez de sábado, hoje poderia ser segunda-feira, e no lugar do sol poderia estar chovendo. Vê? Já melhorou a minha autoestima.

Palhaçada.

Em casa, as horas parece que não passam. Jogo no computador, nos curtos momentos em que ele funciona. Como. Cago. Tomo banho. Durmo. Jogo de novo e durmo de novo. Não sei o que fazer com tempo demais e dinheiro e espaço de menos. Lá pelas três da tarde, parece que eu vou sufocar.

Enfim, a noite cai. Eu preciso sair antes que a dona Maria Angélica chegue. Ainda há um resto de perfume que eu comprei na mão de um amigo por um preço camarada, na melhor loja que existe: a caminhão tombado S.A. Na Prainha, encontro o Golpe, vulgo Marcelo, como falamos de brincadeira. Eu o conheço desde moleque, na época em que a gente caçava girino no valão, ou surfava no rio Jacaré quando ele enchia no verão, para desespero das avós, mães e tias. Ele já usava óculos e ficava no gol quando jogávamos futebol. O problema é que a bola sempre entrava e o pessoal dizia que era porque ele não enxergava, só sabia fazer "golpe de vista." Com o tempo, para facilitar as coisas, nós começamos a dizer só "Golpe", e assim ficou. O meu, ganhei depois que um garoto mais velho bateu no meu irmão e eu passei a tarde toda de tocaia esperando-o sair do colégio, até que apareci de repente na sua frente com uma navalha (justiça seja feita: ele não era só maior do que o meu irmão, também era maior do que eu). Agora, o "Golpe" cresceu e vive de um lado para o outro, boiando pela favela. Ele sabe cortar cabelos e dá uns plantões nos dias de maior movimento. Dizem que ele é muito bom e que não faltaria serviço fixo, se quisesse. Ele não quer.

– Qual foi, Navalha, quando é que você vai deixar eu dar uma moral no teu cabelo?

– Está bem assim, Golpe.

– Bem o quê? Parece que você acabou de sair de Bangu. Mulher não gosta de cabelo raspado, não. O forte agora é o corte do Jaca. A moda do momento.

– Tranquilo, Golpe, valeu, mas eu estou bem assim. Não gosto de copiar os outros.

– Hã? Copiar os outros? – ele ri, debochado – Navalha, não tem outro igual a você no mundo. Mas não tem mesmo!

– Diz aí, vai ter baile hoje? – pergunto, mudando o prumo da conversa.

– Baile? Vai ter. Em algum clube lá na zona sul, só se for.

– Achei que iam desenrolar isso aí.

– Também achei. Sábado, tendo baile, eu faturava firme. Agora, a fonte secou amigo. Se-cou. Dizem que é ordem direta do governador, secretário, cúpula, a porra toda, e que podem liberar tudo, menos o baile. O baile para eles é um símbolo.
 – Símbolo de quê?
 – Ué, sei lá. Uma coisa que deixa a mídia em cima.
 – Favelado não pode nem mais se divertir.
 – É isso aí. Viva a UPP, a alegria do asfalto. Agora, desde quando você se liga no baile?
 – É que estou com uns problemas aí, queria dar uma extravasada.
 – Vamos lá em casa, fumar e ouvir um som.
 – Valeu Golpe, mas é que eu estou liso.
 – Deixa disso, Navalha, ficou doidão? Você é da família.
No caminho, paramos na rua C para comprar um baseado. Embaixo da tenda branca, dois rapazes magricelos dão plantão com radinhos e pistolas. Um deles, que eu conheço de vista, me pergunta:
 – Como vai o teu irmão, Navalha?
 – Daquele jeito. Até o final do ano deve sair o resultado do recurso.
 – Amém.
Quando a UPP chegou, em janeiro, essas bocas fixas sumiram por alguns dias, e o comércio era feito por gente sozinha, a pé, as chamadas "formiguinhas." Depois do alvoroço, elas voltaram, de fininho. Agora, no miolo da favela, até os "bicos" – fuzis – já são vistos de novo. "Sem o traficante o policial morre de fome", é o que todos falam. Há quem diga que tem muito comandante de UPP milionário por aí, inchado de tanto receber arrego. Seja como for, é muito raro que as viaturas saiam da entrada da favela. Quem faz isso é o BOPE ou a Core, que entram e não costumam levar ninguém preso. Mas isso já acontecia antes. Com a UPP, fora a propaganda, só teve mudança para o morador. Na hora que dá na telha os canas mandam encerrar festa de aniversário, jogam bombas e gás nas pessoas. Na entrada, é certo tomar uma dura: "Mão na parede!" Outro dia, antes de me revistar, um PM perguntou se eu tinha nota fiscal do celular, e eu disse para ele que eu nem tenho telefone. Aí, ele perguntou por que não. Vai vendo! Dizem que a Light vai começar a cobrar a conta de luz. Mal tem para a comida, como é que vai pagar montão de faturas? Aposto que vai dar caô se tentarem.

Conversamos sobre isso na laje do seu Otávio, o pai do Golpe, ao som do Fundo de Quintal – a casa deles fica duas ruas atrás da minha. Aposentado na fábrica da General Electric, morador das antigas, ele não abre mão da cervejinha e da camisa aberta no peito, com um cordãozão "tipo" de ouro. Eu gosto daqui, porque, ao contrário da minha mãe, que só ouve notícia ou hinos da igreja, sempre tem música rolando alto e carne na grelha. Desde que a esposa morreu, a vida do seu Otávio é toda do filho e de umas namoradas que ele arruma na quadra da escola de samba. Ele não liga nem do meu amigo fumar aqui, porque diz que prefere que ele faça isso em casa do que na rua, "com as más companhias." Mas, num ponto, ele é igual a todas as pessoas mais velhas que eu conheço: a saudade dos tempos antigos.

– Na minha época, isto aqui era uma paz. As pessoas criavam até galinha, tinha mato, cobra, parecia uma roça. A gente abria a janela de manhã e ouvia o galo cantar. Enchente era pior, é verdade, quem morava na Beira do Rio, ou no Lacerda, perdia tudo, mas não tinha bandidagem, tiroteio, nada disso. Era fazer um curso no Senai e entrar na fábrica direto. Às vezes, nem precisava disso.

Depois, chegou o seu Ademir, padrinho do Golpe, que também trabalhou na fábrica e chegou a ser preso quando participava da associação de moradores, há muitos anos atrás. Hoje eles bebem, jogam cartas e desfiam histórias. Aqui é assim, parece sempre fim de semana. As paredes da sala, lá embaixo, são pintadas de vermelho e têm pôsteres dos times do Flamengo (Campeão da Libertadores de 81, Campeão Mundial de 81, Campeão Brasileiro de 87, Campeão Brasileiro de 92, Campeão Brasileiro de 2009). Nunca que na minha casa a dona Maria Angélica deixaria eu pintar a parede de vermelho (não que eu quisesse) ou colar pôsteres do Botafogo (nem ocuparia tanto espaço). Se eu tivesse um pai – um pai de verdade –, gostaria que ele fosse igualzinho ao seu Otávio.

Já é madrugada quando eu volto para casa. O morro está silencioso para um sábado. Abro a porta com o máximo cuidado e ataco direto as panelas, que estão cheias. Sábado à noite a minha mãe sempre faz comida fresca, para levar na visita. Os potes transparentes já estão até separados. Arroz, feijão, farofa de ovo, carne assada. É, disparado, o dia que melhor se come na semana. Depois, de barriga cheia, eu desmaio no sofá, e nem acordo com arrumação nenhuma.

FLÁVIA

Durmo como uma pedra e, ao acordar, checo o celular: uma chamada perdida do meu pai; uma mensagem do Magrão, me convidando para comer um churrasco amanhã na casa dele; duas mensagens de número desconhecido perguntando se eu tenho interesse em cantar um repertório pop-rock hoje, às 19h, num bar ali na Mem de Sá. Dou um pulo da cama: Cantar? Ganhar dinheiro? É claro que eu estou interessada!

O Biscoito me encara na porta. Na sala, a Karen, com uns bobes enormes no cabelo, faz as unhas do pé. Ela é legal. Até a cara amarrada que ela faz quando eu atraso a minha parte nas contas é compreensível, afinal, a casa está no nome dela, é ela quem paga as faturas no banco, organiza (e cobra) a escala da faxina, troca a resistência do chuveiro e uma porção de outras coisas chatas. A Vivian e eu costumávamos dizer que a Karen é o nosso marido de aluguel (até que um dia dissemos isso na sua frente e ela ficou magoada, então paramos). Sabe aquele tipo de pessoa que ocupa todos os espaços? E é incrível que ela arrume tempo para pensar na casa, porque faz faculdade no Fundão, estagia num hospital, se inscreve em mais não sei quantos cursos – o último que eu soube era de acupuntura. Ela não tem uma vida social muito agitada: ela tem uma VIDA agitada. A Karen é o tipo de pessoa a respeito da qual você não tem dúvidas de que conseguirá o que quiser. (Será que diriam o mesmo de mim? Bem, prestando atenção à forma como a Karen me olha, com uma espécie de indulgência resignada perante minha eterna falta de grana e senso prático, eu acho melhor não perguntar.)

Diante do espelho, encaro a minha imagem refletida enquanto faço os meus exercícios. É provável que, sem o convite para me apresentar, eu apenas notasse desleixo, magreza, ressequidão. Agora, eu vejo uma expressão que luta. Eu gosto destes olhos castanho-claros e, já faz tempo, me acostumei com estas sardas. (Na escola, mais ou menos aos doze anos, as outras garotas diziam que elas eram feias e um sinal de sujeira. Um dia, eu fiquei com tanta raiva que esfreguei meu rosto com esponja, até ele ficar vermelho e machucado. Meu pai me viu e tomou um susto, mas eu não sabia como contar esse tipo de coisa para ele.) Acho que seria legal se eu cortasse esses cabelos, só para mudar um pouco. Mas cortar de que jeito? Talvez eu os picote. Assim, assim, sabe. Mais tarde vou pôr um batom.

As horas transcorrem, vagarosas. Um dia em que me apresento não é nunca um dia comum. É como aquela sensação de fazer a primeira prova na escola, ou o frio na barriga antes de um beijo, a ansiedade para chegar num lugar onde se quer muito estar. (Na gravidez eu também senti isso, mas apenas quando não estava frustrada demais com o pai do Júnior, ou comigo mesma.) Essa expectativa é viciante, e acho que o que mais me apavora em desistir da música é pensar em nunca mais ficar pilhada por causa de um convite – que nem sempre vem, é bom que se diga.

O bar falou em "pop-rock", mas, na Lapa, isso pode significar de Michel Teló a Jorge Vercillo. Eu estou desacostumada a executar repertórios longos. Nas ruas, é tudo intuitivo. Há dias em que uma música funciona, e eu posso repeti-la até o almoço e o jantar estarem pagos. Agora, eu preciso me sentar, escrever uma ordem e tudo mais. Apenas uma referência, claro, mas, de qualquer modo, há regrinhas básicas e muito simples, que é melhor não violar. Por exemplo, é importante começar para cima, emendar três ou quatro sucessos incontestáveis, que me darão alforria para cantar pelo menos uma música para mim. Três para um, como a proporção de músicas estrangeiras e nacionais nas rádios FM. É bom não perder de vista que as pessoas estão indo pelas canções, não por mim (mas um dia eu chego lá!).

Quase na hora de sair, ainda não decidi a minha roupa. As opções: 1) Calça jeans e camiseta. Vantagem: praticidade. Desvantagem: Ninguém dirá, ao me ver: "Ei, ali vai a artista!" E eu ainda não cheguei a um ponto em que não preciso sinalizar isto de alguma forma. 2) Saia descolada com sandália. Vantagem: É a cara da Lapa. Desvantagem: A única que está limpa, jeans, é acima do joelho e as pessoas prestarão mais atenção às pernas que à música. 3) Vestido azul com bota marrom (não tenho outra). Vantagem: É diferente. Desvantagem: É diferente. Parece promissor. Sobre o criado-mudo, vejo o chapéu *floppy* usado vermelho que eu comprei na quinta-feira por trinta pratas (uma loucura quando não se tem dinheiro para pagar o aluguel, mas estava a metade do preço). Perfeito.

O boteco é um lugar normal, com mesas e cadeiras espremidas, cheiro de cigarro e um pequeno tablado ao fundo. Sete horas não é um horário muito movimentado, de modo que a casa não está cheia. Uma garçonete me oferece uma mesa. "Eu vim tocar." Ela me olha com surpresa, mas não diz nada. "Você sabe onde está o gerente?" "Ele está recebendo mercadoria, mas pode ficar à vontade." "Obrigada." Fico, então, no meu canto, observando as pessoas. Um técnico confere alguma coisa nos equipamentos de som enquanto dezenas de pessoas mantém seus olhos grudados em pratos de hambúrguer, porções de batata frita e doses de caipirinha. A mim caberá quebrar esta indiferença (eu preferiria que o Magrão estivesse aqui, mas ele disse que estava morto de cansado para descer para o centro). Na ausência de companhia, cantarolo "Valerie", da Amy. Pensar nela me encoraja. Aposto que ela também cantou em bares como este, teve dificuldades para conseguir uma combinação legal de roupas para ir a um show, aguardou ansiosa num canto escuro a hora de ser chamada (ela gravou o primeiro álbum aos dezenove. Bom, são apenas cinco anos de diferença. Não é tanta coisa, e eu, apesar de tudo, tenho a impressão de que levo uma vida mais saudável).

São sete e dez quando o técnico termina o seu trabalho. Ao que parece, está tudo pronto. Será que é assim que funciona por aqui? Você chega, sobe, canta e mete o pé? Como um garoto diante da bola, eu me jogo na direção do palco e dou um esbarrão numa mulher que caminha na mesma direção. O copo de cerveja que ela segurava se quebra no chão:

– Desculpa! – eu digo, constrangida – Você se machucou?

– Que droga, eu estou ensopada! – com raiva, ela emenda – Você poderia pelo menos pedir licença?

– Desculpe, eu pensei que vocês haviam terminado o conserto.

Agora, ela me encara como se eu tivesse acabado de perguntar quando ela irá embarcar num voo para o Afeganistão. Reparo que, além do vestido preto e o olhar antipático, ela também carrega um violão.

– Como é que é? Vai sair da minha frente? – ela indaga, me empurra para o lado e sobe no palco. Como pode haver gente tão estúpida no mundo?

– Você ficou maluca?

Ela cruza os braços e sorri, com deboche:

– Oi?

– Eu vim aqui para cantar e é o que pretendo fazer.

Subo no palco e a encaro (tenho que erguer um pouco o queixo, porque ela é mais alta. Mas só um pouco). Ela dá uma risada forçada. Seus olhos são pequenos e maus e eu juro que escorre um pouco de fel da sua boca:

– Este é o meu horário.

– Olha, se você quiser eu te deixo fazer um *backing vocal*.

– Engraçadinha. Tente me tirar daqui, se quiser.

Eu estou a um palmo de dar com o violão na cara dela quando aparece um homem de meia-idade, todo suado, dizendo ser o gerente. A víbora o chama pelo nome, "Eduardo", e diz, com uma voz sonsa: "Não entendo o que está acontecendo com esta psicótica ensandecida." É mole? O tal Eduardo coloca a mão na testa, como se tivesse recebido uma pancada, me olha e fala:

– Você recebeu um convite para tocar hoje, não foi?

– Sim, recebi.

A mulher à minha frente empalidece. Eu a encaro. "Quem é a psicótica ensandecida aqui, hein? Hein, sua vaca?" Virando-se para ela, o homem diz:

– O erro foi meu, Soninha. Como você não me dava retorno, eu chamei a... Como é mesmo o seu nome, querida?

Acabo de entender o que aconteceu. Não é possível, mas aconteceu. Sinto vertigem, raiva e constrangimento ao mesmo tempo.

– Flávia, me perdoe, por favor. Eu deveria ter desmarcado. Esse horário é da Sônia, ela já é artista da casa.

Eu não tenho forças para argumentar. Deveria dar um barraco, exigir alguma coisa, qualquer coisa, apenas por dignidade. Mas não consigo.

– Posso começar? – indaga a "Soninha."

O homem aquiesce com a cabeça e ela me pisa com o olhar. É inacreditável como boas expectativas podem se transformar em situações ruins neste nível. Engulo o meu orgulho, que não é mais do que uma gota de saliva a essa altura, dou meia-volta e saio. O gerente vem atrás de mim e me pega pelo braço, que eu retiro com ódio. Ele recua e fala:

– Deixa eu consertar a cagada. Nós temos uma vaga daqui a duas semanas...

– Vai se foder!

Nas ruas abarrotadas de gente, não seria difícil encontrar alguma companhia ocasional para matar o tempo. Mas, hoje, a última coisa que eu quero é encontrar alguém. Pessoas ajudam pessoas; pessoas ferram pessoas. Em casa, mergulho no sofá e assisto a uma série médica com a Karen. Na hora de escovar os dentes, encaro o espelho, e não gosto do que vejo.

APÊ

Acordo depois do meio-dia e a Alice já não está. Pobre Alice, sem fins de semana ou feriados, estudando como uma condenada para conseguir uma bolsa de intercâmbio em Paris. Por que Paris? Não sei, mas as pessoas sempre acabam fazendo alguma coisa por lá. (Fomos a Paris duas vezes, mas eu acho Londres bem mais legal. A cerveja é melhor, sem falar a quantidade de ótimas bandas indie obscuras que você consegue assistir num daqueles pubs.) Eu gosto dessa independência dela, gosto da forma como ela briga pelas coisas. Só acho que às vezes ela pega pesado. "Você não entende", ela diria. "Quando não se nasce em berço de ouro, é isso o que precisa ser feito." Não me parece justo: nós aqui em casa temos uma vida confortável e tudo o mais, mas ela está bem longe de ser perfeita e, definitivamente, nós não somos ricos. Muitas vezes, amigos meus da Faculdade ficam chocados com o tamanho da nossa sala, e eu fico então pensando como eles reagiriam se frequentassem festinhas em São Conrado ou na Lagoa, nas coberturas dos clientes endinheirados do meu pai. Enfim, tudo é uma questão de referência. Além disso, o que meus pais conseguiram foi com um esforço honesto, e eles sempre se preocuparam em mostrar para mim e para a minha irmã o lado ingrato da vida.

No Facebook, há zilhões de mensagens comentando a nossa vitória ontem. É verdade, nós derrotamos aqueles babacas. Isso é sensacional. Espero que a dor de cabeça passe e eu tenha pique para levar a Alice ao cinema mais tarde. Com certeza, vai dar discussão, porque eu prefiro qualquer um de suspense, e ela vai querer assistir *Faroeste Caboclo*. Eu não suportaria ouvir aquela música inteira, quem dirá todo um filme. Muita água com açúcar para o meu gosto. Amanhã o Maracanã vai reabrir, e eu prometi ir com o meu pai assistir Brasil x Inglaterra. (Na verdade, irá a família toda.) Ele acha o máximo a coisa do Brasil sediar uma Copa do Mundo. Pensando bem, eu vou ter a chance de assistir a um evento que ocorreu aqui, pela última vez, há 63 anos (em 2014 serão 64). Teremos a ocasião de enterrar de vez o trauma do *Maracanazo* e acho que faremos isso, com dúzias de gols do Fred. Paris e Londres nada. O melhor lugar do mundo neste começo do século é o Rio de Janeiro.

Domingo, 02/06/2013

NAVALHA

Hoje saiu um sol e o Golpe e eu decidimos dar um pulo na praia.

No verão, o 474 – Jacaré–Jardim de Alah – já parte lotado do ponto final. É gente pendurada na porta, cadeira de praia, o funk alto naquelas caixas de som portáteis. Antes do túnel de Copacabana, é certo de os polícias mandarem todo mundo descer para ser revistado. Quer dizer, todo mundo, não. Só quem tem cara de favelado.

Hoje o ônibus está vazio e vamos na maior paz. Junto conosco, pela porta de trás, embarca um grupo de crianças e um catador de latinhas, com um saco plástico tão grande que quase engole a sua cabeça.

Dentro do ônibus, sem trocar nenhuma palavra, cada um sabe o seu lugar: os que vão de carona ficam no fundo; na frente, os que pagam passagem.

O catador, sentado no banco mais próximo da saída, tem barba e cabelos crescidos. Coitado, o fedor de plástico velho e resto de cerveja empesteia o ambiente. Atrás dele, nos últimos bancos, vou eu e o Golpe; do outro lado, os três garotos, uma verdadeira escadinha. O mais velho (que deve ter uns dez anos) imita uma voz grossa, de homem:

– O patrão falou que não pode roubar na favela. Você não sabe disso, seu comédia?

Os outros dois meninos escutam a estória com os olhos bem atentos. O narrador continua:

– Agora, você vai pagar. "Não, patrão, por favor" (ele imita uma voz fina). Lei é lei. Dá o facão. "Não patrão, dá chicotada, me dá uma surra, mas isso não" (de novo a voz fina). Dá a mão. Dá a mão, caralho! Se não der vai ser pior (barulho de gritos e de uma faca que corta). Quero ver roubar morador de novo.

A cada vez que o mais velho imita a voz do ladrão punido, os outros dois menores caem na gargalhada. Quando o contador de estória balança os braços, fingindo a dor do amputado, a diversão atinge o ponto máximo.

Do banco de trás, eu vejo a mudança na cidade. Favela vira bairro que vira centro que vira túnel que vira mar.

A praia está um sossego. O Golpe olha as garotas que passam:

– Vou casar com essa. Não, não, vai ser com aquela.

– Já se olhou no espelho hoje, hein?

Ele ri:

– Dinheiro arruma tudo, menor.

– E desde quando você tem dinheiro?

– Não tenho, mas vou ter. Vou morar num casão desses, na Atlântica. Você vai ver só.

– Posso saber como?

– Tem vários jeitos. Posso casar com uma coroa cheia da grana, ou cortar cabelo de bacana, abrir meu próprio negócio. Ainda não decidi.

– Acho que você anda fumando muito.

– Quem me dera.

Gasto meu único trocado comprando mate. Olho para o vendedor com a cara rachada de sol. Ele é como uma versão mais velha dos meninos que eu vi no ônibus, que são uma versão mais nova de mim mesmo. Deste lado da corda, parece que tudo e todos se repetem.

– Aproveita – ele diz, enquanto enche o copo – O mate do camelô vai acabar.

– Como assim? – diz o Golpe – Esse mate é a maior relíquia da praia.

O homem responde:

– É, mas a prefeitura quer proibir. Diz que pode contaminar os turistas.

– Essa é boa! Contaminar a gente, pode – eu digo, tentando ser solidário. Mas acho que sou mal interpretado, porque o vendedor dá o troco logo e sai com a cara emburrada.

O Golpe casca o bico:

– Eu ia até beber um pouco, mas não quero me contaminar.

– Não foi isso o que eu quis dizer.

Essa é a proibição mais imbecil que alguém já fez. Todo mundo sabe que o mate da praia do Rio é o melhor mate do mundo. Eu nunca conheci outra cidade, mas já ouvi um monte de turista confirmando isso.

Na volta, não damos tanta sorte: mal subimos e, dois pontos depois, dois peemes param o ônibus. "Quem não pagou passagem, desce!" Eu pensei em negar mas se alguém caguetasse seria pior. Com as mãos no ônibus estacionado, as pernas abertas, o Golpe, eu e mais dois rapazes somos revistados. O sargento pergunta para mim:
– Tem maconha?
– Tenho não senhor.
– Se eu achar vai ser pior.
– Tenho não senhor.
Como o Golpe olha atravessado para ele, o policial pergunta:
– Está olhando o quê?
– Nada não senhor.
– Quer gravar o meu nome por quê?
– Nada não senhor.
– Cadê a maconha?
– Tem maconha não senhor.
– Cadê a maconha?
– Já foi pra mente – o Golpe responde. Os outros dois rapazes riem da cara do policial. Eu chego a perder a respiração quando o homem dá uma joelhada no meio das pernas do meu amigo. Ele cambaleia, mas consegue, sabe-se lá como, ficar de pé. Na calçada, as pessoas assistem a tudo, caladas.

O sargento dá uma batida na lataria do ônibus, que parte. Depois, nos olha com cara de nojo e fala:
– Vaza.
Quando nos afastamos, pergunto ao meu amigo:
– Você está bem?
Ele tenta falar, mas não consegue.
Quando eu chego em casa, minha mãe já chegou da visita, se arrumou e saiu de novo para a igreja. A mulher não para. Melhor assim, porque sobra menos tempo para briga. O problema é que, cheio de fome, quebro a cara: as panelas estão vazias.

FLÁVIA

O sol que se insinua pelo basculante emperrado contrasta com o meu estado de espírito.

Enquanto converso com o Júnior, no telefone, tenho vontade de chorar por qualquer coisa (o fato dele me dizer que se divertiu muito na festinha de ontem me parece uma informação particularmente comovente). Não sei se eu fico animada e esperançosa – filhos são isso, não? Uma segunda chance de que as coisas deem certo – ou culpada por não estar lá por perto, ou falsa por não poder dizer a ele que se prepare porque a passagem do tempo tornará tudo mais difícil. (É claro que se eu dissesse isso para uma criança de oito anos mereceria o prêmio de A Mais Sem Noção do Mundo.)

Abro a geladeira e noto que a minha prateleira está vazia. Aqui é assim, dividimos por prateleiras, para não ter briga. (Não significa que estas coisas sejam tão rígidas. Por exemplo, às vezes eu pego uma coisinha da Karen, ela pega uma coisinha minha – embora seja raro que ela precise de alguma coisa minha. Da Vivian eu nunca pego nada.) Ótimo, minha cabeça dói e eu não tenho o que comer.

A Karen entra na cozinha e me flagra olhando para a geladeira aberta, sem esboçar nenhuma reação.

– Tudo bem aí? – ela pergunta.
– Sim.
– Posso pegar um iogurte?
– Claro.
– Você me dá licença?
– Ah, sim. Desculpe.

Ela pega dois: me entrega um e diz que eu deveria me alimentar mais e melhor. Agradeço. Acho que é a sua maneira de ser gentil, ao constatar a minha falta de opções.

– Você quer um chá? Eu estava igual a você na semana passada.
– Igual a mim?
– Ué, com TPM. Você já se olhou no espelho?

Não é TPM, é só frustração. Mas, se eu negasse, teria que falar sobre a noite de ontem, e acho que eu preferiria ter pregos fincados na sola dos meus pés. Então, apenas concordo, tomo o chá de maracujá, uma dipirona, e me sinto reconfortada. O calor e a atenção me fazem bem, de verdade.

No meio da tarde vejo as mensagens do Magrão, perguntando se eu irei no churrasco em Vila Cosmos (ou é Cosmos?). Eu teria que dar um pulo da cama, me arrumar, caminhar até a Central do Brasil, pegar o trem, descer num lugar desconhecido, conversar com pessoas desconhecidas, e tudo isso parece exigir um nível de mobilização muito acima das minhas possibilidades. Vou dizer que estava com TPM e ele não terá como contestar. O que eu faria sem a Karen?

APÊ

Hoje, vamos todos ao Maracanã. Na sala, meu pai já começou a beber depois do café da manhã, ou meio que durante ele, sei lá. Minha mãe está sorridente, fazendo o que ela mais gosta nos últimos tempos: abrindo pacotes de compras.

– Apê, vê se o tamanho cai bem em você.

– Tamanho do quê?

– Dessas blusas da Seleção que eu comprei na internet.

Olho para o meu pai, que me devolve uma cara de "o que você quer que eu faça?" Só agora percebo que ele usa uma camisa nova, que ficou justa demais para ele. Está engraçado.

Por sorte, em mim o "M" cai bem. É uma pena que a Alice não vai conosco, por causa do maldito intercâmbio. Eu entendo a sua dedicação, mas acho que ela poderia ser um pouco mais flexível, pelo menos em um dia como esses. De qualquer modo, ela também recebe a sua camisa nova da Seleção, que deverá morrer no fundo do armário, já que ela não assiste a jogos e muito menos usa amarelo.

– Celeste, nós vamos a um jogo de futebol, não a um coquetel! – Meu pai diz à minha mãe, que decide ir ao Maracanã de salto alto.

– Contanto que o time não jogue assim, está tudo certo! – Digo, apaziguador.

O curioso é que, no estádio, encontramos muitas outras Celestes que pensaram o mesmo. Olhando para o público, não diríamos que estamos numa partida de futebol – a não ser pelo som terrível das vuvuzelas (embora também não haja vuvuzelas nas partidas do Campeonato Brasileiro).

Como está tudo engarrafado, descemos do táxi e completamos o percurso a pé. Eu me sinto à vontade nestas ruas: o Maracanã são os jogos, mas também é o churrasquinho nas esquinas, o abraço entusiasmado em desconhecidos, a tensão antes que a partida comece, e é, sobretudo, o meu pai. Minha mãe diz que chorou de alegria quando eu nasci, porque sabia que eu iria libertá-la da tarefa de acompanhar o marido nos jogos do Tricolor. Para o meu pai, o grande Fluminense de 1984, de Washington e Assis, campeão brasileiro, aconteceu junto com a minha mãe e as passeatas das Diretas, e ele fala de uns como consequências inevitáveis dos outros. De tanto ouvi-lo contar estas histórias, sinto quase como se estivesse presente.

– Ai! – diz a minha mãe, que tropeça num buraco na calçada e quase quebra o salto.

Uma coisa é certa: nos arredores do estádio, os buracos, vergalhões, máquinas e andaimes indicam que as obras estão longe do término. Também há enormes cordões policiais, isolando os acessos à entrada. Do outro lado do rio Maracanã, além das barreiras, umas vinte pessoas seguram faixas: "Copa pra quem?" "Pela volta da geral!"

Do lado de dentro, os banheiros parecem limpos, os bebedouros funcionam e há enormes aparelhos de televisão pendurados; na arquibancada, os assentos são novos e acolchoados, e temos que procurar o nosso lugar exato, tal como anotado no ingresso. Tudo parece sincronizado: o público, os anúncios de cervejas e refrigerantes, o verde e amarelo das camisetas e bandeiras. O telão mostra autoridades, que são recebidas com tímidos aplausos. De tempos em tempos, conduzidas por um animador, as pessoas cantam: "Eu sou brasileiro, com muito orgulho, com muito amor." É, exceto pelos vinte e dois caras que disputam para valer a bola dentro de campo, não se parece muito com um jogo de futebol. A peleja ao menos é animada e termina empatada em 2x2, com gol do Fred. É inegável que temos time para ganhar a Copa.

Na saída, as vinte pessoas ainda seguram as faixas. Os torcedores satisfeitos as ignoram: é como se elas fossem intrusas na festa.

Segunda-feira, 03/06/2013

NAVALHA

De manhã, minha mãe me sacudiu e disse que precisávamos conversar. De mau humor, eu lavei a cara, bebi o café doce e esperei a ladainha de sempre: "você precisa trabalhar", "na sua idade eu já tinha responsabilidade", "eu prometi não perder outro filho para essa vida." Eu até que estava me segurando, mas quando ela disse "o seu irmão está preocupado com você", aí eu perdi a paciência:

– Como assim "preocupado com você?" Ele está em cana e é comigo que está preocupado?

– Está, sim, por isso mesmo. Quando eu contei que você tinha perdido o emprego, ele fechou a cara e disse que essa é a hora em que os moleques fazem besteira. Quando tudo começa a dar errado.

– Ele entende disso.

– Isso é jeito de falar do seu irmão? Você sabe muito bem que ele não era disso, até aquele dia...

A menção "àquele dia" me transporta de novo para "aquele dia" e eu fico em silêncio. Será assim até o fim dos nossos dias? Ela aproveita a brecha e continua:

– Roberto Carlos, eu não tenho muito tempo. O que interessa é o seguinte: eu não quero mais ver você dormindo o dia inteiro, chegando tarde da noite, andando com aquele Marcelo.

– Qual é o problema do Golpe? Ele trabalha, sabia?

– Trabalha? Ele corta o cabelo de vagabundo e fuma maconha o dia inteiro.

– A igreja está te deixando bitolada. Você não era assim.

– Assim como?

– Bitolada.

– Não tem nenhuma bitolada aqui. Desde que eu nasci eu aprendi que quem não trabalha, não come. Eu não preciso de igreja para saber disso. Aqui tem dez reais – ela diz, se levantando.

– Não quero dinheiro.

– Eu não estou te dando, estou te emprestando, para você procurar trabalho. Quando receber, você me paga. Fica com Deus.

Ela me beija na testa e sai. O relógio de parede da cozinha marca 6h25. A verdade é que, com os seus olhos duros e nenhum adorno no corpo, ali, sentada no sofá, com as mãos desgastadas de faxinas cruzadas nos joelhos, a minha mãe é a própria encarnação de uma segunda-feira.

FLÁVIA

Magrão e eu nos esfalfamos nos vagões do metrô. Nossa tática é cantar apenas com o trem em movimento, para driblar a fiscalização. Depois da música – no modo rapidinho, às vezes só a primeira estrofe e o refrão –, discurso e chapéu. Há gente que bate palmas e contribui com um trocado; há gente que não desgruda os olhos dos seus livros e dá nota de dez; há gente que não tira os fones do ouvido e nem nos olha nem dá nada. E é curioso notar como as mesmas músicas, tocadas do mesmo jeito, provocam reações distintas apenas mudando de vagão.

Segunda-feira aborrecida. Da minha garganta saem notas indefinidas, mascaradas pela voz artificial que anuncia as estações. Por sorte, ninguém repara nem dá a mínima. Para piorar, o Magrão passa a maior parte do tempo com a cara amarrada, porque eu havia prometido – eu não me lembro, mas ele diz que sim – ir ao churrasco ontem.

Às quatro da tarde, estamos exaustos e famintos. Na Cinelândia, dividimos uma quentinha de dez reais da rua Álvaro Alvim (chegamos à conclusão de que ela é a melhor de todo o centro da cidade nesta faixa de preço). Sentamo-nos para comer em um banco, em frente ao Cine Odeon. O Magrão reclama:

– Você acredita que a passagem aumentou de novo? R$2,95 para andar naquele cacareco, cheio de baratas.

– A firma não te dá vale-transporte? – brinco, mas ele não sorri. Melhor deixar quieto.

Quando acabamos de comer, o Zequinha, um menino de dez anos que virou nosso amigo (isso é uma suposição, porque ele nunca conta a sua idade), aparece à minha frente. Não sei onde ele mora e, na verdade, nem sei se ele tem casa (ele também não fala sobre isso). Mas eu nunca o vi acompanhado de pais ou irmãos, só de outros garotos tão espertos e abandonados como ele. Hoje, ele não carrega a sua costumeira lata com produtos para engraxar sapatos. Como todo mundo, ele está com a cara fechada.

– Que foi Zequinha? Que bicho te mordeu?

– Nada, não.

– Desembucha, criatura.

– O choque de ordem levou tudo, até o meu material de trabalho.

– Que covardia! – reclama o Magrão.

– Tranquilidade, eu vou crescer e aí eles vão ver.

– Vão ver o quê, que conversa é essa? – eu intervenho, rindo daquela tampinha com os olhos cheios de remelas e lágrimas, ameaçando inimigos. – Me diz, você já almoçou?

Ele arregala os olhos. Depois, diz com o tom mais indiferente que consegue fingir:

– Já.

– Fala a verdade.

– Não estou com fome.

– Que pena. Eu ia te pagar um almoço, mas se você já comeu, acho que vou comprar uma quentinha para outro que precise-.

– Eu posso comer de novo.

Acho graça nesta criança orgulhosa, que fala do almoço que eu lhe pagarei como se fosse um favor.

– "Eu posso comer de novo" – diz o Magrão, imitando-o. Inacreditável.

– Qual foi, voz de apito? – responde, desaforado, o Zequinha. O Magrão dá um safanão nele, e eu separo os dois antes que vire uma briga.

Nós dois havíamos dividido uma quentinha; o Zequinha, que "não estava com fome", engole com sofreguidão uma inteira. Depois, se despede, e diz que eu posso contar com ele para "qualquer coisa".

– Obrigada – digo, sentindo-me lisonjeada.

– Só ela, valeu? – ele diz para o Magrão, antes de sumir a caminho do Largo da Carioca.

– Desse jeito, Venta, você nunca vai conseguir pagar o teu aluguel.

– E você pode tentar não ser tão implicante? – digo, irritada. Desde quando o Magrão acha que pode se meter na minha vida? No céu, acumulam-se nuvens de chuva.

APÊ

Na sala, meu pai toma café com o jornal aberto sobre a mesa, como de hábito. Ele me mostra a manchete: "Na Turquia, mais de 1700 presos em novos protestos".

– Uau – assobio –, acho que vou fazer meu estágio na Turquia. Não vai faltar demanda.

– Claro, mas também não haverá nenhum juiz para conhecer as tuas petições – ele ri. Somos democratas por princípio, mas também porque sem democracia não há advogados.

– Eu pensava que o lema fosse ao contrário: sem advogados não há democracia.

– Dá no mesmo. Você vem comigo para o escritório?

– Vou um pouco mais tarde hoje. Tenho que estudar para a prova de Contratos.

– Tudo bem, então estuda, mas eu quero você lá às duas. Senão, vou te dar uma lição prática de rescisão contratual.

Ele ri e se levanta, mas eu sei que fala sério. Este homem não faz concessões quando se trata de trabalho.

– Vocês querem mais café? – Indaga a Aparecida, segurando uma muda de roupas sujas nas mãos.

– Não, obrigado – diz o meu pai.

– Também não – digo, e vou em direção ao quarto. Tranco a porta, mas não consigo me concentrar nas palavras. Entediado, ligo para a Alice, que me despacha: ela também não faz concessões em termos de trabalho.

Na saída, encontro com a minha mãe, que chega da academia. Ela segura uma porção de sacolas de compras. Eu nem perco mais o meu tempo perguntando o que é. A outrora combativa defensora pública, que abandonou o emprego para ser o coração e o cérebro da família, tem lá as suas instabilidades. Quem não as tem?

O escritório do meu pai – o "nosso escritório", ele me corrigiria – fica no décimo segundo andar de um belo edifício na esquina da avenida Rio Branco com a rua da Assembleia. Está-se, aqui, no centro nervoso do centro nervoso da cidade.

– Quer morrer, seu filho da puta?!

Distraído, não reparei que o sinal estava fechado para mim, e quase fui atropelado por um taxista, que dá demonstrações de uma enorme amabilidade – tão carioca quanto a Rio Branco.

No escritório, uma pilha de petições, relatórios e outros documentos variados me aguardam, e logo substituem a pilha de petições, relatórios e outros documentos variados já trabalhados que eu trago de casa. Meu pai, que aqui é o "Doutor João", está trancado no seu gabinete; o "Doutor Carlos" – "Carlinhos", sócio do meu pai – está em audiência. A respeitável senhora Dalva atende os telefonemas, monta as agendas, supervisiona o trabalho dos estagiários – além de mim, o Cléber e a Núbia, que têm a minha idade (na verdade, são um ou dois anos mais velhos), trabalham tanto quanto eu (justiça seja feita, eu não faço corpo mole) mas não estudam na FND nem são filhos de um dos donos. Na sala compartilhada, cada um de nós três tem a sua mesa e computador e foge sempre que pode da papelada – escapadas providenciais para o café no meu caso, para fumar no caso do Cléber, para mexer no celular no caso da Núbia. "Procrastinação, no nosso caso, é dever de ofício", diz o Cléber, nessas horas. A gente se dá bem, mas nunca se enturmou muito. Acontece de eu flagrá-los compartilhando risadas maliciosas que mais ninguém entende, ou interrompendo cochichos quando eu me aproximo. Não sei se eles têm um caso ou me veem como o filho do chefe, o que seria injusto, porque eu não trabalho nem mais nem menos do que eles.

À noite, faço a bendita prova, e nem dou muita conversa ao Cauê e à Rita, que falam sobre a nossa posse (parece que será na quinta--feira). A Alice não responde às minhas chamadas. Na hora em que saio, cai uma chuva fina, gelada. O centro está morto – o único movimento às dez é o dos ônibus vazios e das ambulâncias, berrando às portas do Hospital Souza Aguiar. Encostadas junto às grades do parque público, mulheres oferecem seus corpos a quem passa; ébrios caminham, os olhos vagos. Seria perigoso andar sozinho até a Central, então, eu pego um táxi. No rádio, o locutor fala sobre os confrontos na praça *Taksim*. Uma coisa é inegável: a vida na Turquia seria mais emocionante.

Terça-feira, 04/06/2013

NAVALHA

Ontem, os dez reais ficaram sobre a mesa e eu sobre o sofá, assistindo televisão. O computador velho não ligou nem a pau: ele tem vontade própria, até mais do que eu. Nos jornais da tarde, casos de sucesso, pessoas que abriram uma lojinha de bugigangas e terminaram milionárias. Que esse tipo de coisa é um incentivo eu não duvido, só não sei se ao trabalho ou ao suicídio.

Chega de enrolação.

Saio de casa, cumprimento a dona Cleide, que varre o corredor, abro o portão. Estranho, não tem vivalma na rua. São dez horas. Sobre a minha cabeça, manobra o helicóptero da Polícia Militar e, para os lados do fundão da favela, pipocam tiros (pelo jeito – um estampido seco, seguido de um repique rápido –, é de sete-meia-dois).

Um moleque com camisa de escola municipal, vindo do Brizolão aqui perto, passa correndo:

– Qual foi, menor? O que que aconteceu?

– O Caveirão está entrando.

A geringonça cinza desponta, qual uma ratazana de aço, no começo da Beira Rio. Está tendo operação. Não tem jeito, volto para casa. (Minha mãe sempre diz: "em tudo na vida, você precisa ter uma margem." Acho que ela está 100% certa, na teoria. Por exemplo, se eu tivesse saído mais cedo hoje, não teria ficado trancado; ou, se eu tivesse procurado trabalho ontem, poderia ficar em casa sem me sentir um vagabundo, porque teria um bom motivo para isso. Mas, na prática, isso nem sempre funciona, porque a minha margem depende da margem de várias outras pessoas, e essas margens muitas vezes se excluem. Por exemplo, a margem dos policiais dentro daquele blindado é matar o bandido [não é o que diz a lei, como explica o pessoal dos direitos humanos, mas é o que eles fazem] e a margem do bandido é vender seus bagulhos ilegais e voltar para casa vivo, para abraçar sua mulher e seus filhos [que é o que também querem os policiais]. Uma margem só cresce se a outra diminui, igual um cabo de guerra. Tem até um funk que fala disso, aquele que diz "antes de chorar minha mãe, chora a tua mãe primeiro." Essa é uma forma cruel de falar sobre esse lance das margens, mas não deixa de ser a realidade. Infelizmente, eu acho que o mundo está cheio de margens assim, que se esbarram e engolem umas às outras. Quando essas duas margens brigam, uma porção de gente perde a sua própria margem para ir para a escola ou para o trabalho, sem falar os inocentes que, no fogo cruzado, perdem a margem da margem, a vida. Seria possível que, no mundo, só existissem margens felizes que se complementassem umas às outras? Vai saber.)

A TV fala de uma operação na região de Del Castilho para combater o roubo de cargas. Cancelaram até as aulas nas escolas, outra vez. O governo está se lixando para isso: o seu papel é defender as margens dos donos daquelas mercadorias.

FLÁVIA

Hoje o Magrão fura comigo. Tento ligar e ele não atende. "Parabéns, senhor vingativo. Se a ideia era me devolver o furo de domingo na mesma moeda, ou me fazer sentir remorso por ter perdido a paciência ontem, ok, eu te entendo. A diferença capital é que nada daquilo interferiu nas tuas contas a pagar".

O pior é que, na ausência dele, eu perco a vontade de cantar. Vagueio, qual bicho solto, à cata de alguma inspiração vadia.

Sentado na escadaria da Câmara de Vereadores, ao lado do Amarelinho, um senhor de barbas brancas cochila. Todos os dias eu o vejo ali. Em frente ao Teatro Municipal, um grupo de estudantes distribui panfletos, discursa num megafone a respeito de algum protesto contra o aumento das passagens.

Caminhando pelas ruas, esbarro com conhecidos, observo outros artistas, fontes anônimas de renovação e de energia. Aposto que, por detrás dos improvisos ensaiados, escondem-se dúvidas, dilemas, contas vencidas. No lar da Carioca, uma Mulher Maravilha caminha sobre enormes pernas de pau. Na saída do metrô, um homem com traços indígenas pinta retratos de celebridades: Michael Jackson, Ayrton Senna, Carminha – eu sei que é Adriana Esteves, mas no retrato está escrito assim mesmo, "Carminha". (acabo lembrando do meu pai: sempre que está comigo no centro e assistimos a qualquer dessas manifestações ele me cutuca e pergunta: "Você conhece?", e sempre parece surpreso se eu digo que não. Um dia perguntei se ele conhece todos os professores de Física e ele me respondeu que conhece todos os professores de Física de Vassouras. Tive que lembrá-lo que numa esquina do Rio há mais habitantes que em Vassouras.)

Mais à frente, uma banca de jornal fez-se sebo: qualquer livro a cinco reais. O dono, um senhor de cabelos brancos e grossos óculos de grau, sentado numa cadeira de plástico, folheia um *Álbum Ilustrado da II Guerra Mundial*. Na Travessa dos Poetas de Calçada, um rapaz metido num terno toca violino; uma moça bem jovem dança ao som de Prince. Nas vitrines das lojas, olho para os vestidos e é nas mãos que fizeram os vestidos que eu penso. Mãos de mulheres, imagino. Mulheres fortes, fazedoras de filhos e de vestidos, que se empregam numa fábrica para costurar as consequências. Numa loja de departamento, experimento um batom. Ele combinaria com meu chapéu *floppy* vermelho. Não posso levar. Vou levar, dane-se. Não, não. As contas, as contas. É preciso ter responsabilidade. Num boteco, topo com amigos ocasionais – outros desempregados fantasiados de artistas, como eu. Um tipo com olhos e cabelos negros me olha, e fico feliz por saber que ainda consigo atrair alguém, embora ele não tenha a mínima chance.

Amanhece quando eu abro a porta de casa. Vigilante, o Biscoito me encara e eu rio dele: é ele o gato; sou eu a humana pobre e livre. Ao guardar as chaves na bolsa, encontro o batom novo, escondido lá no fundo.

APÊ

De manhã, o mesmo: na sala, meu pai lê o jornal. A grande manchete de hoje é a recepção do Neymar no Barcelona.

– Depois da Copa, com certeza, ele vai ganhar a Bola de Ouro – ele diz.

– Também acho – concordo, distraído. Hoje, folheio mais informações dos protestos na Turquia: novos presos levados em ônibus, ruas incendiadas, barricadas e bandeiras.

Antes de sair, ligo para a Alice, mas ela me despacha outra vez:

– Apê, você sabe que eu preciso estudar.

– Não é possível, Alice. Isso já virou ideia fixa.

– Isso o quê? O meu futuro profissional?

– Não foi o que eu disse. Mas parece que nós namoramos à distância!

– Sabe como é, eu não tenho a vida ganha.

– Você foi irônica?

– Claro que não. Falo a verdade.

– Você foi irônica.

Ela suspira, impaciente.

– Está bom, não vou mais ser irônica, então: ao contrário de você, eu não tenho a vida ganha.

– Eu não tenho a vida ganha, sabe? Ninguém tem a vida ganha! Eu poderia ter me viciado em drogas ou ter esfaqueado alguém numa briga. Há mil caminhos para uma pessoa ferrar tudo.

– Olha, eu não tenho tempo para hipóteses. A minha realidade é que EU NÃO POSSO ME DAR AO LUXO DE QUEIMAR UMA TERÇA-FEIRA À TOA. E VOCÊ ESTÁ ME ATRAPALHANDO!

– Por que você sempre adota esse ar superior?

– Por que você só sabe perguntar por quê? Eu sou tua namorada, não a mãe de uma criança de oito anos.

– Obrigado por me ofender duas vezes em um minuto.

– Não era essa a intenção.

– Vai pro inferno, Alice!

– O que foi que você disse?

– Você ouviu.

– Seu escroto!

Desligou.

Saio de casa "P" da vida. Hoje, nem a música estalando no fone de ouvido aplaca a minha raiva. Você chama uma pessoa – a mulher que em tese você ama, no caso – para almoçar e é recebido com sete pedras nas mãos. A caminho do metrô, uma estranha com um bebê no colo me aborda para pedir dinheiro. "Desculpa, moça, eu só tenho cartão." Se tivesse um trocado, eu daria mesmo, ao contrário da megera da Alice, que eu nunca vi dar nada para ninguém.

Vou para o escritório. Vou para a faculdade. Presto atenção à aula de Direito Tributário I. À noite, a Alice aparece lá em casa sem avisar, pede desculpas pelos últimos tempos, diz que não tem sido uma namorada legal e termina comigo. Eu fico tão surpreso que não sei o que dizer, então não digo nada. Acho que eu balbucio um "tá bom" ou algo parecido. Mesmo depois que ela se levanta, dá um "boa-noite" educado para os meus pais na sala, espera o elevador, eu não sei se devo implorar para que ela fique ou se devo respeitar a sua decisão, dando mostras de orgulho e autocontrole – e, de qualquer jeito, a raiva ainda não passou de todo. Sinto que estou perante um evento importante na minha vida, mas não sei o que devo fazer. Eu não sei, então não faço.

Quarta-feira, 05/06/2013

NAVALHA

Hoje, não tenho escapatória.

Na papelaria, imprimo um currículo de uma página. Além daquelas informações básicas, para encher linguiça, digo que sou comunicativo (mentira), pontual (meia-verdade) e adoro trabalhar em equipe (defender uma colega assediada ou idosos extorquidos me parece se encaixar na categoria "trabalho em equipe"). Pensa direito. Deve ter mais alguma coisa. Eu fazia inglês no colégio, quando tinha professor. Certo, acho que isso pode entrar (inglês instrumental básico). Sei ligar e desligar o computador, quando ele permite (noções de informática). Ganhei duas linhas. Eu já ajudei minha mãe a organizar doações na igreja – experiência em trabalho administrativo. Ganho mais uma linha. Vamos lá, eu devo ser qualificado para carregar caixas, esfregar o chão ou fritar coisas.

Meu foco é a vaga de estoquista que apareceu numa loja de roupas no Norte Shopping. Eles dizem que não exigem experiência. Vou deixar lá por último; vamos ver o que aparece no meio do caminho. Vou a pé porque gastei cinco reais imprimindo currículos, e quero guardar os outros cinco (não tento uma carona, para evitar tomar uma dura da UPP).

Um colégio particular. Aposto que eles precisam de porteiros, inspetores ou serventes. Toco o interfone. Quando pergunto se eles aceitam currículo, desligam na minha cara.

Certo, não desanime.

Entro em um supermercado. Enquanto caminho pelos corredores, noto que sempre há um segurança de olho. Eu não tenho dinheiro para comprar nada: cereal, iogurte, sorvete. Será que eles ao menos têm um bebedouro? Tortura andar no mercado com fome. No açougue, a bancada está vazia, o homem negro de avental branco limpa os restos de carne moída. Ele me diz que na padaria estão precisando de gente. Lá, uma moça simpática me diz:

– Está contratando, sim. Você tem experiência?

– Eu já trabalhei no McDonalds.

Ela ri.

– Não sei se serve. Mas dá o teu currículo que eu entrego pro gerente do setor.
– Obrigado.
– De nada.

Saio do mercado como entrei, escoltado pelos olhares atentos dos seguranças. Beirada de favela, sabe como é. Pelo menos eu aposto que dá para levar uns pães e bolos murchos para casa, no final do expediente. O mercado é a maior esperança que eu consigo alcançar no meio do caminho. Num *pet shop*, antes que eu fale qualquer coisa, a atendente no balcão balança a cabeça e fala "hoje está difícil", como se eu fosse pedir alguma esmola.

Mundo cão.

No Norte Shopping vazio, vou até a loja de roupas. Impossível passar despercebido, porque sou o único cliente a essa hora. "Cliente." Uma vendedora me aborda:

– O que o senhor deseja?
– Eu vi que estão contratando. Vim deixar o currículo.
– Ah, sim. Fala com a gerente, no caixa.
– Obrigado.

No caixa, uma mulher com o cabelo esticado e quilos de maquiagem no rosto conversa com outra moça, que balança a cabeça, concordando com algo. Não parece haver dúvidas sobre qual é a gerente:

– Boa tarde, eu vi que vocês estão contratando e vim deixar meu currículo.

A mulher me olha de cima a baixo, como se me passasse num raio-X mental, e diz, com má vontade:

– Não estamos contratando no momento.
– Desculpe, mas eu li hoje na internet e a atendente...
– Leu errado.

Depois de me cortar, ela se vira para o lado e continua a conversa, como se eu fosse um trapo usado. Um calor sobe pelo meu peito:

– Eu vi que vocês estão contratando.

Ela interrompe a conversa com um "ai, meu Deus", e diz:

– A vaga já foi preenchida.

Ouço uma voz grossa atrás de mim:

– Algum problema, Daniele?

Claro, eu sou um preto discutindo com a gerente branca no balcão. Um homicida em potencial, provavelmente. As outras atendentes observam, em silêncio. Busco algum olhar solidário, mas todos se desviam ao cruzar com o meu.

– Como é, amigo, vai me deixar trabalhar? – pergunta a gerente.

O segurança se aproxima e tenta me pegar pelo braço:

– Não encosta em mim!

– Mete o pé, no sapatinho – ele diz, quase sussurrando.

Nessa hora, eu sinto um misto de vergonha, ódio, impotência. O que eu devo fazer? Reclamar? Para quem? Mais fácil eu acabar espancado, numa daquelas salas escondidas.

Dou meia-volta: só quero me afastar deste lugar, o mais rápido possível. Por que fujo, como um criminoso, se eu não fiz nada? Tenho a impressão de que todos me olham, me condenam e me sentenciam. "Mete o pé, no sapatinho": é isso o que eu estou fazendo. Engulo a humilhação, com o rabo entre as pernas. Se eu estivesse armado, toca ninja na cara, como seria? Hein, como seria? Como a gerente oxigenada me trataria se eu tirasse do bolso notas suficientes para comprar a loja toda, ela incluída?

É muito fácil julgar, depois que entornou o caldo.

Na volta, a dona Cleide varre chão, em frente ao número 42. Tarefa estúpida, porque passa um minuto e já se acumula outra vez o barro. "Boa tarde, Roberto Carlos", ouço, mas não respondo. "Esses jovens são todos mal-educados!", ela resmunga. Fecho a porta, me tranco no banheiro. Lá fora, a maldade. No espelho pequeno, com as bordas de cor abóbora, encaro um rosto normal, igual a tantos outros. Por fora, não dá para ver as cicatrizes aqui dentro. Alguns fios encarapinhados começam a crescer por sobre a cabeça raspada. Uma voz, parecida com a minha, azucrina os meus ouvidos: "Um zé ninguém, mais nada. Isso mesmo, um nada." Ódio, ódio, ódio. Soco a cabeça na parede, quebro contra o chão esta merda de espelho, toda esta merda em que me afundo, tardes inteiras. Depois, quem varrerá toda esta sujeira? É inútil quebrar as coisas em casa, certo era esmurrar aquele segurança. Arrombado filha da puta. Rasgo em pedaços o último currículo que sobrou, jogo na privada e dou descarga. Sento ao pé do vaso sanitário, com o rosto entre as mãos. Mais calmo, recolho os cacos de vidro, que despejo na lixeira, em silêncio.

FLÁVIA

Apesar da pequena dor de cabeça, eu me sinto leve e de bom humor. No trabalho, as coisas melhoram. As pessoas parecem menos carrancudas, às quartas-feiras; desde o meio da semana, já avistam a luz no fim do túnel da rotina. O seu estado de espírito é, para mim, coisa palpável: mede-se pelo peso do chapéu ao fim da jornada. Por sorte, o Magrão só toca, porque se dependesse do seu humor eu morreria de fome.

Em casa, depois de um longo banho quente, leio, na cama, as mensagens no celular. Há várias chamadas não atendidas de um tal de Gladson. Nome engraçado, parece de pomada dermatológica. Não, amigo, foi um prazer conhecê-lo, mas meu filho e a tentativa de viver de música já são compromissos suficientes para mim. O meu pai, a propósito, me enviou o retrato de um desenho do Júnior: na folha de papel, ele está no centro, cercado de mim e do avô. No alto, brilha um sol cheio de felicidade. Eu rio, depois choro: essa é a coisa mais bonita que eu ganhei em muito tempo.

APÊ

Acho que está tudo bem, apesar da Alice. Eu não me sinto triste, nem alegre. Pego o primeiro caderno do jornal, sobre a mesa: "Governo põe Força Nacional para conter conflito indígena." Leio o primeiro parágrafo, mas não entendo. Releio e não consigo me concentrar de novo.

– Você quer ovos mexidos? – pergunta a Aparecida, da cozinha.

– Não, obrigado. Estou sem fome.

– Menino, se você não comer, não vai ter força para estudar – ela insiste, com seu sotaque nordestino.

Eu sei que a Aparecida tem dois filhos. Será que eles também estudam? Será que eu poderia esbarrar com eles, um dia desses, nos corredores da Nacional de Direito? Ou os ovos mexidos da Aparecida só se transformam em pensamentos de cérebros alheios? Hoje eu acordei com o estômago embrulhado. Parece que há chumbo nos meus pés, quando me levanto. Bebo um copo d'água: ela tem gosto de ferrugem.

Lembro da Alice e o enjoo piora. Eu deveria ter ido atrás dela? Ou devo apenas ficar quieto e esperar que ela me ligue, dizendo que foi tudo um engano terrível – porque ela irá me ligar de qualquer jeito, certo?

É claro que eu deveria ter pulado na frente de um carro, quando ela se foi. De um carro, vírgula, de um ônibus, isto sim, de um ônibus. Neste momento eu estaria no CTI de algum hospital, cheio de tubos e gazes, e ela estaria sentada ao meu lado no leito, desfeita em remorsos. Se eu morresse, ela sofreria até o fim dos seus dias, e isso seria justo.

Tranco a porta do quarto, fecho as cortinas e ligo o ar-condicionado, apesar de não estar calor. É uma vã tentativa de colocar o mundo entre parênteses. Quero dormir para ter a chance de começar de novo. Depois, eu me levantarei, beberei alguma coisa muito doce, caminharei na orla onde conhecerei uma garota cinco vezes mais bonita que a Alice (não, não, quinze vezes mais bonita que a Alice), postarei fotos apaixonadas no Facebook, de modo que aquela estúpida da minha ex-namorada morrerá corroída em ciúmes. Eu farei tudo isso – desde que consiga dormir mais um pouco. O diabo é que eu não consigo: a Alice bruxuleia na minha frente, estejam os olhos abertos ou fechados. Quantas vezes na vida uma pessoa tem que passar por isso? Espero não ter que passar por isso mais nenhuma outra vez. (Há pencas de canções e de filmes sobre términos, mas eu nunca vi em lugar nenhum a coisa do gosto de ferrugem.)

Eu refaço de novo a nossa conversa. Depois, ligo para ela, só uma vez. Caixa. Deito. E ligo de novo, só mais uma vez. Caixa. Vadia. Já deve estar com outro. Não é possível. Eu ligo de novo e de novo, até a hora de ir para o escritório. Entro no escritório como um autômato. Saio do escritório como um autômato. Vou para a Faculdade como um autômato. Assisto à aula de Direito Administrativo II como um autômato. Se fosse Penal, pelo menos. Eu gosto de Penal. E quero que a Alice se exploda.

Quinta-feira, 06/06/2013

NAVALHA

Acordo ao meio-dia, com o corpo dolorido. Sobre a mesa da sala, minha mãe deixou um bilhete e outra nota de dez reais. "Continue procurando." O pior é que se eu lhe contasse, timtim por timtim, o que aconteceu ontem, ela ainda diria: continue procurando. Quanto ao espelho quebrado, ela não disse nada, acho que para não render assunto. Quando eu era criança, e percebia que meninos brancos eram atendidos primeiro nas filas, ainda que eu tivesse chegado antes, ela dizia que eu não devia me chatear com aquilo, que era normal que as pessoas se confundissem. Você sente quando uma coisa está errada, ainda que não entenda muito bem o motivo. O problema é que, sem ninguém que me explicasse, eu passei a culpar a mim mesmo – "bobagem", "exagero", "mania de perseguição." Depois, à medida que eu crescia, fui me dando conta que os olhares vigilantes, as ordens de abrir as pernas e colocar as mãos nas paredes, tinham sempre os mesmos alvos, assim como eram os meus amigos que começavam a entrar e sair do Degase. Isso confirmou aquelas impressões de criança, e me lembro de uma professora de História da oitava série que nos contou sobre revoltas e quilombos na época da escravidão. Eu, sentado no fundo, me mantinha atento, e era essa a única aula que eu não matava, embora nunca dissesse um "ai." Da sua boca, ouvi pela primeira vez a palavra "racismo", muito antes disso começar a ser falado na televisão. Isso não mudava as coisas que aconteciam ao meu redor, mas me ajudava a lidar com elas. Ao contrário do meu irmão, que sempre deu mais ouvidos às explicações da nossa mãe, e despirocou da cabeça quando a realidade desabou de uma só vez em cima dele.

Passo a tarde na casa do Golpe; depois, à noitinha, marcamos um dez na quadra do Brizolão. Enquanto corre uma garrafa de tomba – refrigerante com cachaça, ruim como o diabo –, umas quinze cabeças colocam rimas diferentes sobre um mesmo *bit*. As letras frenéticas, o refrão suave – acelera e desacelera. Hoje, eu só fiz queimar o tempo; um trago de vida a menos.

FLÁVIA

O Magrão continua monossilábico. O fim de semana está próximo e eu não tenho nenhum convite para cantar, o que me deixa um pouco aflita. Só um pouco. O dia, ao menos, não é ruim: na Glória, um grupo de velhinhas, que tomava *chopp* numa mesa, nos viu tocar e pediu uma canja. A moral da história é que levantamos, naqueles minutos, tanto dinheiro quanto conseguiríamos em todo um dia (a rua tem dessas coisas, de tempos em tempos. A situação certa e as pessoas certas, como uma loteria).

De volta à Cinelândia, encontro o Zequinha, junto com a sua trupe de garotos com os pés descalços. Levo um susto com barulhos de explosões que vêm da Carioca. "É o Choque de Ordem", ele me diz. Mulheres e homens guardam suas mercadorias e se dispersam rápido, em silêncio.

– Tia – diz um dos "pés descalços" –, você consegue mais cachorro quente para nós, hoje?

É que há algumas semanas houve uma festa aqui na praça, em comemoração à lei que protege a atuação dos artistas de rua (o que não significa que os nossos problemas acabaram, principalmente com os seguranças privados, haja vista o metrô), e eu descolei uns pães para os meus amiguinhos. Pelo visto, foi uma situação marcante para ele.

Antes que eu responda, o Zeca dá um murro na cabeça dele, e diz, bravo:

– Respeita a minha amiga! Ela não vai dar nada para você.

Ralho com ele:

– O que é isso, Zequinha? Você não pode bater nas pessoas.

– Tia, ele me bate toda hora – reclama o pequeno senhor cachorro-quente.

– E desse jeito você vai merecer outra!

Não sou tonta: imagino que viver nas ruas exija algumas doses de selvageria como técnica de sobrevivência. Mas não é normal uma criança como o Zequinha, que nunca sorri. Pergunto, na roda que se forma ao meu redor:

– Vocês estão com fome?

– Sim – respondem, em uníssono, os outros garotos. Ai, ai, ai. O meu aluguel se complica de novo.

Enquanto o Zequinha se afasta com o dinheiro que eu lhe dei, para comprar pão, mortadela e refrigerantes, o Magrão me reprova:

– Você não devia ter dado dinheiro para o Zequinha.

– Por que não?

– Porque ele pode sumir com a grana.

– Ele não fará isso.

– Quem te garante?

– Eu garanto. – Observo uma concentração de uns trinta estudantes em frente ao Teatro Municipal.

– Qual é o seu problema?

– Problema nenhum.

É claro que há algum problema. E eu preferiria soar mais amistosa do que inquisidora. Mas, antes que eu tente de novo, uma loura com os óculos escuros sacode os meus ombros:

– Não acredito que te encontrei!

Ergo os olhos e reconheço a Amanda, uma cantora com quem eu fiz um dueto improvisado, há uns seis meses, num daqueles bares da Lapa. De lá para cá, eu não fiz mais nenhum dueto; ela, ao contrário, pelo que vejo no Facebook, sempre arranja algum trabalho. Ela repete:

– Não acredito que te encontrei, logo hoje!

Depois, me abraça e me beija, enquanto despeja palavras sobre mim:

– Amanhã eu tenho um show marcado, no Teatro Rival, e tem uma música que eu canto junto com a Penelope. Você sabe a Penelope, não sabe?

– Sim, a Penelope, claro. (Mentira: eu não tenho a menor ideia sobre quem ela está falando.)

– Pois então. Ela me avisou, em cima da hora, que não vai poder. Isso acabou de acontecer e eu já estava desesperada e eis que você aparece bem no meu caminho! Deve ser algum sinal.

Por que ela fala de um jeito tão afetado? Na verdade, a sua presença me deixa um pouco constrangida. Afinal, a Amanda, além de loura, está perfumada, arrumada, em posição de me convidar para cantar no Rival, enquanto eu estou sentada na escadaria, com fome, suada, fazendo cálculos sobre o impacto de pães com mortadela no meu aluguel. É duro, mas desde o nosso dueto ela parece ter caminhado várias quadras; eu estou estagnada.

– Legal – digo, esperando que ela desembuche de uma vez.

– Eu gostaria que você levasse "Traduzir-se" comigo. Aquela do Chico com o Fagner, sabe?

Claro que eu sei. Música sobre poema do Ferreira Gullar. Antes que eu responda, ela emenda:

– Vai ficar lindo!

Ela me abraça e me beija de novo e despeja outra informação antes que eu responda:

– Depois, vamos esticar numa festinha lá em casa. Eu queria aproveitar e conversar outras coisas contigo. Você pode bater amanhã às cinco, para ensaiarmos?

– Você acha que às cinco dá tempo?

– Claro que dá! Você é muito talentosa e tem a voz excelente! – Esse é um elogio protocolar, suponho, mas ele soa bem aos ouvidos. – Qual é o teu Facebook?

– Flavia Ventania.

Ela abre a página, no celular, e comenta:

– Você precisa cuidar melhor disso.

– É, eu não posto muitas coisas.

– Mas deveria. Hoje em dia, isso faz diferença para conseguir agendas, sabia?

A verdade é que a vida analógica não me deixa muito tempo para essa outra e eu nem tenho tantos trabalhos assim para mostrar. Ela me abraça outra vez e frisa:

– Com certeza, você precisa cuidar melhor disso. Te vejo amanhã, linda!

Depois, se afasta. O Magrão comenta:

– Que garota chata!

– Por que você acha isso? Ela me ofereceu um trabalho!

– Tudo bem, mas ela é... sei lá. Espevitada. E nem falou comigo.

Eu não vejo por que o Magrão deveria ficar chateado com isso. Mas volto a me lembrar que nos últimos dias ele parece chateado com qualquer coisa.

– Magro, pelo menos pintou uma chance.

– Chance? Acho essa música muito palha, se você quer saber.

– Palha? Você define "Traduzir-se" desse jeito: uma música palha?

– Não tenho direito a uma opinião própria?

Desisto. Por sorte, o Zequinha retorna com a nossa comida. Nas minhas mãos, coloca o troco, exato: uma nota de dez, duas notas de cinco, duas notas de dois, mais vinte e cinco centavos. Deixo uma nota de cinco com ele e dou um beijo na sua bochecha. Ele fica vermelho, e os outros garotos dão risadinhas. Em frente ao Teatro Municipal, o grupo de estudantes cresceu, já são umas cem pessoas. Depois, eles saem, segurando cartazes: "R$2,95 é roubo." É isso, a coisa dos ônibus. Viro-me para comentar com o Magrão, mas desisto, porque ele continua com a cara amarrada.

APÊ

Acordo com a cabeça pesada. Eu preciso colocar em dia uma pequena pilha de petições e requerimentos do escritório e estudar para a prova de Contratos.

Muito legal.

Engulo qualquer coisa ao meio-dia e vou para o trabalho. Minha mãe chega da academia; a Aparecida se esfalfa na área de serviços; a Denise, para variar, está trancada no quarto.

Na sala, dou um "boa-tarde" rápido ao Cléber e a Núbia, ligo o computador e enterro o fone nos ouvidos, o que, na nossa linguagem de trabalho, significa: "não estou a fim de conversa." Tento me concentrar nos papéis; recriar, a partir da árida terminologia jurídica, as pessoas e as histórias que passeiam à frente dos meus olhos.

TJ-RJ- Apelação APL -0011399672013190302. Um próspero dono de restaurante, em Ipanema, processa a Light por ter cortado sua luz, causando-lhe um prejuízo econômico e financeiro. Imagino este português – ele é português – no restaurante, a essa hora, cercado de vinhos e imagens de santos, dando ordens à sua pequena corte de funcionários. Com mais de setenta anos, ele dedicou toda sua vida ao negócio, e deve ter filhos crescidos hoje em dia. Os filhos trabalharão atrás do balcão, como ele? Ou terão feito faculdade, intercâmbio no Canadá, entrado em redações de jornais ou no Itamaraty? Nada disso, serão meros boêmios incorrigíveis? Aposto que o honorável senhor Luís Manoel (ele se chama Luís Manoel), tem um braço direito, um funcionário fiel como um cão de guarda, "quase da família", exceto quando chegar a hora de partilhar a herança. Posso ver a reação deste homem sóbrio, que só trabalha, exceto aos sábados à noite e aos domingos, quando joga pôquer com os amigos, vai à igreja e, sabe-se lá, a quais outras paragens (eu seria capaz de apostar que o pacato Luís Manoel tem uma família paralela), posso ver a reação deste homem quando as luzes do estabelecimento se apagaram, no meio do expediente. Imagino a vergonha, a raiva, o cálculo dos prejuízos, o telefonema indignado para a empresa, depois ao escritório, "porque deve restar alguma justiça sob os céus". Suo ao imaginar a atmosfera quente do restaurante, os garçons servindo e tirando mesas, casais sorridentes, solteirões, pedintes. Isto tudo está e não está nos papéis. Se eu cruzar com o sr. Luís Manoel na rua, não o reconheceria; por outro lado, eu tenho lido o seu caso inúmeras vezes, de modo que, palavra por palavra, lauda por lauda, volume por volume, foi se formando um retrato quase completo dele na minha cabeça; um retrato composto não por imagens, mas por palavras. Palavras condenam, palavras absolvem. Palavras-de-ordem lá embaixo, que entram pelas janelas abertas.

Sim, pela quantidade de policiais que avisto daqui de cima, suponho que haverá um protesto. Talvez este protesto gere mais papéis, que terminarão frios à minha frente; cópias insensíveis da vida, cheias de consequências sérias.

Na aula de Direito Penal IV, o professor, "um velho lobo do mar", como ele se define, criminalista consagrado, disserta sobre os crimes contra a incolumidade e a paz pública. Lê-nos um slide:

"De início, é indispensável conceituar a Paz pública como sendo o sentimento de segurança que deve existir na coletividade/sociedade. Esse sentimento é colocado em risco quando são executadas condutas que causem medo à sociedade, sendo, por isso, tipificadas como criminosas pelos artigos 286 a 288 do código penal".

Do alto do púlpito, ele diz:

– Vamos ao Código:

Artigo 286. Incitação ao crime – *Incitar, publicamente, a prática de crime. Pena – detenção, de três a seis meses, ou multa.*

Artigo 287. Apologia de crime ou criminoso – *Fazer, publicamente, apologia de fato criminoso ou de autor de crime: Pena – detenção, de três a seis meses, ou multa.*

Artigo 288. Formação de quadrilha ou bando – *Associarem-se quatro ou mais pessoas, para o fim específico de cometer crimes. Pena – reclusão, de um a três anos.*

– Parece objetivo, não? Que tal? – ele indaga, com os olhinhos maliciosos. Reza a lenda que este senhor distinto reina absoluto no Tribunal do Júri – Pois, senhores, aqui não há objetividade alguma. Diria, mesmo, que falar em "apologia ao crime" é uma excrescência jurídica. Uma porta aberta para punir crimes de opinião.

Sentada na primeira fileira, uma garota aplicada transcreve cada palavra, e eu consigo ouvir a caneta fazer traços no papel. O professor continua:

– Vocês não acham que boa parte do que se faz no cinema ou na televisão poderia ser criminalizado se se levassem estas coisas ao pé da letra? Que tal? O que são todos aqueles programas policiais de baixos instintos, defendendo a execução sumária de suspeitos, à revelia de qualquer processo legal? Tenho dúvidas se o filme "Tropa de Elite", com aquelas cenas de tortura, não incita pessoas fardadas ao cometimento de crimes.

O Joel, um cara com a cabeça raspada e que quer ser delegado da Polícia Federal, faz expressão de desdém (ele é daqueles que pensam que bandido bom é bandido morto, o que lhe vale o desprezo de todos os que querem ser advogados ou defensores públicos).

– O que dizer daquela turma feliz, composta por políticos e empresários, fotografada em Paris com guardanapos na cabeça? Será que poderiam ser qualificados como uma quadrilha? Não se pode acusar ninguém de ser amigo de ninguém. Mas chama atenção quando essa amizade envolve o gestor público e os vencedores de licitações bilionárias do governo. Talvez sejam eles os verdadeiros Amigos dos Amigos.

Uma risada cáustica sai da sua boca e varre a sala. Vendo-o falar, percebe-se que a retórica pode ser uma arte.

– No entanto, lendo os códigos, a maioria das pessoas não pensaria em sujeitos fardados ou engravatados, mas em traficantes de drogas. E, neste caso, isto é, ao pensar em traficantes de drogas associados para o crime, o público imagina rapazes nascidos no morro, que não frequentaram a escola, mas sobre os quais se coloca a responsabilidade por uma das indústrias mais globalizadas e mais lucrativas do mundo.

O homem dá uma pausa dramática e bebe, com classe, um gole de água. Nos punhos do seu paletó, cortado sob medida, veem-se gravadas em letras douradas as iniciais do seu nome.

– Vocês precisam entender que a lei é tão moldável quanto o barro. E, digam o que disserem, as pessoas interpretam os códigos segundo as suas próprias crenças – ele faz uma nova pausa breve e sussurra – ou interesses. Não é o Código que conta, infelizmente, mas o sujeito: dependendo do alvo, tudo se criminaliza, ou não se criminaliza nada.

Quando a aula termina, eu ainda penso em todas aquelas coisas. É por isso que eu gosto do Direito Penal. Ele me obriga a refletir em questões para as quais ninguém dá a mínima, até que se veja às voltas com os malditos papéis.

A caminho do metrô, vejo ainda mais policiais e viaturas do que havia há horas atrás. A avenida Presidente Vargas está engarrafada. Que coisa, o protesto se estendeu muito além do normal. Ao fundo, soldados estouram bombas, para evitar que a paz pública seja perturbada.

Sexta-feira, 07/06/2013

NAVALHA

Acordo com o barulho de gritaria na rua. O dia já está claro e a minha mãe espera, pronta para sair, na cozinha. Só pode ser operação. Quando me vê de olhos abertos, ela não perde tempo:

– Ontem você saiu para procurar trabalho?

– Posso tomar café primeiro?

Levanto, gasto o máximo de tempo escovando os dentes. Na volta, ela espia pela janela: através das frestas, entra a friagem e o som de helicóptero.

– O que você está fazendo todos os dias, que só quer saber de rua?

– Eu fui na casa do Golpe...

– Eu não quero você com esse moleque.

– Você não tem que querer nada, eu sou um homem.

– Um homem que não paga as contas.

– Meu irmão também não paga as contas.

– Para de falar do teu irmão! Ele não é um exemplo.

– Então para de achar que eu vou terminar como ele.

– Se não quiser terminar como ele, você precisa arranjar um emprego.

– Eu estou tentando.

– Não é o que parece.

– Pois é, mas é a verdade. Eu botei um monte de currículo, sabia?

– Onde?

– Numa penca de lugares. Fui até no Norte Shopping.

– E como é que foi?

– Os seguranças ficaram me marcando.

"Agora eu te peguei." A mulher baixa os olhos e muda de assunto:

– Em qual outro lugar você foi?

Sem essa de sair pela tangente, dona Maria. Vamos apertar a ferida mais um pouco.

– Você sempre faz isso! Desde que eu sou criança. Como você acha que eu me sinto quando saio para procurar emprego e sou tratado como bandido?

Ela cala; eu continuo:

– Não aguento, mais. Balcão, telemarketing. Para quê? Para ganhar salário mínimo? Ouvir esporro dos outros?

– Melhor do que viver enjaulado, igual bicho.

– Será?

Irada, ela ergue as mãos para me bater. Eu a encaro dentro dos olhos. Neles, vejo raiva, tristeza, culpa, dores.

– Nunca mais repita isso! – Ela diz, e despenca na cadeira, soltando um longo suspiro. – Perdão, Senhor, mas eu queria fumar um cigarro. Está repreendido.

– Você deveria fumar, se quisesse.

– É isso o que você acha? Que pode fazer tudo que te dá na telha?

– As pessoas devem fazer o que querem.

– Nós somos pobres, moramos na favela.

– E isso significa que eu tenho que baixar a cabeça sempre? Aceitar ser esculachado o tempo todo, em troca de qualquer coisa?

– O dia em que você tiver tua casa, tua família, teu salário, poderá fazer o que quiser.

– Você não entende nada!

– Eu não entendo? Roberto Carlos, eu tenho quarenta e três anos. Faço faxina desde os quinze. Já trabalhei em casa de família, de domingo a domingo. Quantos desaforos você acha que eu já tive que engolir? Quantas vezes você acha que eu não consegui pregar os olhos pensando que eu queria estar na minha casa, cuidando dos meus filhos, ao invés de cuidar da casa e dos filhos dos outros? Você acha que esse olhar dos seguranças nunca aconteceu comigo? Você acha que nunca alguém botou os olhos em mim? A mão não, porque isso eu nunca permiti!

– Para de me dizer estas coisas! – Meu estômago se revira e um espinho se mete na minha garganta. Como são as coisas: eu não quero ouvir sua história, como ela não quis ouvir a minha, talvez pelos mesmos motivos.

– Não paro, não, senhor sabe-tudo. – Ela dá uma pausa, como se, de repente, decidisse tentar um outro caminho. – Se tem uma coisa que eu aprendi na vida, é isto: se eu não levantar todo dia cedo para trabalhar, vai ser pior. Eu pago as minhas contas, não devo nada a ninguém. Ando de cabeça erguida. Você sabe o valor disso, hein? Eu esperava que os dois marmanjos que eu coloquei no mundo, criei, vesti, alimentei, me ajudassem quando eu ficasse velha e cansada, e não que eu iria precisar cuidar deles pelo resto da vida.

Baixo os olhos. É o que me resta.

– Você tem que trabalhar, constituir tua família. Lá na igreja...

– Eu não vou para a igreja!

Ela se cala. Nossas conversas anteriores já chegaram a esse mesmo lugar e ela sabe que, por ora, não vale a pena insistir. (Na verdade, ela é tão segura de que eu me converterei à igreja que trata isso como uma mera questão de paciência. Por outro lado, ela não perde nenhuma oportunidade de verificar se já chegou o momento.)

Não ouço mais o barulho do helicóptero. Ela se levanta, me diz para eu pegar os dez reais em cima da mesa, e sai.

Minha mãe é magra e tem os braços fortes, mas eu não deixo de notar que suas costas estão ficando arqueadas, de tanto trabalhar curvada. Eu juro que se pudesse fazer um único pedido para Deus, qualquer deus, de qualquer religião, seria libertar esta mulher das faxinas, e poder construir uma casa enorme e cheia de conforto para ela, dessas que tem duas geladeiras e TV em todos os quartos.

Falando em televisão, o assunto nos jornais é o protesto de ontem, contra o aumento das passagens. A Polícia joga bombas, mas as pessoas não recuam. O fogo, no asfalto, consome o lixo. "15 detidos em São Paulo. Também houve protestos em outras capitais." Será que isso vinga? Eu também vou à luta: imprimo currículos e bato em todos os lugares que os meus pés alcançam; ignoro os olhares de desdém. De noitinha, bato na laje do Golpe, onde o seu Otávio bebe uma gelada ao som do Tim Maia. É quase a sensação de um final de expediente.

FLÁVIA

Abro os olhos e a primeira coisa que me ocorre é que hoje eu terei uma apresentação de verdade.

Sentada na mesa da sala, assisto ao noticiário enquanto bebo o resto do café que a Karen deixou na garrafa térmica. Na TV, imagens dos protestos de ontem em São Paulo:

"Polícia Militar diz que atuou dentro do limite da lei para conter atos de vandalismo".

Na cozinha, não há nada na minha prateleira. Nada, nenhuma refeição sequer. O Biscoito agora me encara:

– Meu amigo, do jeito que as coisas estão, eu acabo comendo a tua ração.

Ele curva a cabeça para o lado, ressabiado, antes de se aninhar atrás da máquina de lavar.

Bom, depois eu penso em comida. Por sorte, há uma maçã no fruteiro.

No quarto, empunho o violão. As mesmas horas que não passam, a mesma indecisão de roupa, até que abraço a Amanda na coxia. Diante do espelho, um jovem taca maquiagem no meu rosto.

Uma breve participação, para a qual eu me entrego como se fosse a definitiva. O cheiro de palco, a afinação precisa dos instrumentos, a passagem de som. Isso não me assusta, porque eu estudei cada acorde desta música. Um começo suave:

"Uma parte de mim é todo mundo
Outra parte ninguém, fundo sem fundo".

As notas são simples; as palavras são simples. Um lá menor simples e natural; um si menor com sétima e quinta tão simples quanto; lá pelas tantas, um fá com baixo em sol; dó com sétima maior; sol menor com sétima; e dó e fá e lá e si e se eu disser que é só isso eu estaria falando a verdade e também estaria mentindo, porque a música é feita de notas, mas além das notas ela tem alma, e é a costura de notas, alma e palavras que faz dela a Senhora de todas as artes.

"Será arte?"

E tudo de novo. Ainda soou quadrado. Eu preciso trabalhar melhor a extensão vocal – amarrar as notas e as palavras, esticá-las até que se prolonguem umas nas outras. A costura é o segredo da música, como da comida, o tempero. Eu posso fazer isso, só preciso de tempo para treinar.

"Uma parte de mim é só vertigem
Outra parte linguagem".

O combinado é ser da Amanda a primeira levada, e minha a segunda. Finalizaremos juntas, e claro que eu devo me manter um degrau abaixo, porque a noite é dela. No entanto, com um sutil gesto de mãos, a Amanda pede que eu continue, e no final sinto o coração palpitar no meu diafragma, tamanho o esforço.

Quando sobrevêm os aplausos, eu sei que a apresentação foi boa. Não excepcional, boa. Eu não deveria me sentir tão cansada; eu tenho que aprender a respirar direito. Há um limite além do qual não se vai só com intuição. Mas, para isso, é preciso tempo, é preciso dinheiro. A Amanda me dá um abraço apertado e diz que eu fui sua melhor parceira, mas eu sei que é só charme. "Te espero lá em casa logo mais, quero conversar contigo." Do lado de fora, o Magrão me espera para irmos juntos à festa em Santa Tereza. Ele também diz que eu fui "ótima", mas quem é de casa sempre dirá essas coisas.

No endereço que eu rabisquei num guardanapo, vejo uma antiga porta de madeira aberta, pessoas entrando e saindo, de modo que nós simplesmente entramos, contornamos o quintal – que tem uma piscina que parece não ser limpa desde a década de 70 – e chegamos à sala, onde há uma espessa nuvem de fumaça misturada ao neon. Aqui, as pessoas chacoalham ao som de música eletrônica; no segundo andar, ao qual se chega por uma escada de caracol, toca Janis Joplin. O barulho é tão alto que demoro a ouvir o Magrão me oferecer uma cerveja. Quando ele se afasta, eu fico por ali, flanando, e troco frases desconexas com absolutos desconhecidos. Deve haver umas cinquenta pessoas aqui, das mais diversas tribos. A Amanda aparece uma hora depois, cercada de mais uma dúzia de gente, me abraça, diz que me ama e some das minhas vistas. Não entendo: ela não disse que queria conversar comigo? Foi para isso que eu vim. Sei lá, eu achava que haveria um sofá na sala, mais duas amigas, e falaríamos de trabalho enquanto comíamos pizzas. (Ai, ai, Flávia, acho que a rotina de acordar todo dia no mesmo horário, tocar mais ou menos as mesmas músicas e cultivar hábitos diurnos minou a tua capacidade de socialização.)

O Magrão só aproveita a música e a bebida. Quer saber? Eu devo fazer o mesmo. Depois de uns goles generosos de algum *drink* de cor azul que eu não sei o que é, me sinto mais à vontade. "Vai com calma", diz o meu amigo. "Como é, quando você vai perder o hábito de querer me controlar?", eu respondo, e ele se cala. Logo, perco as contas das doses, enquanto observo o mundo esquisito que me rodeia. Ninguém aqui parece ter filhos, ou problemas crônicos para pagar o aluguel, e nem parece ser o tipo de gente que pensaria em coisas como filhos e aluguel numa hora dessas. São todas pessoas extravagantes e bonitas, de modo que, vendo-as, eu sinto medo. Eu sei, é tolo, e me deprime pensar assim, mas é esse o nome do que eu sinto nesse instante: medo. Medo de não conseguir dar o próximo passo, medo de dar o próximo passo e de quebrar a cara, medo de não ser boa o bastante. A Amanda, com seu jeito expansivo, morando com músicos em Santa Tereza, com agenda movimentada e condições de fazer aulas de performance corporal, parece estar... mais perto. Mas, mais perto do quê? Talvez ela também sinta medo, quando as festas terminam e as dezenas de amigos ocasionais vão embora. Porque alguma hora as festas terminam, certo? Imagino que, frequentando ambientes profissionais, ela deve ter as suas próprias referências invejáveis, e estas referências não são a Amanda, mas pessoas que têm carreira, que já tocaram em novela, que têm ou já tiveram contrato com gravadoras. Pensando bem, é claro que a Amanda sente medo, porque eu morreria de medo no lugar dela. Ou não, ela não sente nada, e é isso mesmo o que nos diferencia – o fato de ela apenas seguir em frente, como um bom soldado. Não, não, isso não me parece razoável. Uma artista que não sente aquilo que faz – medo, angústia, dor, e também coisas boas, misturadas, ao mesmo tempo – estaria condenada a não dar um passo. Aquilo que, nas outras profissões, deve ser reprimido, nessa aqui é o próprio instrumento de trabalho. Ela me elogia pela apresentação, sempre que esbarra comigo pelos corredores, como se esquecesse que já me disse isso outras vezes, e fala coisas sem sentido, como me chamar para morar aqui – "uma bagatela", ela diz, "só dois paus e cem", o que para mim é sem dúvida impagável – ou dizer que está indo para São Paulo, "porque o Rio está morto." Não, Amanda querida, tu dizes isso porque não conheces Vassouras. Eu penso nisso e rio, e danço enquanto bebo, penso e rio. Rio, rio.

 Quando o céu começa a azular, saio do mesmo modo como entrei, pela porta que continua aberta, apoiada ao Magrão.

– Você ainda está aí? – eu pergunto – Achei que você tinha ido embora.

Ele ri:

– Está doida, Venta? Eu fiquei do teu lado a noite toda.

Sem ele, não sei como eu seria capaz de descer estas malditas ladeiras. Perto de casa, rememoro o começo da noite, quando tudo se resumia a executar bem uma música, e já não sinto mais medo, inveja ou quaisquer dessas coisas mesquinhas. Acho até graça da minha criancice. Caio na gargalhada, para espanto do Magrão, e quando tento explicar o que se passa na minha cabeça – como se fosse explicável – tudo se enrola e eu vomito de uma só vez drinks e ansiedades. Depois, me sinto exausta. Diante da porta, o Magrão me olha intrigado, como o Biscoito. Eu penso em perguntar se ele quer entrar, mas não tenho forças para converter o pensamento em palavras coerentes. Acho que ele me entende, de qualquer forma, porque diz "Bom descanso." O que faríamos da vida sem os nossos amigos? Eu quero dizer-lhe "obrigada", não por hoje, "obrigada por tudo", e antes de desmaiar na cama ainda me pergunto se consegui fazê-lo.

APÊ

Leio no jornal O *Globo* amassado sobre a mesa da sala:
"Protestos contra passagens de ônibus em quatro capitais.
As ruas de São Paulo, Rio, Natal e Goiânia foram palco de protestos contra o reajuste nas tarifas de ônibus. O ato mais violento aconteceu em São Paulo, onde manifestantes atearam fogo a paus e cones e fizeram barricadas na Avenida 23 de Maio, no horário do rush. Na avenida Paulista, uma cabine da PM *foi incendiada, e a tropa de choque revidou com bombas de efeito moral e balas de borracha. No Rio, quatro pessoas foram detidas na Avenida Presidente Vargas, perto da Central do Brasil. As manifestações foram organizadas pelo Movimento Passe Livre"*.

Na imagem em destaque, dois rapazes lançam o que parece ser pedaços de madeira numa fogueira, enquanto algumas dezenas de outros manifestantes observam.

Fico encasquetado, imaginando o que levaria as pessoas a agirem daquele jeito. Por que alguém iria se expor às bombas da Tropa de Choque? De onde vem toda esta raiva? Não faria mais sentido tentar, primeiro, uma audiência com o prefeito?

Vai ver, surgiu alguma Alice para perturbar a tranquilidade do Brasil (droga, até as coisas mais desconexas me levam até ela. Desgraçada).

Faço um esforço para me concentrar no trabalho no escritório (embora a Núbia tenha vindo trabalhar com um vestido branco um pouco mais curto que torna tudo mais difícil. Confesso que nunca tinha reparado nela deste jeito). Depois, na Faculdade, após a aula de Direito Processual Civil II, fico papeando com o pessoal da chapa, quer dizer, do CACO (é estranho pensar que agora nós somos o caco). Eles me bombardeiam com perguntas sobre a minha ausência de ontem, mas param quando eu menciono a dor de cotovelo. É bom saber que isso também pode ser usado a meu favor, eventualmente. Depois, um grupo menor, constituído pelas pessoas que não dependem do horário do trem nem têm esposas ou crianças aguardando em casa, emenda na Lapa; um grupo ainda mais reduzido, composto por quem mora na zona sul ou cairá na casa de quem mora na zona sul e, além disso, gosta de ouvir barulho, ainda estica num bar de rock em Botafogo. No final, eu chego em casa às quatro e meia, e cedo o meu quarto para o Cauê e a Rita, que se pegaram durante a noite. Amigo é para essas coisas, não? Quem garante que o Cauê não fará isso por mim um dia, quando eu namorar uma garota de Madureira? Na sala, antes de dormir, eu noto que passei o dia todo sem pensar na Alice – a associação bizarra Alice manifestações não conta – e disco o número dela em vão, antes de apagar. A vida é bela.

Sábado, 08/06/2013

NAVALHA

Acordo ao meio dia e ligo o computador, mas a internet demora uma eternidade para carregar. Quando não é a máquina, são os cabos da rua que desaparecem, furtados por algum desesperado em troca de droga. (Se a firma pega, no mínimo é uma surra bem dada. Origem de dinheiro, isso ninguém nunca pergunta.) No Facebook, aparece metade de uma foto convocando para um protesto: uma roleta de ônibus no meio do fogo, com um monte de gente atrás. O dia e a hora estão na parte de baixo da imagem, que não abre. Droga.

Engulo qualquer coisa e vou na direção do Golpe. No caminho, encontro o Zero Bala tomando cerveja na venda do seu Elias. Este é um daqueles lugares em que a quantidade de coisas empilhadas parece ser o contrário do espaço disponível – há de pequenas ferramentas a papel higiênico. Atrás do balcão, por uma porta entreaberta, dá para ver a sala da casa do dono. O seu Elias é viúvo e eu suspeito que ele chegou a arrastar asas para a minha mãe por um tempo. Quando meu irmão e eu éramos pequenos, ele deixava nós pegarmos balas com ele na saída da escola (mas a nossa mãe, depois de sapecar umas chineladas, nos obrigava a pagar por elas e a devolver as que tinham sobrado). Ele mora aqui há tanto tempo e é tão considerado que já teve bandido cobrado na boca por se meter a folgado com ele.

– Vamos tomar uma gelada? – pergunta o meu amigo.

– Obrigado, Zero Bala, mas eu estou sem nada no bolso.

– Que história é essa? Desde quando tem isso entre amigos?

Ficamos por lá, conversando. Ele me conta sobre a vida de camelô:

– Dá até algum dinheiro, se se rala bastante. No mês passado, eu fiz 3 k.

– Três mil?

– Papo reto. Mas, assim, trabalhei igual um condenado. Dia e noite, noite e dia. Esse mês eu já não estou bancando. Ninguém aguenta esse ritmo o tempo todo.

– Está aí, de repente, eu formo contigo. Está osso conseguir um trabalho.

– É só falar. Agora, se prepara, porque começa por baixo, igual em qualquer firma. Vai pegar os piores horários, as mercadorias que ninguém quer. Depois, vai subindo devagar. Uma etapa depois da outra.

– Eu ia morrer sem saber que a correria era organizada desse jeito.

– Organizada? Organizada é apelido, tem maior hierarquia. Vagabundo metido a malandro, que atravessa a área dos outros, é tratado na paulada, filho.

– Cruz-credo, parece até cadeia.

– No começo é ruim; depois, melhora. É muita gente, se não tiver algum controle, todo mundo perde. Infelizmente, só as ideias não resolvem.

Depois da saideira, encontro o Golpe sentado na sala, fumando um baseado.

– Como é Navalha? Vamos pro baile?

– A UPP liberou o baile?

Ele cai na gargalhada:

– Navalha, você cismou com isso agora.

E solta uma baforada na minha cara.

– Qual foi Golpe? Você acabou de falar em baile, tá doido?

– O baile do Chapadão, menor. O mais bolado do momento.

– O Chapadão? Lá na Pavuna? Fala sério, depois eu é que sou doido.

– Foi mal, não sabia que você só dá rolê se for na zona sul.

– Não é isso que eu estou falando...

– Para de frescura. Desenrolei uma carona, nós vamos de carro.

– Carona com quem?

– Com os amigos, pô.

"Amigos." Sei. Já vi esse filme antes, milhares de vezes. Mas quem sou eu para cuidar da vida de marmanjo? Sem falar que eu estou careca de saber que ninguém sai dessa por conselho. O pai dele, se vê, finge que não vê.

Passa das onze quando o Golpe e eu entramos num HB 20 prateado. Do meu amigo, pego o boné preto e um blusão da Adidas emprestado. Eu entro por último e sento na janela, atrás do motorista. O Golpe está do meu lado e há mais dois caras imprensados no banco de trás. Eu não conheço ninguém aqui e quase morro sufocado com a nuvem de cheiros de perfume, vodka e cigarro misturados.

Agora, é torcer para não toparmos com nenhuma PATAMO no trajeto.

O motorista (um cara enorme, com boné enorme, braços enormes e óculos enormes) fica bravo quando o carona acende um cachimbo. O cara do cachimbo tenta argumentar, sem sucesso:

– Melhor ficar na moral, ou então, rala.

O fulano faz cara feia, mas guarda o fumo.

Para quebrar o silêncio, o motorista coloca o "proibidão" no talo:

"Nós estamos no problema, nós não rende pra playboy
Nós não podemos ir na Zona Sul, a Zona Sul que vem até nós
Estampado no jornal, toda hora, todo instante
Patricinha sobe o morro só p'a dá p'a traficante
Nós não somo embriagado nem em fama e nem sucesso
Porque dentro da cadeia todos somos de processo
Tem que ter sabedoria pra poder viver no crime
Porque bandido burro morre no final do filme
Nossa vida é bandida e o nosso jogo é bruto
Hoje somos festa, amanhã seremos luto

Quando o carro ganha a Brasil, o que está sentado na outra janela começa a apertar um baseado. Eu espero o motorista falar alguma coisa, mas ele não dá a mínima. Agora, somos seis pretos no carro mais um flagrante.

Conversa vai, conversa vem, todo mundo fala ao mesmo tempo: quem é o novo frente do Complexo ("a ordem de trocar veio direto do Marcinho"), qual o soldado que morreu semana passada no Mandela ("era cria considerado"), a qualidade da carga no Jacaré ("que caiu muito em relação ao que era antes"), ciclano que anda metendo assalto com uma Glock cromada na cintura ("alugada por hora na boca, pagamento adiantado"). Eu torço para que, além da erva, não tenha mais nenhum dos itens citados dentro do carro. Aliás, eu também prefiro nem pensar na origem e situação do veículo.

Os caras ao meu lado não estão nem aí. Não sei se eles prestam atenção nas coisas – acho até que sim, mas se acham mais espertos. Eles não morrerão de graça: isso só acontece com os outros. Por que a exceção daria bola para a regra? É essa a mentalidade que mantém a roda girando. Alguém pergunta do meu irmão, para variar, e como sempre eu respondo que o recurso sairá no final do ano. "Aquele safado daquele segurança mereceu"; "Pois é, mas não foi ele que fez aquilo"; "Estou sabendo, é claro." Vigio a rua e não avisto nenhum sinal de polícia. Estou com os ouvidos e os olhos atentos, e me arrependo de ter fumado, porque bateu uma onda estranha. A voz da minha consciência repete nos meus ouvidos, "babaca, você não deveria ter vindo", e ela mesma responde, "deixa de mironga, cuzão, agora é tarde".

"O pior já passou", é o que eu penso quando saímos da Brasil e caímos numa viela escura, cheia de quebra-molas. À medida que avançamos, ficam para trás as igrejas e os bares. "É o Chapadão!", comemora o Golpe, do meu lado. "Olha só o serviço", o carona aponta: do lado de fora, mais de dez carros desmanchados. O motorista liga a luz do salão, abre os vidros da janela e reduz a velocidade. Daqui a pouco, encontramos a primeira barreira com soldados armados. Muito cria do Complexo se refugiou aqui, porque nem a UPP nem a Copa do Mundo chegaram no Chapadão, lugar onde o filho chora e a mãe não vê. Morte em guerra é lixo por aqui. Área do Quarenta e Um Batalhão, o que mais mata em todo esse Rio de Janeiro.

Quem é de fora não entende desse xadrez, normal e conhecido para quem é de dentro.

Um rapaz com camisa camuflada do Exército sinaliza para o motorista parar. Com uma pistola nas mãos, ele vasculha o carro com os olhos, antes de perguntar:

– Estão indo pro baile?
– Isso mesmo – responde o motorista.
– Com todo respeito, vocês vêm da onde?
– Jacarezinho, na humildade.
– É nós. Pode passar.

E o carro volta a acelerar. Diante de uma ladeira, paramos em definitivo. Daqui em diante, só se sobe a pé, exceto os carros da facção. Neste lugar miserável, com montão de sujeira acumulada nas calçadas esburacadas, pode-se avistar carrões importados que circulam a toda velocidade, os vidros-fumê. Garotos magros, de chinelos, olham para eles e babam. Se vivessem vinte vidas ganhando salário mínimo, ainda assim não teriam como comprar um desses.

Respiro o ar frio da noite e me sinto aliviado. Haja o que houver, dou minha palavra de honra que não volto nesse bonde.

Subo a ladeira no meio da galera. Ao longe, já se ouve o pancadão das batidas, a trilha sonora perfeita desta selva de escombros. Aqui, há de tudo: homens, mulheres, velhos, crianças. Baile funk é dia de gala no morro (e morro aqui não é força de expressão). Há cabelos de todas as cores e de todos os jeitos e o Golpe me cutuca para dizer que "o corte do Jaca" é o maior sucesso. "Não te falei?" Há os que usam os cabelos raspados e metem um boné por cima, as abas para a frente, mal deixando transparecer o rosto negro. Muitas garotas também usam os bonés e camisetas largas, mas a maioria prefere a combinação matadora top-minissaia, ou as calças legging multicoloridas, que realçam bundas e pernas. Nos rostos, brilho, batom nos lábios. E todo esse povo dançará e curtirá a noite inteira ao som do ritmo.

À medida que subimos, as casas vão rareando. Casas, assim, entre aspas. Nenhuma delas é pintada; só no tijolo puro. Várias sem luz, abandonadas. O chão de terra batida. Não há feirinha, comércio, praça, não há nada. Acho engraçado quando me deparo com um grafite desenhado num muro, onde escreveram: "Bem vindo ao Final Feliz".

O baile, mesmo, é igual a todos os outros. Desde que você não se meta a olhar a mulher alheia, nem entre no caminho de ninguém, tudo se resume a barulho e movimento, papo furado, destilados, do preto ou do branco, loló e lança para quem gosta. Também tem barraquinhas com x-tudo, cachorro quente, refrigerante, milho cozido. Montes de tias evangélicas tiram daqui o seu sustento. Lá pelas tantas, foguetório para fulano que está preso, tiro para o alto para beltrano que faz aniversário, minuto de silêncio para ciclano que passou dessa para uma outra. Noves fora as perdas, segue o baile, a ostentação dos que não têm nada. Eu fico na minha, bebendo o que o Golpe me oferece. Sem dinheiro nem roupa nem cabelo, meu destaque é menos que zero. A única chance seria encontrar alguma garota conhecida da época da escola, que me considerasse pelas ideias, mas todo mundo sabe que essas coisas só acontecem quando você não precisa. O Golpe, agora, só quer saber de conversa de bandido; agora deu para ficar alisando arma. O moleque está mesmo deslumbrado.

Quando o dia clareia, saio sem me despedir. A coisa ainda vai longe.

Desço a ladeira, tudo de novo. Na rua de baixo, tem para mais de cem no ponto de ônibus. Muitos conversam, matam o que resta das garrafas de whisky ou vodka falsificadas, enquanto contam vantagens reais ou duvidosas; outros, sentados no meio-fio, vomitam com a cara inclinada para a sarjeta; alguns só esperam, com os rostos ainda mais amarrotados que as roupas. Sabe-se lá no que estão pensando. E eu, estou pensando no quê? Em nada. Só observo o morro imenso à minha frente, onde os primeiros raios do sol batem nas paredes nuas das casas.

FLÁVIA

Meu dia transcorre através de flashes, porque a verdade é que eu alterno curtos períodos de lucidez – para ir ao banheiro ou comer – com um sono cheio de visões. Não sei o que eu bebi ontem, mas me sinto envenenada. Acho que eu nunca mais colocarei uma gota de álcool na boca outra vez.

Primeiro flash: entreabro os olhos para pegar o celular, que apita. Nele, vejo uma mensagem da Amanda: "Você arrasou! Posta isso no teu Facebook." Junto, vem o link no Youtube da nossa apresentação de ontem.

Viro para o lado e sonho com a apresentação, mas na verdade não é o Teatro Rival e não há nenhuma Amanda. Sinto o cheiro da gordura e das caipirinhas, as pessoas com os olhos grudados nos pratos. Eu canto mas ninguém me ouve, e, ainda por cima, esse cheiro enjoativo. É horrível estar aqui.

Segundo flash: Na sala, as meninas almoçam enquanto assistem a uma comédia romântica na TV. O Biscoito está enroscado nos pés da Vivian, pedindo comida. O cheiro me dá fome (são que horas? Eu estou há quanto tempo sem comer?).

– Compramos frango assado – a Karen diz –, está uma delícia. Tem Coca-Cola na geladeira.

– Obrigada – respondo, com um fiapo de voz.

No filme, uma mulher conversa com a sua melhor amiga qualquer coisa sobre estar grávida, emotiva, apaixonada e todos esses clichês de sessão da tarde.

– Vocês imaginam um diálogo desses entre homens? 'Será que eu serei pai, ando tão emotivo'? – diz a Vivian, empostando a voz.

Ela, atrás daqueles óculos gigantescos, fica mesmo muito engraçada tentando ser engraçada. A Karen responde:

– É claro que não. Homens costumam se emocionar por coisas mais profundas, como, por exemplo, o seu time de futebol.

– Ou com um barril de cerveja – eu digo.

– Ou com marcas de carro.

– Ou com o tamanho do próprio pau.

– Ou com bundas gigantes.

– Ou com orgasmos fingidos.

A Karen cai na gargalhada. A Vivian, horrorizada, pergunta, enquanto limpa a lente dos óculos:

– Vocês estão descrevendo seres humanos ou animais selvagens?

Karen e eu nos olhamos. Alguma dúvida?

A conversa esgota as minhas poucas energias. Monto o prato e como na cama, mas viro para o lado e durmo antes de terminar.

Terceiro Flash: O telefone toca com insistência. É o meu pai. Ele fala qualquer coisa e depois manda uma foto do Júnior, com o cabelo sujo de terra, segurando uma bola. Eu não quero que o meu filho seja do tipo que se apaixona por bundas gigantes ou orgasmos fingidos. Mas não tenho condições de assegurar isto, porque a verdade amarga é que ele é educado por outro homem.

Quarto Flash: Sentada na privada, eu penso no Magrão. Não sei se eu tenho sido tão legal com ele. Mas é que eu morro de medo que ele confunda as coisas e estrague tudo de uma vez. Minha boca está seca, seca. Bebo toda a água que posso e volto para o quarto. Ligo para o meu pai, mas ele não me atende. Sim, agora me lembro: eles iriam a uma festa junina.

É legal ser criança numa cidade de quarenta mil habitantes. Uma vez, quando eu tinha oito anos, aproveitei a bagunça na saída da escola para escapar sozinha. Olhava para aquelas árvores centenárias da cidade e me perguntava se um dia eu iria conseguir subir até o topo delas. Eu tinha dois reais no bolso e entrei numa loja de doces disposta a gastar tudo em chicletes coloridos. A atendente, uma moça com grandes tranças e espinhas no rosto, perguntou: "Menina, cadê os teus pais?" Eu respondi: "Eles estão trabalhando." Essa me pareceu a resposta certa, porque, sempre que o telefone tocava lá em casa, e eles não queriam atender, pediam para eu falar que estavam trabalhando e retornariam mais tarde. Enquanto eu me distraía escolhendo todos os doces que a minha fortuna podia comprar – nos anos noventa, dois reais ainda valiam alguma coisa – a atendente ligou para a escola (o que foi fácil, por causa do nome estampado no uniforme) e, dez minutos depois – durante os quais ela reteve minha atenção com um delicioso picolé de uva, pelo qual eu não paguei –, minha mãe adentrou na loja. Eu abri os braços e o sorriso, mas ela não retribuiu e começou a gritar comigo ali mesmo. Eu só queria chegar em casa, porque tinha certeza que o meu pai me defenderia. E ele me defendeu de fato, jogou na cara da minha mãe que eu só fugi porque ela se atrasou para me buscar "de novo", e eles brigaram feio. Eu fiquei de castigo: proibida de ver desenho e de comer doces por uma semana, embora, desde a primeira noite, o meu pai tenha me contrabandeado mais jujubas e marias--moles do que eu teria consumido legalmente. Depois desse dia, a impressão que eu tenho é que a minha mãe só foi desaparecendo, desaparecendo e desaparecendo, até sumir de vez. Ela já devia estar infeliz para caramba, mas eu não conseguia notar. Quando ela se foi em definitivo, na cola de um ex-namorado ressuscitado, para mim não foi tão difícil assimilar o choque, como foi para o meu pai. De algum jeito, esse desfecho pareceu uma consequência natural do dia em que eu fugi da escola. Enfim, tudo isto só me ocorreu porque, nesta metrópole, ninguém reconheceria o Júnior, nem ligaria para a escola, se ele escapasse sozinho. Isso não é aterrorizante?

Quinto Flash: Suo horrores embaixo da coberta. Devem ser que horas?

APÊ

Alguém me sacode. A claridade invade os meus olhos:
– Me deixa dormir!
– Apê, vai para o teu quarto – reconheço a voz da Denise.
– Meu quarto está ocupado.
– Como assim teu quarto está ocupado?
– Você pode me deixar dormir só mais um pouco?
– Faz o seguinte, então: vai para o meu. Nossos pais daqui a pouco irão levantar e não vão gostar nem um pouco de saber que o teu quarto está 'ocupado' – ela desenha as aspas com a mão direita.

Abro os olhos e vejo a minha irmã com roupa de malhar, incluída a faixa ridícula na cabeça. Isso é quase tão estranho, e talvez seja ainda mais estranho, do que encontrar um unicórnio na sala.

– Está olhando o quê? Perdeu alguma coisa aqui?

– Nada. Fico feliz que você esteja se exercitando.

– É, estou tentando. Sabe como é, tratamento e toda essa baboseira.

Quando acordo em definitivo, por volta do meio-dia, escuto uma conversa animada no meu quarto e reconheço as vozes do Cauê e da Rita. Bato na porta:

– Posso entrar?

– Claro, Apê! – ele responde.

É uma situação inusitada. Depois que eu entro, a Rita pergunta:

– Você olhou o grupo do caco hoje no Facebook?

– Não vi nada. Por quê?

– Está o maior bafafá. Olha o que o teu colega de turma postou sobre os protestos do Passe-Livre:

JOEL: *Bando de vagabundos! Qual imagem eles querem passar do Brasil lá fora? Para eles, só desejo umas porradas e cana!*

– Olha, te garanto que a opinião dele não expressa a maioria da turma.

Eu falo isso de brincadeira, mas os dois acham que eu falo sério, e dão uma sonora gargalhada. Bom, no fim o objetivo da piada é alcançado do mesmo jeito.

Olho a matéria que foi o pivô da polêmica: em São Paulo, ainda há gente presa na delegacia. Já há convocação para novos protestos no próximo dia 13, em várias cidades do país.

Embaixo da postagem do Joel há dezenas de comentários. O Anselmo, uma das figurinhas carimbadas da antiga gestão, que é, ou já foi, da diretoria da UNE (o que eu só sei porque ele não perde nenhuma ocasião de mencionar isso), falou:

Anselmo: *Concordo que ñ pode ter violência. Mas, na maior parte das vezes, é a polícia do Alckmin que começa.*

Ele replicou, abaixo, um vídeo de pessoas sentadas cantando: "*Sem violência!*", e em seguida a forma como elas foram cercadas e espancadas sem piedade pela Tropa de Choque.

Joel: *Nem é advogado e já tá defendendo bandido.*

Abaixo, ele copiou a imagem de manifestantes ("*vândalos*") com camisas na cara ateando fogo em lixeiras.

A Rita não desgruda os olhos da conversa e os seus dedos se mexem com rapidez na tecla do smartphone:
Rita: E a passagem cara, o custo de vida surreal, não são uma violência?
Lucas: A violência policial tbm!
Cauê: Concordo!!
Apê: Um erro ñ justifica o outro. Violência só gera violência.
Rita: kkkkk deixa de ser coxinha Apê!
– Poxa, Rita, eu não sou coxinha. Eu estava tentando dizer que, mesmo que os manifestantes tivessem começado, a polícia não poderia agir desse jeito.
– Eu concordo com o Apê – diz o Cauê.
– É, o Anselmo também concorda com vocês, pelo visto – ela responde.
Anselmo: É preciso articular esses atos. Muita desorganização. Ñ tem lideranças.
Joel: Pela primeira vez na vida, concordo com um esquerdopata. Ñ devemos participar dessa baderna.
Rita: kkkk Anselmo paz e amor e Joel caça bandidos de mãos dadas.
Muitas pessoas deram like e compartilharam a provocação da Rita. O próprio Joel comentou:
Joel: kkkkkkk.
Anselmo: Não foi o que eu disse.
Cauê: Vamos decidir democraticamente se participaremos ou não do próximo ato.
– Que história é essa de decidir democraticamente, Cauê? Você agora acha que nós somos tutores das pessoas? – indaga a Rita, com raiva.
Enquanto ele tenta se explicar, um tanto confuso, eu pego carona para alfinetá-lo:
Apê: O caco eu ñ sei. Mas eu vou.
É só uma provocação entre amigos – e o fato de nós estarmos no mesmo ambiente torna tudo mais engraçado – mas o meu comentário recebe mais likes e compartilhamentos do que todos os outros.
À tarde, vou com a minha mãe e a minha irmã ao Shopping Leblon. Não gosto de shopping, mas pelo menos eu me distraio e pego um pouco o carro. Na verdade, desde que meu pai trocou o Vectra por este Jeep Compass eu não me sinto à vontade. Carros

se parecem com sapatos: para se acostumar, você precisa usá-los com frequência (quando eu fiz dezoito anos, ele quis me dar o carro antigo de presente, mas eu preferi fazer uma viagem para a Tailândia. De lá para cá, ele não falou mais nisso).

Enquanto Denise e minha mãe vão às lojas de roupas, eu me interno na Livraria da Travessa. Eu gosto dos cheiros de papel novo e de café espresso. Olho as prateleiras abarrotadas de livros e me pergunto o que seria de uma pessoa que lesse todas essas coisas ao longo da vida. Ela se tornaria mais sábia ou mais insegura? Teria mais ou menos perguntas a fazer sobre as coisas? A última matéria que li a respeito indicava que uma pessoa demoraria cerca de quinze anos para conseguir ler os títulos de todos os livros publicados no mundo. Só os títulos! Haverá tanta gente disposta assim a ler as ideias dos outros? Vai saber. Eu não consigo me concentrar nas palavras, então me distraio apenas com as capas e saio sem levar nada.

Encontro minha mãe e minha irmã tomando um café com creme. Elas têm dúzias de sacolas nas mãos – e a expressão da minha irmã de que "eu não tenho nada a ver com isso" não deixa dúvidas sobre a responsabilidade. Minha mãe fala:

– Apê, eu comprei um tênis novo para você ir à Faculdade.

– Outro? Você me deu um tênis na semana passada.

– Jura? Eu também comprei um vestidinho para a Alice. Dá uma olhada e vê se ela vai gostar.

Eu bufo, ou algo assim, e saio andando na frente. No caminho de volta, eu coloco música alta para evitar perguntas. Pena que no carro do meu pai só tem essas chatices de Bee Gees e Simply Red (é verdade que também há um CD do U2 no porta-luvas, mas de tanto recorrer a ele como alternativa eu também enjoei). Em casa, ele está na sala, bebericando vinho, e não parece muito contente ao perceber o volume das compras. Eu me tranco no quarto, antes que a discussão comece, e me jogo na cama (É claro que seria prudente trocar os lençóis, mas eu só me lembro disso agora. Já era). No Facebook, cessou a política. O assunto agora é o que fazer mais tarde. Eu não pretendo colocar os pés nas ruas de novo. Por sorte, ainda há, sobre a mesa do computador, metade de uma garrafa de vinho (que é do meu pai, mas foi aberta pelo Cauê e pela Rita).

Um instante depois, ouço batidas na porta:

– Apê, eu posso entrar? – É a voz da minha irmã.

– Claro.

Ela entra, se senta na cadeira em frente à cama e pergunta, sem rodeios:

– Você está bem?

– Eu estou ótimo.

Ela me olha, incrédula. Impossível enganá-la: ela conhece bem o cheiro da tristeza.

– Tente ficar tranquilo. Não vou te dizer que seja fácil, mas esse não é você.

– Como assim, 'esse não sou eu'?

– Bom, você é o irmão mais velho, sabe? Aquele cara que comprava minhas brigas na escola, que não deixava ninguém implicar comigo, o primeiro a passar num vestibular, a dormir fora de casa. Você é mais forte do que isso.

– Pois é, era tudo uma farsa.

Ela ri, com vontade.

– É cedo para você dizer isso, não acha? A minha opinião é que esse Apê trancado no quarto, quase se jogando pela janela, é que é uma farsa.

– Eu não pretendia me jogar pela janela. Ainda.

– Droga! Não devia ter dado a ideia.

Não posso deixar de rir da versão descolada da minha irmã. (Eu jamais diria que a sua tristeza é uma farsa. Ainda é muito viva na minha memória a lembrança dos dias em que tínhamos que esconder ou trancar todas as facas, canivetes e caixas de remédio que havia dentro de casa. Agora, o pior já passou e ela frequenta o psiquiatra com regularidade. Se não chega a ser feliz, consegue pelo menos manter um nível não-letal de apatia.) Ela dá uma golada generosa no meu copo de vinho.

– Você pode beber? – eu pergunto, sem saber se deveria fazê-lo. A saúde mental da minha irmã é um tema sobre o qual eu sempre estou aprendendo.

– Eu posso fazer tudo o que eu quiser, desde que seja com moderação.

– Que bom. – Certo, mais uma informação para o repertório.

– Posso escolher uma música?

– Claro que sim, Dê.

Para meu desgosto, ela coloca "Skyfall", da Adele, para tocar no celular.

– Credo, Denise, aí realmente você acaba comigo.
– Jura? Nossa, a voz dela me acalma. Está bem, está bem.

Agora, ela coloca "Meu novo mundo", do Charlie Brown Jr. Eu também não gosto dessa: muito açucarada, sem falar que o Chorão morreu há pouco tempo e isso torna a coisa meio down. Mas eu finjo que aprovo a escolha: sabe como é, o que vale é a intenção. Ela cantarola enquanto dá outra golada no vinho. Desde quando ela ouve esse tipo de música? Eu sou inundado de alegria ao ver a minha irmã desse jeito. De repente, ficou tudo bem. Deve ser normal que a nossa vida derrape vez ou outra, assim como deve ser normal que mesmo os pássaros mais tristes consigam alçar voo, de tempos em tempos.

Domingo, 09/06/2013

NAVALHA

Com a cabeça doendo, fico entre o sofá e o computador, o dia todo. No Facebook, aparecem várias postagens sobre o próximo protesto contra o aumento das passagens, dia 13. *"2,95 é roubo"*, *"Operação parem o aumento"*, *"Rio, cidade mais cara do mundo."* Embaixo da foto de uma manifestante presa na gravata de um policial – ela está com o rosto da cor de um pimentão –, há centenas, talvez milhares, de comentários: "Absurdo!", "Vergonha!", "Democracia?" Um perfil, chamado "Rota 2000", escreveu: "Bando de vagabundos. Isso ainda é pouco." Só esta publicação tem mais de 500 respostas: "Imbecis são os q preferem ficar de braços cruzados"; "Porco fardado"; "Têm mais é que morrer mesmo, Comunistas filhos da puta." Fico nervoso lendo essas coisas.

Na TV, a vidinha de sempre, Neymar e programas de auditório.

Minha mãe chega depois das seis. Na mão, sacolas leves, os potes vazios.

– Como está o meu irmão?

Ela suspira:

– Hoje foi difícil. Ele disse que não aguenta mais esperar o recurso e disse que, se tivesse um telefone, seria mais fácil passar o tempo. Mas como eu vou comprar um telefone? Dois mil um negócio desses, tem que pagar um monte de gente. Meu medo é ele fazer alguma besteira para conseguir o dinheiro.

Falar o quê? Eu não tenho nem para mim, aqui fora.

Depois que toma banho e se arruma, ela se senta no sofá, do meu lado.

– Você não vai para a igreja?

– Roberto Carlos, eu estou muito preocupada com o teu futuro. Eu já fracassei com um, não vou deixar isso acontecer com o outro.

Não aguento mais essa conversa. As coisas se repetem. Na verdade, acho que as etapas da vida de uma pessoa podem se resumir a poucas frases. Por exemplo, uma criança não precisa saber muito mais além de "estou com fome" ou "me leva para casa." Um adulto sempre dirá coisas como "preciso de dinheiro" e "estou muito cansado", ou variações que no fundo querem dizer aquelas mesmas coisas. Os diálogos entre a minha mãe e eu sempre têm as palavras "preocupada", "irmão" e "futuro". Sinal de que a minha vida está emperrada.

Olho a mulher ao meu lado, e as rugas cada vez mais nítidas no rosto dão a entender que ela também sente a sua vida emperrada.

– Não quero brigar de novo. Pelo contrário, eu estou feliz porque consegui um trabalho para você.

– Era isso que você queria me dizer?

– Era.

– Legal.

– Legal? Roberto Carlos, não se trata de ser legal. Eu não faço faxina porque é legal.

– O que você quer que eu diga?

– Você não quer saber o que é?

– Você acabou de falar que isso não faz diferença. Se eu frito coisas numa chapa ou carrego caixa, é o salário que conta, não é isso?

– Sim, desde que seja um trabalho honesto.

– Está bem, está bem, qual é a do bagulho?

Ela faz uma cara feia, mas eu não posso fazer nada. Esse foi o melhor entusiasmo que eu consegui por hoje.

– A dona Fátima, da igreja, conseguiu uma vaga para você na firma de um advogado, conhecido dela.

– Para fazer o quê?

– Entregar panfletos.

– Entregar panfletos? – Confesso que estou espantado. Você não espera que a expressão "entregar panfletos" apareça na sequência de "consegui um trabalho".

– A situação não está para peixe. Não dá para ficar escolhendo.

– E eu vou entregar panfletos sobre o quê?

– Parece que é uma loja de compra e venda de ouro.

– Quando eu começo?

– Amanhã.

– Já?

– Você, por acaso, queria começar com uma folga? É amanhã e eu não quero saber de atraso.

Antes que eu responda, batidas na porta interrompem a nossa conversa. Para minha surpresa, é o seu Otávio. Ele parece aliviado ao me ver:

– Você está aí, Carlinhos? – Agora eu fiquei preocupado, porque ele não costuma me chamar desse jeito. Bom, eu estou aqui.

Minha mãe se aproxima, desconfiada.

– Boa noite – ele diz para ela, sem graça.

– Pois não?

– Desculpa incomodar, eu sou o pai do Marcelo. Ele e o Roberto saíram juntos ontem, então, eu queria saber se, por acaso, ele não estava aqui.

Minha mãe o encara, depois, a mim. Como eu não falo nada, ela me dá um encontrão no ombro:

– E então, Roberto Carlos? Você sabe do seu amigo?

– Eu não vejo ele desde que fui embora do baile.

– Que história de baile é essa? – Ela coloca as mãos na cintura e me fuzila com os olhos.

– Ué, o baile.

– Onde teve baile? Aqui não foi.

– No Chapadão.

– No CHAPADÃO? – ela pergunta, já elevando o tom de voz.

– É, no Chapadão. Qual o problema?

Ela resmunga um "meu Deus!", enquanto o seu Otávio permanece sem reação, na porta.

– Desculpa – ela diz, olhando para ele –, mas o senhor vai concordar comigo: o que esses meninos têm na cabeça, para ir lá para o Chapadão atrás de baile?

O pai do Golpe coça a cabeça:

– Eu entendo. Já fui jovem, também. A única coisa que eu peço é que me dê notícia.

Esse homem fala de um jeito que corta o coração. Até a minha mãe baixa os olhos e amansa:

– O senhor quer entrar? Tomar um café?

– Não, obrigado. Bobagem. Daqui a pouco ele aparece. – Ele tenta forçar um sorriso, mas só sai uma careta.

Quando ele se vai, a minha mãe me olha, e eu já não percebo reprovação nos seus olhos.

– Coitado. Vou orar por essa família, hoje. Quanto a você, se faltar o trabalho amanhã, é melhor esquecer que tem uma casa.

FLÁVIA

Dentre uma mensagem de operadora e outra, topo com esta da Amanda, no meu celular, escrita às 6h36:

"*Oiii!! Vc pode me encontrar hj d noite em Botafogo? Quero te apresentar umas pessoas, de repente rola até uma palhinha*".

Com certeza, já é melhor do que ficar em casa. Ao colocar os pés no chão frio, constato que a ressaca foi embora. O dia começa bem.

Depois do café magro, volto para o quarto e coloco o Clube da Esquina para tocar. Recostada, sinto-me contente. Devem ter sido as benditas horas de sono (cheguei à conclusão que, quando todas as suas escolhas na vida parecem erradas, o problema pode ser apenas este). Eu conheço estas canções de cima a baixo, nota por nota, letra por letra. A minha favorita é "Tudo o que você podia ser." Quando eu morrer, gostaria que, em vez de lágrimas, ou fofocas maldosas sobre a vida alheia, houvesse celebração pela vida e esta música soasse na hora derradeira. (Pensar na morte, quando se é jovem, é fácil. Ela é tão distante quanto, sei lá, a Austrália. Duvido que ela permaneça assim tão inofensiva quando passamos da metade do caminho.) "Paisagem da janela" me transporta para Vassouras, e diante dos meus olhos avisto as velhas árvores, que viram senhores e escravos, enfrentando o tempo. (Efeito inevitável do Clube da Esquina: o devaneio.)

Ligo para o Magrão, mas dá fora de área.

Abro o Facebook e me deparo com fotos da Amanda sorridente, apresentações da Amy, comunidades de músicos em princípio de carreira, convocações de protesto. A minha postagem da apresentação no Rival tem quarenta curtidas e doze compartilhamentos. É, já é um começo. Meu pai me avisa que hoje o Júnior irá a um aniversário (a vida social dele deve ser mais movimentada que a minha, o que eu acho ótimo).

Desço, compro algumas coisas, cozinho – arroz com batatas, tomate e brócolis, que foi o que o meu dinheiro pôde comprar –, faço as unhas, enxaguo o cabelo, arranho coisas aleatórias no violão. Dessa vez, é fácil escolher a roupa: a Amanda me enviou o endereço de um pub, de modo que bastará um vestidinho preto. Olho para o meu chapéu e bendigo cada centavo que gastei, ou melhor, investi nele: combina com qualquer coisa.

Ao entrar no bar em Botafogo (um desses lugares que cobram caro só porque são mal iluminados e sujos), eu me pergunto se seria capaz de fazer esses homens de meia-idade, inconformados com o fim da adolescência, se divertirem, caso rolasse mesmo uma palhinha. É claro que sim: bastaria tocar qualquer coisa rudimentar e triste sobre a inutilidade do mundo. Eu só teria que resgatar algo do meu repertório do recreio no segundo ano.

Vejo a Amanda ao fundo, conversando com outros dois caras, que não escapam em absoluto ao padrão do lugar. Ao me ver, ela sorri:

– Que bom que você veio, Flávia!

– Claro que eu viria!

– Eu quero te apresentar dois amigos: o Humberto e o Renato. Eles são produtores e eu pensei que seria legal se vocês se conhecessem.

O Humberto usa óculos, tem a barba e o cabelo bem modulados, veste casaco quadriculado e parece um professor universitário. Ele está sentado do lado da Amanda e eles conversam com animação. Ao seu lado, o Renato, mais velho, tem uma barba mal-feita da onde se destacam alguns fios brancos, usa jaqueta preta e gel sobre os cabelos crescidos, nos quais já se imiscuem generosas entradas. Ele se parece com alguém que já teve carreira e sucesso, lá pelos anos oitenta. Sento-me na cadeira vazia ao seu lado. Ao fundo, o volume das músicas seria suficiente para agitar um estádio (pelo que vejo, essas pessoas viveram a ponto de ter memória afetiva com new wave).

É preciso gritar para se fazer ouvir.

– Parabéns! – o Renato berra nos meus ouvidos.

– Pelo quê? – berro de volta.

– Eu te vi cantar com a Amanda na sexta-feira. Você é maravilhosa.

– Obrigada.

Segue-se um minuto de silêncio, porque eu respondi apenas com um "obrigada", ao invés de emendar uma pergunta do tipo: "Por que não nos falamos lá?", ou "Com o que você trabalha?" De qualquer modo, não me escapa uma certa duplicidade na frase "você é maravilhosa." A Amanda se intromete entre nós, e diz, também aos gritos:

– Ele virou seu fã!

– É mesmo? Que legal – eu respondo, sem graça.

O Renato completa:

– Foi o que eu acabei de dizer para ela – e lança para mim um olhar que me faz sentir uma presa rodeada por feras, embora esta aqui se pareça mais com uma fera flácida, sem garras.

O Humberto, que nem se deu ao trabalho de me cumprimentar, puxa a Amanda pelo braço e cochicha qualquer coisa em seus ouvidos; ela ri com gosto, e mexe nos cabelos. Já duvido muito de que role qualquer palha, canja ou o que quer que seja. Nada indica que esta seja a pegada do lugar e nem há instrumento algum sobre o palco – apenas um DJ que sacode de leve a cabeça, sem desgrudar os olhos do computador. Talvez seja melhor beber, para tornar a coisa mais suportável. Abro o cardápio entre as mãos e quase caio para trás com os preços. Se eu ficar aqui até às 2 da manhã, é certo que terei que deixar os meus rins como garantia para o dono do estabelecimento (uma vida inteira lavando pratos não bastaria). Passo tanto tempo olhando o cardápio que o Renato percebe que eu estou em apuros:

– Hoje é por minha conta.

– Imagina...

– Que nada, eu que te convidei, faço questão.

Ele me convidou? Em tese, eu fui chamada pela Amanda, que está quase sentada nos braços do Humberto. Peço uma cerveja.

– Eles têm uns drinks maravilhosos aqui – ele diz.

– Obrigada, prefiro tomar uma cerveja mesmo.

Na verdade, a cerveja é o que tem o preço mais acessível dentre as coisas inacessíveis. (Água sem gás também, mas se eu pedisse isso ia dar muito na cara, além de não resolver o problema do tédio.)

– Então, você é músico? – pergunto ao Renato.

– Não, de jeito nenhum. Eu só produzo. – Não entendi por que ele foi tão enfático.

– E tem dado certo?

– Digamos que eu consigo pagar as contas e tirar férias.

– Legal.

Como se vê, eu voltei a matar a conversa. O Renato baixa os olhos e mexe no telefone. A Amanda e o Humberto estão colados um no outro, mas não se beijam. Não posso deixar de notar que ele tem uma aliança na mão esquerda.

– Você não é do Rio – o Renato volta à carga, colocando o celular sobre a mesa. Não consigo evitar olhar para a sua mão: lisa.

– É tão óbvio assim?

Ele ri:

– É, – Logo, emenda. – sabe como é, docinho, eu vivo disso, então, não costumo dar conselhos de graça. Mas você deveria tentar ser mais comunicativa. Isso é 80% da carreira. Isso, mais os cabelos.

Sinto-me desnorteada. É como se, de súbito, ele tivesse me dado dois socos na têmpora. E essa coisa insuportável de "docinho".

– Achei que 80% da carreira fosse afinação, ritmo, letras, alguma ligação pessoal com a música.

– Viu? Isso é o que faz de você uma cantora, e de mim, um produtor.

Ele ri; eu rio, sem graça.

– *Vive la musique!* – Ele me diz, sarcástico, erguendo o copo com um líquido avermelhado.

– Viva. – Eu respondo, por responder. Isto é trabalho, flerte ou puro esnobismo? O som está tão alto que parece a ponto de estourar os meus tímpanos.

A Amanda se levanta para ir ao banheiro, e eu sou grata por isso ter me dado uma desculpa para ir atrás dela.

– O que as mulheres tanto conversam no banheiro? – ouço o Humberto indagar, como se isto ainda pudesse soar engraçado.

Diante do espelho, a Amanda retoca o batom. Olho para os seus lindos cabelos louros escorridos, algo desalinhados, e não posso deixar de lembrar do comentário cínico – ele chamaria "prático" – do Renato. Se cabelo for mesmo 80%, é um fato que a carreira da Amanda está bem encaminhada.

– Que cara é essa, amiga? – ela pergunta, e nos encaramos através do espelho.

– Nada, eu só pensei que fosse ter música.

– Vai ter. Daqui a pouco.

– Onde?

– Vamos tomar umas saideiras lá na casa do Renato.

– Não sei se eu vou.

– Deixa disso, garota. Ele tem esse jeitão, mas é inofensivo. E é assim de contatos – ela faz um gesto com a mão, de quantidade.

Quando voltamos, os dois homens terminam de pagar a conta.

– Vamos? – diz o Humberto.

– Vamos – responde a Amanda. Eu não falo nada. Quando a Amanda disse "daqui a pouco" eu não pensei que fosse "agora mesmo".

Pegamos um táxi até o Largo dos Leões, no Humaitá. Quer saber? Que se dane. Já que eu fui apresentada a um novo jogo, quero descobrir se eu sou capaz de me sentar à mesa e fazer alguns lances, ainda que eu carregue dívidas ou uma terrível dor de cabeça no final. Vamos os quatro apertados no banco de trás, e enquanto o Humberto e a Amanda se beijam com sofreguidão (suponho que, dentro do carro, eles se sintam a salvo de conhecidos), o Renato coloca as mãos sobre as minhas pernas. Eu afasto da primeira vez; da segunda, deixo. Imbecil. Eu serei sepultada antes de ter algo com ele. Apenas sinto que isto também é parte do jogo, e quero descobrir o que virá na próxima etapa.

A próxima etapa ocorre na sala de estar do Renato, um velho apartamento espaçoso, cheio de móveis de madeira bem talhados e quadros de paisagens nas paredes. Nos quatro cantos, há prateleiras de discos, e eu acho que boa parte da música do mundo está aqui representada.

– Um whisky? – ele pergunta.

– Agora! – grita a Amanda. Ela está alta. Pobre garotinha: estou chegando à conclusão de que é ela a única iludida nesta sala. Ao contrário do que pensa, ela não é parte no jogo, mas apenas o dado apostado.

Enquanto o Renato prepara os drinks, o Humberto tira uns livros – relatos de viagens, romances policiais – de cima da mesa de centro, marcada de cigarros, e despeja uma carreira de cocaína. Diz:

– Primeiro as damas.

A Amanda cheira e depois estala a língua.

– Meu Deus!

O Humberto põe a segunda e me encara.

– Não, obrigada.

– Sério?

Só balanço a cabeça. Ele dá de ombros e cheira. O Renato volta com os drinks em cima de uma bandeja de prata. O Humberto põe para ele a terceira fileira.

– Amigo é para essas coisas, não é mesmo? – diz o Renato, e depois que cheira eu posso ver minúsculas pelotas brancas agarradas no seu nariz. Sinto nojo.

– Com licença – diz o Humberto, que pega a Amanda pelas mãos e a leva para o quarto. No ambiente confortável e silencioso, eu consigo ouvir o trinco se fechar e o farfalhar das roupas despidas.

O Renato se senta na cadeira e me fala:

– Bota uma música de que você goste. Suponho que você saiba mexer numa vitrola.

Eu me levanto, mas para ir embora; volto a me sentar; levanto-me de novo. Do quarto, sobrevém gemidos.

O Renato ri da minha indecisão. Depois, baixa as calças e fala, num tom imperativo:

– Deixa de frescura e chupa o meu pau, docinho. Ou será que você é virgem?

De novo, essa noite para lá de estranha me surpreende com a guarda baixa.

– Adorei o teu jeito de difícil. Assim, você consegue tudo que quiser. Agora, vai, chupa.

– Vai se foder! Seu verme! Seu escroto, nojento, filho da puta do caralho!

Ele parece não entender que eu estou com ódio. Fechou os olhos e se masturba:

– Sabia, sabia que você era dessas. Adoro quando me xingam!

Enquanto isso, a cama range com fúria atrás da porta.

Não vejo nada. Pego um copo vazio de whisky e desço com força na cara dele. O supercílio rasga e o sangue escorre pelo carpete.

– O que é isso? Maluca!

– Seu porco!

Ele se levanta, com a calça ainda arriada:

– Sua caipira! Sua piranha! Você não vai chegar a lugar nenhum!

– Prefiro cair de um precipício, a encostar em você!

Ele vem até mim, mas eu dou um empurrão, que basta para ele se enrolar na próprias calças e cair de bruços no assoalho. Eu não resisto à tentação e começo a chutá-lo e a chutá-lo.

– Socorro! Socorro! – ele grita. A porta do quarto se abre e o Humberto e a Amanda saem nus. Eu me dirijo para a porta.

– Essa vaca! Maluca! – o Renato grita, amparado pelo Humberto, que só diz:

– Sem escândalo! Por favor, sem escândalo!

A Amanda, atrás de mim, pergunta:

– O que foi que aconteceu?

Vendo que eu vou mesmo para a porta, ela tenta se colocar na minha frente, mas eu a empurro com violência, giro a chave que está no trinco e saio.

Na rua, demoro a me localizar. Depois, caminho na direção da praia. Nem passarei em casa: irei direto para a rodoviária. Sinto-me suja, envergonhada e tenho raiva de mim mesma. Maldita cidade, um minuto da vida do Júnior não vale toda a vida neste inferno! Cansei disto tudo – a música, a carreira, o suor e toda essa merda. Que se explodam. Volto para Vassouras hoje mesmo, arranjo um emprego nas Lojas Americanas, ou como guia turística nas antigas fazendas de café. Faço outros filhos, enterro meu pai, aproveito a herança da casa velha. A essa hora não há ônibus para a rodoviária. Merda! Acabo a noite tomando uma dose de cachaça perto de casa. Eu não sou competente nem para desistir. Gostaria muito de poder abraçar o Júnior, mas eu não posso ligar para ele, nem para o meu pai, na alta madrugada. Na falta deles, ligo para o Magrão, mas ainda dá caixa.

APÊ

Hoje, durante um almoço de frente à praia, meu pai anuncia que o escritório fechou um contrato relacionado ao Grupo X, do Eike Batista. "Iremos trabalhar nos negócios do Porto do Açu, um dos maiores do país", ele diz, orgulhoso. Eu sabia que isso estava rolando, mas o velho não se abria com ninguém, o que deixava claro o quanto este contrato era importante para ele ("para nós", ele me corrigiria). Agora, sorridente, ele só diz que este é um dos maiores casos que o escritório já pegou. Dada a nossa situação financeira, espremida pelos gastos compulsivos da minha mãe, o tratamento da Denise e um padrão de vida talvez incompatível com a renda familiar, eu consigo compreender o seu alívio.

– O que você vai fazer? – interroga minha irmã – Provar que a construção de um porto não estragará a vida da população local nem provocará danos ao meio ambiente?

Caramba! Será que se eu abandonasse a faculdade e permanecesse cerca de vinte horas por dia trancado no quarto começaria a ver o mundo desse jeito?

– Denise! – É tudo o que a minha mãe consegue dizer.

Meu pai ergue as mãos, como quem diz: "Deixe que ela pergunte." Se uma coisa ele há de ter, para justificar qualquer tese, são argumentos.

– Eu não farei nada que contrarie a minha consciência. Se tiver sujeira, saio da jogada. Além disso, nós não fomos contratados diretamente pelo grupo X, mas para um escritório que trabalha para eles. É como se houvesse uma montanha de dinheiro, da qual nós ficaremos com uma casca. Mas essa casca é suficiente para pagar nossas contas por alguns anos.

Talvez seja isso: ele banca o coração de pedra, para que nós possamos nos dar ao luxo de ter dores de consciência.

– Pai, você sairia mesmo da jogada? – pergunta minha irmã. Digo, se houver sujeira?

Encaro bem a expressão do meu pai. Ela é firme como uma retroescavadeira.

– Eu sou advogado – ele diz –, aprendemos na faculdade que mesmo o maior crápula tem direito a ser defendido. É isso o que diferencia o Estado de direito da barbárie, sabia? Mas, nesse caso, o interesse e a consciência caminham juntos. Se você soubesse a quantidade de empregos e renda que um empreendimento desses gera na economia local!

– Ai, João, mas eu tenho medo. E essas notícias de que o grupo X está insolvente, e que deve todo mundo na praça? – interroga minha mãe.

– Isso é bobagem, meu bem. Se tem coisa que esses olhos nunca viram, foi empreiteiro ficar pobre. Além disso, negociação de dívidas também costuma ser um bom motivo para contar com bons advogados – ele conclui, jovial, e pisca os olhos para mim, com malícia. Ouvindo-o falar, eu concluo que ele nasceu advogado e morrerá advogado.

– Essa também é uma oportunidade para você, filho – diz a minha mãe.

– É mesmo Apê. – Continua o meu pai, e a troca de olhares dos dois sugere que este foi um diálogo já meditado. – Eu preciso que você entre de cabeça. Quero que você veja tudo, participe de tudo, esteja em tudo.

– Conta comigo – respondo, com sinceridade. Eu sei que pagarei muitas horas extras de serviço por isso.

Melhor assim. Não dizem que o trabalho é a melhor terapia que existe?

Segunda, 10/06/2013

NAVALHA

Não consigo dormir de noite, preocupado com o Golpe, ansioso pelo novo emprego. Às 5h50, quando o despertador da minha mãe toca, meus olhos estão secos. Ouço um lamento vindo do quarto:
– Jesus Cristo!
Depois, pés se arrastam pelo chão frio, range a porta do banheiro. Penso no meu irmão, dormindo de valete num cubículo, a essa hora. Daqui a pouco, o confere dos presos irá inaugurar um novo dia para ele, igual a todos os outros. Se eu me der bem nesse trampo, compro um celular para ele. Será que dá para pagar suborno em dez vezes?
Minha mãe faz café, mergulha o pão na xícara e engole rápido. Depois, coloca um copo para mim, diz "não se atrase", e parte. Num segundo eu estou sentado, atento. No outro, quando dou por mim, o dia está claro e eu preciso ir voado para o centro da cidade. Sobre a mesa de centro, morre esquecido o copo de café gelado.
No caminho, estou tão irritado que xingo a mim mesmo. "Puta que pariu, seu doente, você sempre está atrasado." Para piorar, chove, e eu posso sentir a lama misturada à meia, que gela os meus pés, que passarão o dia inteiro molhados. Sorte grande! Vou de trem, porque no ponto de ônibus a UPP fica de marcação para impedir o calote.
Na Central, aceito todos os panfletos que me oferecem: agora esses caras são meus colegas de trabalho. Depois de dez passos, meus bolsos estão cheios de papel e não há nenhuma lixeira à vista. Um rapaz com peruca e nariz de palhaço distribui panfletos sobre tratamento dentário. Que tipo de psicopata obriga alguém a se fantasiar desse jeito ridículo? O que que dente tem a ver com circo? Fico com pena e pego dez panfletos de uma vez. São 9h20, eu deveria ter chegado às 9h00. "Seu moleque, irresponsável, você não consegue andar mais rápido do que isso?"
Na Uruguaiana, o vai e vem de sempre. Um homem com óculos escuros me aborda.
– Capa de celular.
– Irmão, tenho nem celular.
– Vendo o celular também.

– Valeu.

Meus olhos se desviam para as lojinhas que vendem tênis com marcas famosas estampadas. É claro que eles são falsificados, e devem custar um quinto do preço original, mas ainda assim é muito mais do que eu posso pagar. O que um comerciante desses faria se eu chegasse agora, com os sete reais e dez centavos que eu tenho no bolso, e perguntasse: "O que eu consigo comprar com esse dinheiro?" Talvez, de bom humor, ele me oferecesse uma palmilha usada.

Na rua Buenos Aires, me deparo com um prédio velho, que deve ter sido de alguma família rica no passado. A fachada, bonita, mas encardida, maltratada. Na frente, uma placa anuncia: "Compra-se ouro." É esta a "firma" para a qual eu vou trabalhar. Subo a escada, que tem os degraus pintados de vermelho, por um corredor estreito e escuro. Nem todas as portas de madeira têm tabuletas na frente. No primeiro andar, leio: "Advogado criminalista", que ocupa as salas 101 e 102. A demanda deve ser grande. No segundo andar, só a sala 204 tem identificação: "Joana Rosa massagista." Na porta, um homem de macacão espera, e baixa os olhos quando eu passo. No terceiro andar, o número 305 indica: "Compro cabelos humanos." Cara, que droga. Isso não é estranho? Sei lá, não é como vender um pedaço do seu corpo? Pensando bem, não é tão ruim assim. Eu poderia trabalhar de casa. Idiotice. Pelas perucas no mostruário, eles só compram os lisos.

306: "Compra-se ouro." É aqui. Com o coração aos saltos, pensando em qual desculpa infalível eu posso usar para o atraso – "o ônibus quebrou" está na frente de "levei minha mãe na UPA hoje cedo" – eu toco a campainha. Nada. Toco a campainha de novo. Nada. Espero. Toco pela terceira vez. Nada. Maravilha: todos se atrasaram. Posso até fazer cara de brabo, quando chegar o atendente, e dizer que eu estou aqui desde as sete. De repente, ouço um barulho e percebo que, pelo olho mágico, alguém me observa. Olhos mágicos são estranhos, lembram filme de terror. "É só um garoto", diz uma voz de mulher do lado de dentro. O trinco gira e a porta se abre.

Agora, uma senhora de meia-idade, vestida com calça e terno bege, me filma de cima a baixo antes de perguntar:

– Pois não?
– É aqui o Compro Ouro?
– É o que está escrito na porta.
– Ah, é, verdade.

Estou nervoso e não sei o que dizer. A mulher me olha com desconfiança.

– Bom, eu tenho que trabalhar, se o senhor não deseja nada, com licença.

Ela diz isso e vai fechando a porta na minha cara.

– Não, não, desculpa, é que eu sou o rapaz que vai cuidar dos panfletos.

– Cuidar dos panfletos?

– É. Tipo, distribuir os panfletos.

– Ahh – ela diz –, você por acaso é o Roberto Carlos, filho da Fátima?

– É, quer dizer, eu sou filho da Maria Angélica, que é amiga da dona Fátima.

– Entendi – ela fala com lentidão, como se usasse cada segundo para me examinar mais um pouco. Depois de uns segundos, posso ouvir o cadeado na sua mente se abrindo – Está bem, pode entrar.

Do lado de dentro, um banco de madeira, desses de praça, serve aos que esperam (não há ninguém no momento); há uma escrivaninha com computador, que deve ser o assento da mulher de bege, e uma estante atrás da mesa. Nos fundos, uma porta fechada.

– Quer uma água? – a mulher pergunta para mim.

– Obrigado.

Enquanto eu mato a sede, ela bate na porta e fala:

– É só o garoto dos panfletos.

Uma voz de homem responde algo que eu não entendo e a porta se fecha outra vez.

– Vamos às vacas frias? – pergunta a mulher à minha frente.

– Vamos sim, senhora – respondo, o que quer que aquilo signifique.

– Teu trabalho é de seis horas, com meia hora de almoço. Para mim, tanto faz se você chegar às 9, às 10 ou às 11. A soma tem que dar seis.

– Tudo bem.

– Por esse servicinho eu te pagarei quinze reais por dia.

– Quinze? – Não consigo esconder o meu espanto. Vou fritar embaixo do sol durante seis horas por, sei lá, dois e cinquenta a hora.

– Se não quiser, têm mil que querem.

– Não, não, eu quero sim.

– É claro que eu te dou a passagem. Mas olha: quero trabalho sério. O último rodou porque pegava os panfletos, ficava uma hora de corpo mole, depois jogava lá no mar, na praça xv. Mal sabia ele que a gente tem os nossos secretos.

Esses "secretos" são pessoas? De qualquer modo, não deixa de ser estranho ver esta senhora séria usando a expressão: "rodou".

– O doutor Aldair é um bom patrão. Já pagou até faculdade para funcionário dele. Se trabalhar bem conosco, você só tem a crescer.

– Sim, senhora.

– Marília, a teu dispor.

– Roberto Carlos.

Debaixo de uma gaveta na sua mesa, ela pega um calhamaço de papéis.

– Acho que isso vai ocupar o teu dia. Se acabar, vem, que eu te dou mais. Sem moleza!

Na verdade, eu estou com tanta disposição que volto para repor os papéis duas vezes. Pensando bem, isto é melhor que o telemarketing. Pelo menos eu não tenho que ficar trancado o dia inteiro. Quinze reais por dia dá 75 reais por semana (é uma pena que a loja não abre no sábado, mas, de repente, eu consigo desenrolar esta situação mais para a frente), trezentos por mês. Por dia, a dona Marília me dá seis pratas de transporte. Se eu economizar pelo menos na vinda, dá quinze a mais por semana, sessenta no mês. Total: trezentos e sessenta. Quanto deve custar um tênis bom, que dure até o próximo emprego?

Às cinco, eu já encerrei o serviço e tomo o rumo de casa. Arranjar carona no centro é difícil, ainda mais a essa hora. Na Central, os seguranças da Supervia embaçam: para pular o muro tenho que andar quase até a Providência, lá do outro lado. Quer saber? Vou pagar o ônibus mesmo – me sinto quase um playboy ao cruzar a roleta do 298, Castelo–Acari, e sentar no último banco. Agora, eu sou um trabalhador de respeito. Nas costas do assento da frente, alguém colou um cartaz: "Ato contra o aumento das passagens, 13/06 na Candelária", com a imagem de uma pessoa chutando a roleta. Caramba, eu achei que essas coisas só existiam na internet. Hoje é dia dez, terça onze, quarta doze, quinta treze. Quinta-feira. Se eu puder... Já que vou estar no centro mesmo...

Cochilo e acordo quase na hora de descer. Saio tropeçando na muvuca que se formou perto da porta, estabanado.

FLÁVIA

Nos Arcos, espero à toa: nada do Magrão.

Na verdade, nós não marcamos nenhum horário específico, e eu agora percebo que nem sequer nos falamos durante o fim de semana. Ligo: não tenho crédito. Tento a cobrar: ele não tem crédito. Maldição, maldição. Juro que eu tenho vontade de gritar. O que eu faço? Preciso de dinheiro. Sob o céu nublado, os cariocas passam mal-humorados. Eles não gostam da vida em dias assim e acho que eu estou ficando como eles. Em frente ao Circo Voador, vejo nomes consagrados, alguns artistas que eu ouço no rádio desde quando era uma criança. Lágrimas turvam as minhas vistas. Eu esperava que as coisas seriam difíceis, mas não tanto assim. Do que é feito o sucesso? Talento, sorte, transar com as pessoas certas? Um pouco disso tudo e mais não sei o quê? Imagino que a Elis tenha conseguido queimar várias etapas, porque aquela voz se imporia de qualquer jeito (parece-me justo afirmar que lançar o primeiro álbum aos dezesseis anos se inclua na categoria: "queimar etapas", mesmo que ele se chame "Viva a Brotolândia"). Mas, afora os gênios, os demais mortais devem aprender a conviver com o momento amargo da desistência. E, nesta segunda-feira medonha, as duas certezas que eu tenho é que não sou nenhum gênio e que estou bem próxima do meu limite.

APÊ

Alguém bate na porta do meu quarto às 7h30. Espero que a casa esteja pegando fogo.

Meu pai me olha com um sorriso:

– Bom dia, filho, você pode chegar mais cedo no escritório hoje?

– Posso sim.

– Então, toma o café e vamos.

Puxa vida, eu não imaginei que as consequências da conversa de ontem viriam tão depressa.

A Aparecida nem chegou ainda, de modo que como um pão de forma com manteiga e um café horrível que o meu pai fez. Acho que se colocar isso no motor do carro ele dá a partida. O homem comenta as notícias enquanto lê. Em geral, isso indica bom humor.

– Todo mundo no grampo! – E lê em voz alta: -"De técnico da CIA a informante, Edward Snowden é a fonte das informações sobre o programa secreto de vigilância dos EUA." Esse deve ser o novo Watergate, meu amigo.

– Water o quê?

– Deixa para lá. Agora eu entreguei demais a minha idade.

– Ele vai colocar a boca no trombone, mesmo?

– Parece que já colocou.

– E ele vai ganhar um prêmio por isso?

Meu pai me olha, depois dá uma gargalhada.

– Prêmio? Ai, ai, essa geração que não viveu a guerra fria... Apê, ele terá sorte se não passar o resto dos dias preso. Agora, chega de enrolação! – Ele dá um tapa na mesa. – Vamos embora de uma vez? Eu pago um café decente para a gente no centro.

– Vai madrugar hoje por quê?

– Quero chegar cedo para anunciar a coisa do contrato para o pessoal do escritório. Todos precisam entender que entramos numa nova fase de trabalho. Uma fase de muito, mas muito comprometimento.

Já me vejo varando noites algemado junto à mesa, recebendo minhas refeições por debaixo da porta.

A caminho do escritório, meu pai sintoniza o rádio no programa do Ricardo Boechat:

– Eu gosto dele porque é um cara independente. Se tiver que meter o pau em quem for, mete o pau mesmo.

Eu, para ser sincero, preferiria ouvir um pouco de música agora, ainda que fossem os Bee Gees. Não consigo lidar com tanta informação tão cedo. No dial, para delírio do meu pai, o locutor descasca o prefeito.

Paramos num sinal e um menino coloca um pacote de balas no retrovisor. Antes que o vermelho seja substituído pelo verde, meu pai baixa o vidro:

– Filho, você não vai para a escola? – ele pergunta para o garoto esbaforido.

– Estudo de tarde, chefe.
– Estuda mesmo?
Ele acena que sim com a cabeça.
– Vou confiar em você.
No instante em que o sinal abre, meu pai lhe dá cinquenta reais e o motor arranca em seguida.
– Esse país tem boas leis, mas elas não são cumpridas – ele comenta.
– Verdade.
– Para isso existimos nós, os advogados.
Esse é o senhor João Leite. Depois, durante o trabalho, eu volto a pensar na sua frase. O seu orgulho pela nossa profissão é legítimo. Quer dizer, eu também acredito nisso. De qualquer jeito, a família daquele rapaz que vende balas no sinal jamais teria condições de pagar nem uma hora sequer dos nossos honorários. E então? Para eles a lei ficaria por isso mesmo? É por esse motivo que eu penso em entrar para a Defensoria. Afinal, ela existe para assegurar o direito de defesa mesmo aos que não podem pagar, não é verdade? Mas, neste caso, porque escritórios como o nosso estão sempre abarrotados de processos? Na Faculdade, embora eu preste atenção às aulas, não encontro respostas na mesma velocidade com que me faço perguntas. Vai ver, o problema sou eu.

Terça-feira, 11/06/2013

NAVALHA

No segundo dia de trabalho eu já consigo notar algumas coisas interessantes sobre a arte de distribuir panfletos.

Por exemplo: as mulheres pegam mais do que os homens; os velhos, mais que os jovens. Também reparo que, quando uma fileira de pessoas caminha na minha direção, se a pessoa que está na frente pega, as de trás também pegam; se ela, pelo contrário, passa direto, as outras passam direto. Há gente que atravessa a calçada, ou passa pelo caminho mais difícil, só para não receber um simples pedaço de papel; há os que se dão ao trabalho de esticar o braço só para dizer: "não, obrigado." Se já se deu ao trabalho de ir tão longe, o que custava pegar o maldito panfleto?

Na volta, passo no Golpe. Eu sei que está tudo bem porque notícia ruim chega rápido, mas é aquilo. No final das contas, nunca se sabe. O pai dele está na laje, ouvindo Alcione. Abre um sorrisão ao me ver e diz que o meu amigo está dormindo. Ele me convida para subir, mas eu estou cansado. Antes que eu me afaste, o coroa me pergunta:

— Roberto Carlos, você está trabalhando?

— Estou sim, senhor.

Claro, a partir de hoje, além do colete, a dona Marília me obrigou a usar uma blusa amarela onde está escrito com letras pretas: "Compra-se ouro." Eu pareço uma banana-da-terra ambulante. Até da lua alguém saberia que eu estou trabalhando.

— Se tiver uma vaguinha aí, não esquece do teu amigo não, valeu?

— Pode deixar.

Não sei se eu estou em condições de ajudar alguém, mas já é um progresso que comecem a pensar que eu possa.

Na entrada do rio Jacaré há uma blitz. Atravesso a rua. Dois rapazes estão com as pernas abertas, mãos na parede. Uma hora será a minha vez, igual num sorteio. Agora, pelo menos, posso encher a boca e falar: "Sou trabalhador." Isso adianta? Às vezes funciona, quando não atiram primeiro. "Estudante", não: para eles, estudante é o mesmo que dizer que é maconheiro. Ouço um dos policiais perguntar: "Tem passagem?" Na via, o tráfego está pesado, como sempre acontece às seis da tarde.

FLÁVIA

Como o Magrão não aparece, não atende o telefone nem responde às minhas mensagens, eu vou até a casa dele. Cosmos, perto da estação de trem, não Vila Cosmos. Cosmos, zona oeste, quase Santa Cruz.

Na Central, embarco no trem. Conto as estações no mapa do ramal: ao todo, são trinta paradas até lá. A viagem é tão longa que o trem esvazia e enche várias vezes. Eu me arrependo de não ter trazido o violão. Esse tempo morto, passado aqui dentro, poderia ter se tornado algum dinheiro. Ao contrário do metrô, há tantos camelôs por aqui que se parece mais uma feira sobre trilhos.

Campo Grande, Benjamin do Monte, Inhoaíba, Cosmos. Leio a mensagem do dia do tal churrasco: rua Vila do Céu, 128. Não tinha reparado neste nome, Vila do Céu. É bem bonito.

Do lado de fora, ruas simples, sonolentas. Cachorros vadiam; uma carroça, puxada por um cavalo magro, segue adiante, conduzida por um senhor com chapéu roto.

Até parece que o trem, atravessando a cidade, deslocou-se também no tempo. Após perguntar para estranhos (tão solícitos que nem parecem morar no Rio), e cruzar casas e ruas que se parecem iguais, vejo-me diante de um portão de ferro com um interfone. Número 128. Não tenho a menor ideia de qual número apertar. Quando me decido a bater, percebo que ele está aberto. Do lado de dentro, um estreito corredor de cimento ladeado de casas. Num pequeno quintal, uma mulher lava roupas no tanque. Pergunto-lhe:

– Boa tarde, você sabe me dizer onde mora o Magrão?
– Quem?!

Ela faz uma cara de espanto, como se nunca houvesse ouvido o apelido. Uma menininha com fita amarela nos cabelos repete a pergunta da mãe:

– Quem?!
– Cala a boca Kethlen, se não, já sabe!

Só agora percebo que, depois de um tempão, eu nem sequer sei o nome da minha dupla. Talvez ele tenha me dito, alguma vez, mas eu não me lembro.

— Bom, o rapaz que toca violão.

— Ah, sim, o Cassiano.

— Ah, sim, o Cassiano — repete a garotinha, imitando a mãe.

— Você sabe de tudo não é, sabichona? — a mulher ralha. Depois, me diz. — É a última casa.

Ao chegar, bato palmas:

— Ô de casa!

Lá de dentro, vem um cheiro delicioso de feijão na panela. Há quanto tempo eu não como comida fresca? A lembrança me faz sentir uma pontada no estômago. Uma senhora com os cabelos encaracolados, brancos como tufos de algodão, olha desconfiada pela janela da sala:

— Pois não?

Seus olhos, pequeninos, são curiosos como os de uma criança.

— Oi, bom-dia, quer dizer, boa-tarde. Eu vim atrás do Magrão, quer dizer, desculpe... Não sei.

As palavras fogem de mim e a senhora me olha, incrédula. O que você diria de uma pessoa que bate na sua casa e, perguntada sobre o que faz ali, responde: "não sei"? É que eu não saberia explicar para aquela septuagenária a falta que faz o meu parceiro nas apresentações, as minhas dúvidas relacionadas à continuidade ou desistência, maternidade ou carreira, e de fato são essas coisas que me levaram a vir tão longe e a bater na sua porta. Como explicar aquilo que não é claro nem para mim mesma? Tento de novo, mas as palavras morrem na minha garganta. Levanto os braços como quem diz: "Desisto." Eu não deveria ter vindo.

— Você quer um copo d'água, minha filha?

— Não, não, desculpa. Na verdade, eu vim atrás do Cassiano.

— Você é a namorada dele?

— Não, eu sou a parceira de trabalho dele.

— Você trabalha na farmácia?

— Farmácia? — Agora, sou eu que me espanto. Não sabia que o Magrão trabalhava em uma farmácia.

— Você quer entrar? Ele deve vir almoçar daqui a pouco.

O que eu tenho a perder? O dia já foi embora.

— Obrigada.

A senhora fala com doçura e eu reparo que usa um belo par de brincos. Gosto dela à primeira vista.

— Aqui é casa de pobre, não repara não.
— Imagina.

Na sala, há um sofá marrom gasto, uma mesa de jantar, uma mesa de centro, televisão, um rádio AM-FM com vitrola – uma verdadeira relíquia – e, ao fundo, um pequeno altar com a imagem de Nossa Senhora. Há fotos de família espalhadas pela casa. Numa delas, uma criança magricela sorri, com uniforme de colégio.

— É o Cassiano?
— Ele mesmo. Nessa foto, ele tinha oito anos.
— Que gracinha!
— Não é?

Reparo numa jovem de maiô, que sorri, com a praia ao fundo. A velha diz:

— Essa é a mãe dele. Isso foi no verão de 1978, em Sepetiba.
— Linda – digo, admirada.
— Ela era muito bonita mesmo.

Por que "era"?

— Eu tenho que terminar a comida. Você quer esperar no quarto dele?
— Pode ser. Eu só não quero incomodar.
— Vem comigo.

Passamos pela cozinha, atrás da qual há uma pequena área de serviço e, ao fundo, o quartinho do Magrão.

— Eu sempre digo para ele arrumar essa bagunça. Talvez, depois de hoje, ele me escute.

Ela sorri e eu sorrio de volta. Depois, sai e encosta a porta.

O quarto é pequeno e simples. A cama de solteiro desarrumada tem os lençóis revirados. Ao seu lado, encostado na parede, o violão. Dentro de um armário de duas portas, cheio de adesivos, entrevejo roupas amontoadas. Bom, quem sou eu para criticar a desorganização alheia? Não sei se todos os músicos são assim; mas são assim todos os que eu conheço. (Eu não conheço o quarto da Amanda, mas não consigo vê-la passando roupas ou pano úmido nos móveis com uma grande assiduidade.) Num canto, a venerada caixa de som portátil, o mais indispensável dos nossos equipamentos. Em cima de uma mesinha de escritório, há CDs – Cassia Eller – *Acústico*, Nirvana – *Nevermind*, Legião Urbana – *Mais do Mesmo*, Djavan – *Perfil*, Bob Marley – *Collection*. Numa prateleira fina, afixada na parede, há alguns livros, desses que se leem na escola: Julio Verne – *Viagem ao centro da Terra*, Machado de Assis – *Dom Casmurro*, M. De Cervantes – *Dom Quixote (versão resumida)*. Num porta-retrato, a mesma moça da outra fotografia segura um bebê, em frente a um bolo de aniversário. Ela sorri, embora de um jeito diferente, já sem toda aquela liberdade. Eu te entendo, minha amiga. Onde você está agora? Ao lado, há um outro porta-retrato, mas ele caiu com o vento. Para meu espanto, ao colocá-lo de pé, deparo-me com uma foto minha: estou nas escadarias da Lapa, com um copo de caipirinha na mão e um chapéu florido que eu nem tenho mais. Isso deve ter sido logo no começo da nossa parceria. Eu não sorrio. Por que eu estava séria? Lembro-me de uma apresentação pela qual não fomos pagos, ou algo assim. Ou teria sido uma briga com o pai do Júnior, que não queria dar dinheiro para ele comprar remédio? De qualquer modo, eu me sentia mais bonita naquela época. (Menos magra; mais otimista.) Eu havia acabado de começar a me apresentar nas ruas, então, isso era o mais próximo de viver de música que eu já havia alcançado. É curioso olhar para fotos antigas. Pressinto que se perguntassem à minha vizinha de cabeceira, ela também diria preferir a sua versão ensolarada de 1978. As coisas devem parecer mais fáceis quando já não estão em movimento.

– O que você está fazendo aqui? – Ouço uma voz trêmula atrás de mim.

Viro-me, segurando o retrato. Ele avança na minha direção e parece contrariado:

– Quem deixou você mexer nas minhas coisas?

Ele tira o porta-retratos da minha mão e guarda dentro de uma gaveta. Ele usa boné e camiseta azuis, onde está escrito em letras amarelas: "Drogaria Razão." É espantoso.

– Acho que o senhor me deve explicações, não é mesmo, Cassiano?

Falo desse jeito por falar. Na verdade, eu estou feliz em vê-lo.

– Eu não te devo satisfação da minha vida.

– Estou brincando, Magro! Credo, que bicho te mordeu?

– Bicho nenhum. Você que é doida de aparecer assim na casa dos outros, sem avisar.

– Se você atendesse minhas chamadas eu não precisaria ter vindo. Caramba, você me deixou na mão!

– Eu te deixei na mão, não foi, Flávia? É só isso o que te importa.

– Não foi isso o que eu quis dizer. Eu fiquei preocupada de verdade.

– Não precisava. Está tudo bem, como você vê.

– Como assim "está tudo bem"? As pessoas não costumam sumir, quando está tudo bem.

– Eu arrumei um emprego, Venta – pelo menos, ele começa a baixar a guarda –, perto de casa, dinheiro certo. É isso o que eu quero dizer com "tudo bem".

– Que história é essa? Como assim? Você por acaso toca violão na drogaria, para animar os clientes?

– Do que você está falando? – ele diz, impaciente – Ninguém toca numa drogaria!

– Mas você é músico! Não faz sentido trabalhar a não ser com música!

Ele ri com amargura, e eu não sei se me ofendo ou me deprimo com isso:

– Desculpa, Ventania, mas eu não posso passar o resto da vida no mundo da lua.

– Mundo da lua! É assim que você chama o nosso trabalho artístico?

– Nosso, não. Teu trabalho artístico. Eu sempre fui, no máximo, um ponto de apoio.

– Inacreditável!

– O que é inacreditável?

– Que eu esteja ouvindo isso!

Estupefata, eu estou estupefata. Se as coisas já estavam ruins, agora elas estão ruins ao quadrado. Sento-me na cama, sem argumentos e sem forças.

Ele se senta do meu lado, e diz, conciliador:

– Desculpa. Você chegou aqui de surpresa e eu não soube o que dizer. Para piorar, ainda me flagra nessa roupa ridícula.

– Não desista, Magrão. Por favor, não desista. Nós não sabemos ser felizes sem essa coisa.

Eu falo para ele ou para mim mesma? O violão encostado no armário me lembra da época de Vassouras.

– Venta, eu entendo, e admiro, essa necessidade que você tem de colocar os teus sentimentos para fora. Confesso que às vezes é irritante, porque essa necessidade faz com que você só veja a si mesma...

– Eu sei. Eu tenho sido péssima, com você, com meu filho.

– Não, não – ele gesticula com as mãos –, eu não terminei o raciocínio. O x da questão é que é isso mesmo o que faz de você uma artista. Eu não me preocupo contigo: eu sei que você não vai desistir. Só não peça que eu gire ao teu redor até o fim dos meus dias. Se fizer isso, aí sim, será egoísmo.

Que coisa: em quase dois anos de convivência, nunca tivemos um diálogo tão sério.

– Não há nenhuma chance de você mudar de ideia?

– Não.

– Nenhuma chancezinha, lá no fundo do fundo do fundo?

– Se eu falar que sim, vai ser só por dizer.

– Então diga.

– Uma mentira vai te deixar feliz?

– Mentiras sinceras me interessam.

Ele suspira:

– Tudo bem. Lá no fundo, há 0,1% de chance de eu mudar de ideia.

Como eu posso ser tão estúpida?

– Me desculpa – digo, e recosto a cabeça nos seus ombros. Ele ergue de leve as mãos; depois, hesitante, as coloca sobre os próprios joelhos. Sinto um embrulho no estômago e um gosto amargo na boca. Isto é tão dolorido quanto um término de namoro.

Ele olha o relógio. Claro, ele agora tem que cumprir o expediente. Quando me levanto, ele oferece:

– Olha, leva a caixa de som para você.

– De jeito nenhum!

– Sem essa, Ventania. Ela será mais útil para você do que para mim.

– Não, senhor. Sem essa. Obrigada, mas ela é tua. Eu não aceito.

– Olha, eu não estou te dando. É um empréstimo.

– Isso, mais o aluguel, e você acaba me levando para a cadeia por dívidas.

Ele ri; eu também.

– Por favor, eu insisto. Eu vou te dar, quer dizer, te emprestar a caixa, de qualquer jeito. A diferença é que, se não levar agora, você me obrigará a ir no domingo lá no centro.

Por fim, cedo. Não me escapa o fato de que o centro, que é onde eu moro, e é onde nos encontramos quase todos os dias, de súbito virou para ele um distante "lá no centro".

Sentada na sala, a velha senhora assiste à tv. Peço desculpas por não ficar para o almoço, mas funciona o argumento de que é melhor ir antes que fique tarde. O Magrão me acompanha até a estação. Em frente às catracas, dou um "tchau" e nos abraçamos.

– Vou sentir tua falta – digo, com a voz embargada.

– Boa sorte – ele me diz, com a voz fina.

Na longa viagem, reflito. O mais duro do dia de hoje foi ver como os olhos do Magrão estavam opacos. Se isso é a desistência, eu tenho certeza que não é o que eu quero. Pelo menos, por enquanto.

Antes de subir para casa, eu passo no mercado e compro comida de verdade – arroz, feijão, legumes, ovos (a carne está muito cara). Isso é parte da política de não-desistência. Na porta, o Biscoito me espera, embora olhe desconfiado para a caixa de som. (Pelo visto, ele ainda não decidiu se se trata de uma criatura amiga ou inimiga.) Pego um balde, com água, cloro – acho que exagero na quantidade – e um pano dentro. Vou limpar o chão do quarto, tirar essa poeira enervante. Antes disso, ligo para o meu pai:

– O Júnior está?

– Como assim, Flávia? Ele está na escola a essa hora, você sabe.

O relógio marca 16h15.

– Desculpa. O senhor está bem?

– Como assim?

– Só quero saber. É que eu nunca pergunto isso.

– Aconteceu alguma coisa, Flavinha?

Meu pai nunca me chama de Flavinha. Eu não consigo mais disfarçar o choro.

– Não é nada, pai. É que eu tenho pensado muito na minha mãe, sabe? Eu queria tanto poder conversar com ela!

Ouço meu pai suspirar do outro lado da linha.

– No fim de semana eu vou aí sem falta, com o Vítor.

APÊ

Hoje meu dia foi 80% normal. Os 20% restantes ocorreram à noite, após esbarrar com a Rita na porta da Faculdade.

– Apê, que sorte te encontrar!

– Aconteceu alguma coisa?

– É que eu me comprometi a representar o CACO na reunião do Fórum hoje, mas acabaram de me avisar que vai rolar um protesto. Preciso de alguém que me substitua na reunião.

Desde aquele dia lá em casa eu não consigo ignorar o fato de que os seus cabelos curtos realçam os seus olhos e a sua boca, de um modo bem...bem... interessante.

– Que foi? Eu falei alguma coisa demais? – ela pergunta, impaciente.

– Não, não, desculpa. Onde fica este Fórum?

Ela ri:

– O Fórum não é um lugar, é um evento. Uma assembleia, melhor dizendo. É lá onde se discutem as manifestações contra o aumento das passagens.

– Ah. Entendi. Quer dizer, não entendi. Se é lá que se decide sobre as manifestações, por que você irá a um protesto que acontece ao mesmo tempo?

– É que esse evento de hoje foi criado por uma outra página, no Facebook.

– Rita, está tudo confuso. Por que você não fala com o Cauê?

– Porque o Cauê arrisca fazer besteira. Eu confio mais em você.

– Caramba, obrigado. Mas eu vou ter que recusar, porque tenho aula de Tributário.

– Direito Tributário I?

– Isso mesmo.

– Moleza. Eu posso te explicar a matéria, antes da prova.

Agora, acho que estou perante um argumento convincente. Na verdade, a minha cabeça está fritando após o trabalho avassalador no escritório e fugir da sala de aula não seria lá tão ruim assim. Afinal, isso é coisa rara e eu tenho crédito. Olho para o prédio da FND, todo iluminado. "Até amanhã, amigo".

Vou a pé para o Largo de São Francisco. Lá, fica o Instituto de Filosofia e Ciências Humanas da UFRJ–IFCS. No primeiro semestre eu cursei uma disciplina eletiva chamada "Sociedade e Modernidade" neste lugar. Confesso que não gostei muito: eu tinha dificuldades para acompanhar aquelas discussões intermináveis e os mil ângulos que tinham que ser considerados para que se começasse a abordar qualquer problema. Também ficava chocado com a informalidade com que os alunos discutiam com os professores, o que seria impensável com os veneráveis mestres do Direito. Entre nós, aliás, podemos tecer discussões e levantar divergências, mas elas, ao menos, se baseiam em códigos que todos conhecem e aceitam. Neste mundo insano, não: tudo é questionável, do ponto de chegada ao ponto de partida, o que me deixava perdido na floresta de argumentos e contra-argumentos. Após três semanas, tranquei a matéria.

A reunião ocorre na sala 106, no primeiro andar. O pequeno auditório não chega a estar cheio: deve haver umas quarenta pessoas. Do lado de fora, outros fumam ou cochicham. Todos têm a expressão séria. Bem na porta da sala, um rapaz magro, com óculos e espinhas no rosto, me aborda:

– Boa noite, você já conhece o jornal A *Nova Democracia*?

– Aqui é a reunião do Fórum?

– Isso mesmo.

– Legal. Quanto é o jornal?

– Três reais.

Reviro minha carteira mas não trouxe dinheiro. Lá dentro, soam aplausos.

– Aceita cartão?

– Fica com o jornal, na próxima assembleia você me paga.

– Obrigado.

Não sei se eu virei na próxima assembleia. Digamos que há uma chance em um milhão de isso acontecer (dependerá da capacidade de persuasão da Rita).

A capa deste jornal que eu não conhecia estampa uma foto em que a Dilma, Sérgio Cabral e Eike Batista aparecem sorrindo, durante algum evento. A manchete diz: "Tão imoral e vende-pátria quanto FHC." Caramba. Eu nem entrei na sala e já me sinto confuso. O governo não é de esquerda? Se o governo é de esquerda, por que estas pessoas de esquerda não gostam dele? Mas, então, o Eike Batista é de esquerda? E o Sérgio Cabral? É tudo complicado. Como eu não conheço ninguém, me sento ao fundo da sala. Assim, passo despercebido. Uma jovem, com a camisa do Che Guevara, ocupa o centro da sala:

– Não podemos ser irresponsáveis nem sair convocando ato toda hora. Temos que manter a unidade e ter estratégia.

Lá na frente, vejo pessoas que balançam a cabeça em concordância, mas há outras que se mostram bastante descontentes. Um homem alto, com bigodes espessos e voz de radialista, interrompe a oradora:

– Unidade significa fazer o que vocês querem?

Vozes se interpõem:

– Respeita a fala!

A mulher se cala e cruza os braços. Ela fulmina o homem, que silencia, e continua:

– Manifestação toda hora enfraquece o movimento.

Certo, acho que ao menos entendi qual é a polêmica. A mulher com a camisa do Guevara acha que é preciso não convocar manifestações toda hora. Isso me parece sensato. Imagino que, como eu, a maioria das pessoas não teria paciência para se meter em lugares como esse por muito tempo.

Na sequência, um jovem, que deve ter no máximo vinte anos e usa boina – em qual outro lugar eu encontraria alguém com menos de sessenta anos que usa boina? –, toma o lugar na tribuna:

– O que enfraquece o movimento é a desmobilização. Pode se acostumar, porque passou o tempo em que as ruas tinham dono.

Ao fim da frase, irrompem aplausos misturados com vaias. Uma menina vestida com camisa de escola, sentada na mesa, adverte:

– Conclua, companheiro!

Essas pessoas indicaram mesmo uma colegial para colocar ordem na reunião? Não havia ninguém, digamos, mais experiente?

– Concluindo. Haverá atos com ou sem este Fórum. O que não se pode fazer é ficar à margem dos acontecimentos.

Metade da sala aplaude o orador. Deixa eu ver se entendi: se outros lugares convocam protestos, é necessário unir esforços. Bem, e agora? Isto também parece coerente.

Distraio-me um minuto e volto a mim com o grito cheio de indignação de uma mulher:

– As ruas vão explodir, com ou sem estes burocratas. Parece que só a turminha do governo acha que não é hora. Por que será?

Agora, há dedos em riste, ofensas e uma onda de raiva que impregna o ambiente (tanto quanto o cheiro de cigarro acumulado por todas as gerações que já passaram por esta sala). Eu entendi direito? Ela disse "a turminha do governo", apontando para aquele pessoal da primeira fileira? Isso não faz sentido! Pessoas "do governo" frequentam ministérios, não assembleias noturnas em cursos de humanas, certo? Ou será que este evento precariamente organizado é assim tão importante, mais do que eu imagino? Na mesa, a estudante uniformizada intervém:

– Companheiros, companheiros, vamos continuar as falas!

É incrível, mas o seu chamado surte efeito. Um homem com a barba espessa e óculos grossos se pronuncia:

– Retiramos a proposta de não convocar o ato. Vamos unificar no dia 13.

Do plenário, vêm gritos: "Muito bem!" "Melhor retirar do que perder." Com a cara amarrada, ele se senta, e gesticula algo para os seus.

Ao longo da sala, os quarenta participantes se dividem em bolinhos menores, que argumentam, circulam papéis e cochicham entre si; de tempos em tempos, pessoas saem de um bolinho em direção a outro, onde argumentam de novo, trocam papéis de novo, cochicham coisas de novo. Com exceção de mim, ninguém parece estar só. Deve ser por isso que um casal, de pé na entrada desde o começo, me olha com atenção. Eu reparo nisso, e fico nervoso e olho para eles várias vezes, o que deve aumentar a sua desconfiança. Meu Deus, que furada, isso não vai acabar bem. Será que eu devo me levantar e ir embora de uma vez? Mas isso, por outro lado, não confirmaria as suspeitas sobre mim? E se me seguirem para me pegar lá fora? Suo frio. E nada desta confusão acabar. Achei que as coisas se resolveriam depois que todos concordaram em realizar o protesto, mas eles agora divergem a respeito do trajeto. Candelária ou Central do Brasil. Cristo, faz assim tanta diferença?

Enquanto isso, o casal na porta conversa com o rapaz de boina. Ele se volta e me olha, sem nenhuma discrição. Maldita seja a Rita. Abro o jornal que comprei, quer dizer, que não comprei, para disfarçar. Disfarçar o quê? Os três vêm na minha direção. O de boina, que parece estar no comando, me aborda:

– Boa noite, companheiro.

– Boa noite.

– Você é de algum lugar?

– Eu sou do Rio de Janeiro.

Sinto um nó na garganta. Os três se olham, e trocam olhares maldosos.

– Claro que você é do Rio. Da onde?

– De Copacabana.

O da boina suspira. Se estivéssemos na época do Terror, com certeza a minha cabeça seria cortada.

– Eu quero dizer se você é de algum coletivo.

– Coletivo? Sim, eu sou do caco. O Centro Acadêmico da Faculdade Nacional de Direito.

Eles se olham de novo, e eu percebo que, desta vez, algo mudou.

– Você conhece a Rita Coelho?

– A Rita? Bem, foi ela que pediu para eu vir – aquela desgraçada.

– Que bom, seja bem-vindo! – O casal dá meia-volta, enquanto o da boina bate nos meus ombros. Depois, ele se agacha ao lado da cadeira e cochicha:

– Desculpa perguntar, mas sabe como é. Está cheio de P2.

– Está mesmo.

Eu não faço ideia do que ele quer dizer com a expressão "P2".

Desconcentrado, eu me abstenho sobre o trajeto. Só quero respirar o ar puro e me afastar o mais rápido possível desse hospício.

Na saída, o homem da barba espessa, que parecia liderar o bloco dos moderados, me estende a mão:

– Prazer, soube que você é do caco.

Como ele soube que eu sou do caco?

– Me dá teu contato, para eu te avisar das outras reuniões.

Como não pretendo frequentar mais nada – as aulas diárias na Faculdade e o trabalho escravo no escritório já são suficientes – respondo com um cordial "tudo bem" e dou o número errado.

Quarta-feira, 12/06/2013

NAVALHA

Já estou começando a achar este emprego – emprego não; bico, quebra-galho – um saco.

FLÁVIA

Coloco o despertador às 7h50 (poderia ser 8h00, mas prefiro acordar por conta própria do que por iniciativa do neurótico aqui de cima).
    Na cozinha, a Karen engole uma xícara de café com pão integral. Ela parece surpresa ao me ver:
    – Madrugou, hoje?
    – Política de não desistência.
    Ela me olha como se eu fosse uma pessoa de outro planeta. Bem, talvez eu seja.
    – Olha, Flávia, não queria ser intrometida, mas vi um balde na porta do teu quarto...
    – É, ontem eu tirei a poeira.
    – Então, você não quer aproveitar e fazer a tua parte na faxina?
    – Caramba! Desculpa, eu tinha esquecido.
    – Tudo bem, acontece. Aliás, depois me explica esse negócio de não-desistência. Eu ando tão cansada que talvez precise participar desse grupo.
    Ela acha que eu estou falando de algum tipo de terapia em grupo? Antes que eu tente me explicar, ela sai, apressada. Um dia eu também aprendo a ser controladora sem deixar de ser polida.
    Pego balde, vassoura, panos, desinfetante, esponja, deixo o rádio ligado na MPB FM e ponho mãos à obra. Espero terminar tudo até a hora do almoço, porque preciso fazer algum dinheiro à tarde (hoje é quarta e eu ainda não ganhei nem um centavo). Para ganhar tempo, coloco o feijão no fogo.
    Há quem diga que trabalhos manuais são ótimos para esquecer dos problemas. Da minha parte, o único pensamento que me ocorre, enquanto limpo a casa, é que preferiria estar fazendo qualquer outra coisa. Não quero saber de detalhes: tiro tudo da minha frente e

entorno toda a água no chão, assim, de uma vez; depois, esfrego tudo com a boa vassoura de piaçava. Seria tão bom se pudéssemos fazer assim com a nossa vida! Esfregar e esfregar, até que tudo de ruim se desmanchasse e descesse pelo ralo. Não podemos? Na pia, o mesmo método: água corrente, cloro e pressa. Pode-se despejar cloro sobre o mármore? Com moderação, pode, eu acho. A Vivian aparece, constata o que se passa e volta para o quarto. Será que ela não é capaz de dar nem um bom-dia? Dou-me conta de que não conseguirei limpar o fogão, por causa da panela no fogo. Droga. Olho para o teto e noto as teias de aranha. Eu deveria ter limpado isso antes de jogar o balde com água no piso, mas não posso deixar as coisas desse jeito. Até uma criança saberia que eu não fiz uma faxina honesta. Então, meto a vassoura nas quinas da parede e aproveito para dar umas cutucadas. "Está ouvindo, sr. vizinho de cima? Eu sou capaz de dar o troco." E a geladeira? Limpar a cozinha inclui a parte interna da geladeira? Credo, isso não acaba nunca, como se se puxasse um fio de novelo. Resignada, esvazio as prateleiras: a minha é a que dá menos trabalho. Depois, desencaixo-as, uma a uma, jogo sob a pia, esfrego e esfrego. Isso parece aquela história, "mil variações de um mesmo tema." Concluída a limpeza das prateleiras, aproveito para colocar roupas sujas na máquina de lavar, mas antes eu preciso passar o que está sobre ela para a mesa que aguarda o fim do serviço no corredor. (De zero a dez, acho que o meu senso espacial mereceria uma nota dois.) De onde vem esse cheiro de queimado? O feijão! Desligo o fogo. Com o piso da cozinha quase seco, eu recoloco as coisas nos seus lugares. Faço o mesmo com as prateleiras da geladeira. Quase meio-dia e eu nem limpei o fogão nem fiz o resto da comida. Passo uma esponja só para tirar o excesso da gordura, depois meto papel alumínio em cima. O que os olhos não veem o coração não sente. Abro a panela e o feijão está esturricado. Engulo a camada de cima, que está menos queimada, com umas fatias de tomate. Após comer esse manjar, passo tudo para um pote de sorvete e coloco a panela de molho (há caroços queimados grudados no fundo). Depois, visto uma calça jeans, uma camiseta preta, pego o violão e vou à luta. Na esquina, percebo que esqueci a caixa de som ligada na tomada. O que eu faço? Acho que se eu voltar em casa vou acabar desistindo. Pego o metrô na estação da Glória. É péssimo estar só porque eu preciso dividir a minha atenção entre as canções, o chapéu e os seguranças.

Que nada. A quem eu quero enganar? Estar só é péssimo por um número bem maior de motivos.

APÊ

No café, me deparo com o jornal amassado sobre a mesa:
"*A marcha da insensatez – manifestantes contra aumento das passagens, no Rio, provocaram danos ao patrimônio histórico.*"

Caramba, os protestos já estão na página principal. Isso deve significar alguma coisa.

No grupo do CACO, alguém replicou uma postagem do grupo Anonymous, que flagra o instante em que um policial militar esvazia uma garrafa de spray de pimenta sobre um repórter que tem as mãos para o alto. Os dentes e os olhos do PM estão trincados – de raiva, suponho.

Anonymous RJ: Enquanto os policiais agridem repórteres – bandidos, estupradores, traficantes e ladrões estão por aí andando tranquilamente.

Rita Coelho: Imagem absurda. Mas o comentário do Anonymous tbm é desnecessário. Essa gente deveria buscar saber um pouco mais sobre direito penal e punitivismo.

Joel Pereira: PM cumprindo seu dever.

Rita Coelho: Joel cumprindo seu dever de ser um projeto de fascista babaca.

Lucas Andrade: KKKKK

Cauê Lemos: Todos às ruas!

Joel Pereira: Não ofendi a honra pessoal de ninguém.

Cauê Lemos: Respeitem os direitos humanos do Joel.

Rita Coelho: KKKKKKKKKKKK

Lucas Andrade: Pobre Joel, vcs ñ prestam!

Alexandre Chagas: Todo apoio aos jovens do Rio e de SP, que a mídia reacionária, elitista e fascista está chamando de vagabundos e desordeiros.

Joel Pereira: É por essas e outras que o Brasil precisa URGENTE de uma lei antiterrorismo!

Rita Coelho: A tua lei puniria o terrorismo de Estado?

Cauê Lemos: O foco é fazer o maior protesto possível amanhã!

Diversos grupos diferentes convocam para o protesto. Na verdade, a reunião de ontem não é nem sequer mencionada. As pessoas querem agir, como se as palavras já tivessem desperdiçado a sua oportunidade.

Depois de um massacre no escritório e de uma aula pesada de Direito Administrativo II, eu chego em casa e vou direto para o quarto. Estou moído, mas fecho os olhos e não consigo relaxar. Por volta da meia-noite, meu telefone começa a apitar de uma forma frenética. No grupo do CACO, há mais de 150 comentários sobre uma fala do Arnaldo Jabor, que acabou de acontecer no *Jornal da Globo*. Clico sobre o vídeo e, nele, um homem envelhecido, com sobrancelhas grossas como sapatos, cospe marimbondos:

"Mas, afinal, o que provoca um ódio tão violento contra a cidade? Só vimos isso quando a organização criminosa de São Paulo queimou dezenas de ônibus. Não pode ser por causa de vinte centavos! A grande maioria dos manifestantes são filhos de classe média, isso é visível. Ali não havia pobres que precisassem daqueles vinténs não. Os mais pobres ali eram os policiais apedrejados, ameaçados com coquetéis molotov, que ganham muito mal. No fundo, tudo é uma imensa ignorância política. É burrice, misturada a um rancor sem rumo. Talvez a influência da luta na Turquia, justa e importante, contra o islamismo fanático. Mas, aqui, se vingam de quê? Justamente, a causa deve ser a ausência de causas. Isso. Ninguém sabe mais por que lutar, em um país paralisado por uma disputa eleitoral para daqui a um ano e meio. O governo diz que 'está tudo bem', apesar dos graves perigos no horizonte, como a inflação, fuga de capitais, juros e dólar em alta. Por que não lutam contra o Projeto de Emenda Constitucional 37, a PEC 37, por exemplo, que será votada dia 26 no Congresso, para impedir o Ministério Público de investigar? Talvez eles nem saibam o que é a PEC 37, a lei da impunidade eterna. Esses caras vivem no passado de uma ilusão, eles são a caricatura violenta da caricatura de um socialismo dos anos 50, que a velha esquerda ainda defende aqui. Realmente, esses revoltosos de classe média não valem nem vinte centavos!"

Não tenho opinião formada sobre a realização das manifestações nesse momento, e com certeza reprovo a violência, mas não me escapa a contradição de ver este distinto senhor metido num belo terno chamar os jovens espancados na avenida Paulista de "revoltosos de classe média". Ainda que fosse verdade, então seria melhor que eles fossem "conformistas de classe média"? Bem, desencontros à parte, o tamanho da indignação – e da mobilização – que esta fala gera parece não deixar margem a dúvidas de que uma onda muito grande se forma bem à nossa frente. Se a intenção era fazer alguém recuar, ela foi um completo fracasso.

Quinta-feira, 13/06/2013

NAVALHA

Hoje é o dia do protesto. Será que mais alguém assistiu àquele cara vomitar ontem à noite no jornal? Gostaria de dizer para ele que eu ganho trezentos reais por mês e gasto sessenta em passagem. Quantos quilos de arroz eu poderia comprar com este dinheiro? Quantas calças, ou camisetas, para não ter mais que andar esfarrapado? Por causa dele, eu fiquei com tanta raiva que até perdi o sono.

Na Uruguaiana, as horas passam devagar. Olhando o vaivém, ninguém diz que daqui a pouco haverá um grande protesto. Na verdade, eu não tenho a menor ideia de como isso funciona. Não é que eu nunca participei de nada: de vez em quando tem protesto na favela. Mas lá é diferente: não tem convocação na internet e nunca nenhum engravatado comentou sobre eles na televisão (a não ser no programa do Wagner Montes, para dizer que foi tudo ordem de bandido). Às cinco horas eu termino o serviço. A dona Marília me entrega o dinheiro da passagem e nem olha na minha cara. Ela deve ter reparado que no primeiro dia eu repus a papelada duas vezes; anteontem e ontem, uma; hoje, fiquei na primeira leva. Ela disse que eu era obrigado a distribuir além da minha cota? Assim, com todas as letras? Não. Então, é isso.

São cinco e quinze e o protesto está marcado para as seis. Na Candelária há mais polícia do que gente. Eu, hein. Fico ali, na espreita, até que, dos quatro cantos, começa a brotar uma massa de gente, com cartazes e faixas e megafones, como se a poeira e o barulho da cidade fossem o seu fermento.

Às seis, já toda a praça Candelária, as calçadas e as ruas próximas estão tomadas. A marcha avança para a Avenida Rio Branco e o meu coração avança e acelera com ela.

Eu não estou mais só, e o meu grito é a continuação do grito de milhares de pessoas.

"Acabou o amor, isso aqui vai virar Turquia!"

Agora, eu estou encharcado deste mergulho num mar de gente. Do alto dos edifícios, chovem papéis picados. Isso é tão diferente de tudo que eu já vi, que parece até que estou dentro de um filme.

"A verdade é dura, a Rede Globo apoiou a ditadura!"

Um homem de uns quarenta anos, com óculos, aponta para a minha camisa e pergunta:

– Isso é uma crítica?

– Não entendi.

– A tua camisa, é uma crítica?

Como uma camisa amarela escrita "Compro ouro" pode ser uma crítica?

– É só uma camisa.

Ele dá de ombros e se afasta. Este lugar deve estar cheio de pessoas esquisitas.

Uma estudante me dá um cartaz, onde está escrito: **"Não é por centavos, é por direitos"**. Fico agradecido por poder participar e levanto o mais alto que eu posso. Amigo, o Golpe tem que vir no próximo. Ele vai se amarrar. A garota berra nos meus ouvidos:

– Você está vendo aquela faixa?

– Sim! – A faixa está a uns dez metros de distância.

– Então, fica com a gente, sempre perto da faixa. Quando começa o tumulto, é perigoso ficar desgarrado.

– Tudo bem!

Eu acho incrível que a desconhecida se preocupe comigo. Então, eu fico mesmo por perto, disposto a defender os meus novos amigos.

"Olê, olê, olê, olá; Olê, olê, olê, olá
Se a passagem não baixar, o Rio, o Rio, o Rio vai parar!"

Tem quantas pessoas aqui? Não tenho ideia, mas parece ser forte o suficiente para fazer com que pare mesmo. Há de tudo ao meu redor: gente jovem e forte, senhores de cabelos brancos, esfarrapados e bem-vestidos. Não faltam os camelôs, a pé ou em cima das bicicletas, mas eles, ao invés de anunciar os seus produtos – latão, água, refrigerante, salgadinho, cigarro a varejo, pastilhas para a garganta –, gritam as palavras de ordem junto da multidão.

Não longe daqui, um grupo tenta levantar a bandeira de algum partido, enquanto outros mandam eles as enrolarem. Não vejo como termina, porque as coisas acontecem e se mexem ao mesmo tempo, como se, no duro concreto, houvesse correntezas.

Do nada, eu penso:

Era tudo real.

Tudo que eu vi na internet existe mesmo.

E agora eu sou parte disso.

Um pedaço de algo enorme.

Uma bomba no entanto explode o pensamento e começa a correria.

A multidão se desfaz em milhares de estilhaços, que atravessam o que está no seu caminho.

À minha frente, as pessoas com a faixa se assustam e tropeçam umas nas outras. Enquanto eu grito "calma!" e as ajudo a se levantar, o estrondo das bombas se aproxima.

Aumentam a nuvem de fumaça e o barulho das vidraças partidas.

O gás nojento aperta minha garganta; dos olhos, correm lágrimas.

Uma mão amiga mete um pano no meu rosto, cheio de um líquido viscoso.

Cadê a menina com a faixa?

Olho para os lados e vejo garotos e garotas com camisas na cara – eles destroem o que está ao alcance das suas mãos e pés, desde latas de lixo a fachadas de bancos. As lojas descem as portas, com pressa; os pedestres, buscam abrigo nas farmácias e bancas de jornais.

O que eu faço?

– Ajuda, ajuda! Isso é para não deixar os vermes se aproximarem! – diz um garoto magricelo, que arrasta uma placa de sinalização para o meio da rua. Junto-me a ele na tarefa. Diante de uma batalha, o que se deve fazer é escolher o lado certo, e não ficar de braços cruzados. As palavras de ordem continuam, embora estejam mais afastadas, para além da fumaça produzida pelas bombas; também há quem nos xingue. Eu xingo de volta: os que me xingam, a polícia, o preço da passagem, o meu trabalho de merda. Merda! Espetei o pé com um caco de vidro. Logo agora. Avisto sirenes. Droga, estamos cercados: à frente, bombas; atrás, soldados que correm. Eu corro, todos corremos, mas fico para trás por causa do pé ferido. Não vou desistir, não posso desistir. O metrô da Carioca não fica longe.

Corro, e enquanto corro só consigo pensar que eu não posso ser preso. Mas a maldita camisa amarela com letras pretas enormes não me ajuda a desaparecer na multidão. Embaixo de uma marquise, topo com uma parede de policiais. Estou cercado.

– Fim da linha, negão!

Um cara me pega na gravata, por trás, enquanto outro me acerta com o cassetete no joelho. Mesmo enquanto apanho, não deixo de pensar que parece que eu estou dentro da internet. Até esse negócio da gravata, acontece do mesmo jeito. Eles me batem e eu me remexo, devolvo as pancadas com cuspes e palavrões, e continuo a xingar e a cuspir mesmo depois que não consigo escutar mais nada. As joelhadas nas costelas doem demais, até um ponto em que eu nem as sinto. Os golpes não fazem diferença e nem assustam, até que eu não consigo mais respirar.

Porrada não é nada, comparada à agonia de ser asfixiado.

Eu estou sem ar.

Sem ar.

Eu.

Sem.

Ar.

Morte.

Do nada, um clarão.

O homem que me esganava me solta e agarra alguma coisa ou alguém. Vejo um vulto que atrai, por um momento, a sua atenção.

Respiro. Puxo o ar com tanta força que arde.

Por trás do bolo cinzento, ouço alguém gritar:

– Larga a garota! Isso é ilegal!

Eu apanhei tanto assim que me desfiguraram?

Me agarram pelas pernas e me carregam como um saco de batatas; a algema gelada morde os meus pulsos. Também, eu lutei sozinho contra quantos? Dez, vinte?

Não sei dizer se tudo acontece rápido demais ou, pelo contrário, em câmera lenta.

FLÁVIA

Tudo corria bem até um segurança do metrô implicar comigo, na estação do Catete.

– Você não sabe que é proibido pedir dinheiro por aqui?

– Eu não estou pedindo dinheiro!

– Que chapéu é este, cheio de notas?

– É nosso – diz uma jovem de óculos, cercada de amigos –, para comprar umas coisas.

O segurança franze o cenho:

– Eu tenho cara de otário?

— É verdade. – eu digo. Depois, falo alto, para todos ouvirem: – Pode perguntar para os passageiros se eu por acaso estava pedindo alguma coisa.

— Estava sim – fala um senhor carrancudo, que usa suspensórios.

— Cala a boca, enxerido! – alguém berra para ele.

— Vê? O senhor, daqui a pouco, ao invés de resolver, vai criar um problema – diz a minha defensora.

O homem bufa e se afasta. Viro para a mulher:

— Obrigada pela tua ajuda. Manifestação cultural é permitida por lei, mas eles acham que a única legislação que vale são as regras do Metrô Rio.

— Eu sei disso. Eliane, prazer!

— Flávia, o prazer é meu!

— Você irá ao protesto?

— Qual protesto?

— Contra o aumento das passagens.

— Quando?

— Hum... agora?

Ela me olha, incrédula, como se não fosse possível eu ignorar o protesto. Tento disfarçar:

— Ah, claro! Onde eu estava com a cabeça? O protesto, sim – na verdade, minha cabeça estava dividida entre meu filho, Magrão, política de não-desistência e aluguel. Olhadas mais de perto, pode-se dizer que são todas uma coisa só, grande e ameaçadora.

— Você vem conosco?

— Aonde?

A mulher ri, como se eu não fosse uma pessoa séria.

— Ué, ao protesto.

Pensando bem, acho que o metrô já deu por hoje. Quarenta pratas até que não está mal. Se continuar, é arriscado perder tudo. Ela então me apresenta a uma outra garota, a dois rapazes, e eu descubro que eles vêm da PUC. "Mas nós somos bolsistas", eles frisam, o que deve explicar muitas coisas, pela ênfase que colocam na frase.

— Eu moro em Padre Miguel. – diz a Eliane – Sabe quanto tempo eu demoro para ir da minha casa para a faculdade?

— Quanto?

— Três horas!

— Não acredito.

– Pode acreditar. Isso, num dia normal.

Disso, ao menos, eu não posso reclamar. Meu local de trabalho é qualquer lugar onde meus pés alcancem e minha voz ressoe (mais ou menos) livremente. Em troca, eu não tenho nenhuma garantia de emprego formal no futuro. Eles, na verdade, também não: a Eliane e seus amigos cursam cinema. Pois é.

Descemos na estação da Uruguaiana. Já está escuro e, pelo visto, o protesto começou. A multidão se desloca e nós seguimos o fluxo. Fico bem agarrada ao violão (por sorte, esqueci a caixa de som em casa de novo). A Eliane berra em meu ouvido: "Não desgruda da gente!" Pessoas gritam palavras de ordem contra a imprensa, os políticos, a polícia, os péssimos serviços públicos. Um grupo de rapazes, uniformizados com bandeiras e camisetas de times, iluminam a noite com sinalizadores. Um coletivo de indígenas canta na sua língua, e na sua faixa se lê: "Aldeia Maracanã Resiste!" Não é incrível que exista uma aldeia encravada no coração da cidade? Uma mulher cospe fogo e eu leio: "Escola Nacional de Circo: na Luta Sempre." Isto não é sensacional? Como eu poderia ignorar a existência de todas essas causas? Onde eu estava com a cabeça este tempo todo?

À frente, um estrondo. Começa uma correria. A multidão, compacta até aí, abre como o mar ao formar redemoinhos.

Olho para o lado e não há nem a Eliane nem os seus amigos. Não sei se eu me perdi antes ou depois das explosões, mas o fato é que eles se foram. Estou desorientada, sem saber para onde ir ou o que fazer, em meio à fumaça e aos estouros.

A 50 metros de distância eu avisto uma linha de policiais, protegidos atrás dos escudos. Eles atiram balas de borracha como se não houvesse amanhã. Para que tanta brutalidade? Ninguém atacou a polícia. Isto é injusto! Eu ergo as mãos e grito o mais alto que posso:

– Parem! Parem!

Um tiro zarpa a um palmo do meu rosto. Um braço me puxa para a calçada, eu corro, tropeço, caio, me ergo e volto a correr, até me abrigar embaixo de uma marquise, na altura da rua da Assembleia. Um grito de "socorro" chama minha atenção para um círculo de policiais. Eles agarraram um homem e o espancam sem dó nem piedade, como para fazê-lo pagar por todos os outros.

Ninguém vai fazer nada?

Eu vejo que o rapaz – um jovem negro, com camisa amarela – está preso pelo pescoço e sua cabeça está roxa. Desse jeito, eles vão matá-lo.

– Larguem o rapaz! – grito e avanço, sem refletir.

– Cala a boca, vadia!

Cega de ódio, desço o violão na cabeça do policial que enforca o rapaz. Ele o solta e vem na minha direção, enquanto chutes me acertam de todos os lados. Homens – não há nenhuma policial mulher aqui – me agarram e me batem; eles me xingam – "piranha", "puta", "vagabunda" – e parecem ficar com mais raiva quanto mais me atacam. É um massacre.

Quando eu já não tenho mais forças para me contorcer e tentar escapar, eis que surge um senhor de terno e começa a discutir com os policiais:

– Larga a garota! Isto é ilegal!

– Quer ir junto?

– Exijo falar com o comandante!

– Desse jeito, vou te levar para falar com o delegado!

– Me leva para a delegacia, então, para você ver!

– Já que você pediu!

Nessa hora, me algemam (ao menos, cessa a pancadaria). Puxada pelos cabelos, sou atirada na caçamba da viatura. O senhor bem-vestido vem logo atrás.

APÊ

O meu primeiro pensamento do dia é sobre o protesto de logo mais. Será que vai dar gente? Ou será tudo fogo de palha?

A caminho do centro, nada demais. O mar parece normal, as árvores do Aterro do Flamengo parecem normais, os vendedores nos sinais parecem normais, o centro da cidade parece normal. Do alto do escritório eu vejo pessoas normais indo e vindo numa Rio Branco igualmente normal. Vai ver, o Fukuyama estava certo, e a história acabou num dia ordinário como hoje.

Às quatro e quarenta meu pai entra na minha sala, com uma pilha de papéis embaixo do braço. Antes que ele fale qualquer palavra, eu me levanto:

– Não, pai, não vai dar. Hoje eu preciso ir para a Faculdade.

– Mas eu não disse nada!

– Jura que você passou aqui só para perguntar como está sendo o meu dia?

– Na verdade, não. Mas é que a Núbia e o Cléber estão em diligência e a Dalva está com a outra metade desta pilha.

– Pai, hoje não dá, juro. Mas amanhã eu trabalho dobrado. Você não quer que eu me forme?

– Um dia a menos não vai te fazer perder quatro anos e meio de Faculdade.

Quando seu pai argumenta a favor da matança de aula, é difícil ter contra-argumentos. Ele insiste:

– Precisamos disso para amanhã de manhã. Eu te dou um dia na semana que vem, prometo.

Olho pela janela. Nada além de um sinal fechado. A normalidade venceu e não há nada a perder.

– Tudo bem.

* * *

Sozinho no escritório, coloco o telefone no modo avião, ligo o som no volume máximo e passo um café espresso. Pequenos luxos que compensam parte do trabalho monótono. Escaneio uma folha, depois outra, e quando passo das três centenas eu já faço isso tão rápido que, se houvesse um campeonato mundial de estagiários, eu brigaria pelo pódio. Tolice. É claro que eu nunca poderia contra os coreanos, que devem ser capazes de mexer na máquina e dançar ao mesmo tempo. Perco a noção das horas enquanto copio.

Um estrondo captura o meu pensamento; depois outro, e mais outro.

Corro para a janela e estico o pescoço para o lado de fora. Na altura do Teatro Municipal, a Tropa de Choque vomita latas de veneno nos que correm e nos que não correm. Por que toda essa truculência? Onde foram parar os protocolos sobre uso progressivo da força? Na Faculdade, eu já li até um texto a respeito.

O que acontecerá depois? Imagino que depredações e estações de metrô fechadas. Este cenário me apresenta duas possibilidades:

a) Ficar onde eu estou, abrigado e protegido, e esperar a poeira baixar;

b) Sair agora, antes que as coisas piorem de vez, e de quebra olhar o que está acontecendo.

Contrariando o bom senso, e movido por uma curiosidade quase acadêmica, eu marco a letra "b", com um X enorme, cheio de convicção.

No térreo, alguns remanescentes dos escritórios esperam do lado de dentro.

– Com licença.

O porteiro me olha como se eu estivesse alucinado.

– É perigoso sair agora.

– Estou com pressa.

Ele balança a cabeça numa negativa, suspira alto, cofia o bigode e abre a porta. Eu saio e, pelo mesmo espaço, umas dez pessoas entram. Acho ótimo. Assim, a propriedade cumpre a sua função social.

Na rua, correria, barulhos de vidraças quebradas e de bombas. A cinco passos de mim, um bolo de policiais estão atirados sobre o que suponho ser uma pessoa, como feras em cima da sua presa. Uma mulher com vestido e um violão grita com eles. Algo sobre não conseguir respirar. Eu chego mais perto e, nesse instante, a garota acerta um policial com um violão. Que tipo de maluca faria uma coisa dessas? Agora, é ela o alvo do massacre. Uma dúzia de brutamontes fardados contra uma magricela. Isso está errado. Que ela seja imobilizada e levada para a delegacia. Mas nenhum cidadão pode ser espancado desse jeito.

Aproximo-me. Alguns policiais, ao me verem arrumado, abrem caminho.

– Larga a garota! Isso é ilegal!

Um deles se vira com os olhos esbugalhados e vocifera:

– Olha que eu te levo também!

– Exijo falar com o comandante!

– Mais um pouco e eu te levo para falar com o delegado!

– Me leva para a delegacia, para você ver!

É claro que ele não fará isso. Ele sabe que está errado e que eu relatarei a sua conduta antiprofissional à autoridade competente.

– Você que pediu!

Nesse momento, sinto uma espetada na costela e os meus braços são torcidos para trás. Eu estou sendo imobilizado! Algemado, vou atrás da garota, rumo ao camburão. Nunca imaginei que passaria por isso. O que acontecerá depois? Atrás de mim, a porta se fecha num estalo seco e o carro dispara. O caos da rua fica para trás. Aqui dentro, é completa a escuridão.

Parte II

Cesura

Quinta-feira, 13/06/2013 (mais tarde)

NAVALHA

Acordo com a minha cabeça batendo no teto. Tento levar as mãos à testa e, logo, percebo as algemas. Certo, estou dentro do camburão. Mais uma sacolejada.

– Ai.

Todo o meu corpo dói.

Os policiais aceleram nos quebra-molas de propósito. Quem já teve a honra de pegar uma carona com eles sabe como funciona. Aqui dentro, sem poder nos proteger, pulamos como milhos de pipoca numa panela.

– Isso é um absurdo! Vocês não podem fazer isso conosco!

Quem é este idiota que não para de reclamar? Ele queria o quê, num lugar como esses? Um policial responde, do outro lado da divisória:

– Cala a boca, seu arrombado!

– Eu vou relatar tudo isso para o delegado!

Risadas e uma acelerada com o dobro de violência no próximo quebra-mola.

– Ai.

– Você está bem? – uma voz de mulher me pergunta.

– Nunca estive melhor.

Com que tipo de gente eu fui preso?

Como sempre pode piorar, ainda por cima há um fedor horrível dentro do camburão. Parece que jogaram um rato morto aqui dentro.

– Cruz-credo, que catinga!

– É você? – a voz do reclamão pergunta.

– Vai se foder, seu babaca!

– Por que você se ofendeu? A culpa não é tua.

– Olha só, eu já apanhei igual um desgraçado e me enfiaram dentro dessa lata de lixo, não preciso que insinuem que eu fedo igual um gambá.

– Vocês podem parar de discutir? – diz a mulher – Este cheiro de podre deve ser de outros infelizes que passaram aqui dentro.

– Olha, pessoal, também não precisam falar desse jeito.

Essa voz é nova. Uma voz rouca. Agora, temos: a minha voz; a voz do reclamão; a voz da mulher; a voz rouca que é, pelo visto, do homem que fede. Jesus Cristo, e como! Eu preferiria estar desmaiado de novo.

– O que foi que aconteceu contigo? – o reclamão pergunta para o outro.

– Não sei. Não fui eu que roubei o telefone da moça, eu juro. Eu moro ali no Castelo, nunca mexi com ninguém. Mas eles me pegaram de bode expiatório.

– Desculpa perguntar, mas você não toma banho há quantos dias, campeão? – Digo.

– Você é estúpido ou o quê? – diz a voz da mulher, e engasga.

– Não é isso, não. É que a minha perna está com uma ferida aberta e eu estou há tantas horas rodando nesse carro fechado que ela piorou.

– Isso é um absurdo! – diz a voz do justiceiro. Isto é um absurdo! – ele grita mais alto, para os policiais ouvirem – Vocês precisam levar este homem para o hospital, agora!

– É isso aí, para o hospital! – reforça a mulher.

Eu desisto de discutir com essas pessoas. Elas acham que os peemes vão mudar o seu rumo e levar este pobre coitado para o hospital?

Os dois – o justiceiro e a mulher – começam a bater nas paredes da viatura. Reúno forças para dizer:

– Vocês enlouqueceram? Querem ficar para sempre dentro desta porcaria? Fica na disciplina. Igual o amigo aqui.

Ao meu lado, o homem da ferida na perna apenas geme. Eu consigo respirar encostando o nariz na camisa. O justiceiro volta à carga:

– Vocês acham que podem fazer todas essas ilegalidades? Eu vou relatar tudo no meu depoimento!

A garota repete, mais alto ainda:
– É! Eu também vou relatar tudo no meu depoimento!

Os policiais dão risadas.

O reclamão cai na pilha e diz com mais força:
– Eu vou dar uma queixa na Corregedoria!

Eu já odeio este cara.

– É, ele vai dar parte na Corregedoria! – repete a outra matraca.

O carro dá um solavanco e para. A porta da frente da caminhonete se abre. Agora, danou-se. Os dois valentes se calam. Eu já sei para quem vai sobrar. Um estalo e a caçamba se abre. A luz machuca os meus olhos. Três policiais nos olham, com cassetetes nas mãos. Reconheço as ladeiras de Santa Tereza. Estamos bem longe do tumulto e das lentes das câmeras. Isso não é nada bom. O policial do meio, que parece comandar, diz:

– Como é que é? Quem vai dar parte aí de nós?

– Eu vou dar parte de tudo o que eu vi aqui, hoje! – diz a voz de sempre. Reconheço, ao meu lado, um rapaz branco, sem barba; do seu lado, uma mulher, da qual só percebo as pernas magras e umas sardas no rosto; na outra ponta, ao fundo, um homem mais velho, sujo e esfarrapado.

– Você por acaso é alguma autoridade? Hein, cidadão? – pergunta o policial, de deboche, para o justiceiro. Os outros dois giram os porretes e parecem cachorros famintos perante um pedaço de carne.

– Eu sou estudante de Direito!

– Ah, ele é estudante de Direito! – diz o PM e eles todos caem outra vez na gargalhada. O que é um mau sinal, porque, neles, a alegria costuma acompanhar a maldade.

– Qual é a graça? – a mulher pergunta.

– Você, gracinha! Você é a graça – diz uma das feras.

– Vai se foder! Seu nojento!

Ela diz isso e cospe na cara do policial. Sim, ela acabou de fazer isso mesmo.

Os três militares agarram o homem ferido. Ele só geme e balbucia "eu não." O comandante se vira para nós e fala:

– Ele vai apanhar agora. E vai apanhar por culpa de vocês!

E, então, os três começam a espancar o homem com a perna podre.

– Para com isso! – grita o estudante de Direito, horrorizado.

– Para! – grita a mulher.

– Parem com isso, seus covardes! – eu grito junto. Agora, tanto fez como tanto faz. Se eu visse essa cena e ficasse calado, não mereceria viver de qualquer jeito.

Depois da selvageria, eles fecham de novo o camburão e deixam o homem para trás.

Eu sinto um ódio entalado na garganta. Como os policiais estão fora do meu alcance, desconto no justiceiro:

– Eu falei que você ia levar nós de ralo!

– Eu não tenho culpa se eles são maus policiais!

– Não existem maus ou bons policiais. Existem PO-LI-CI-AIS, entendeu? Seu retardado!

Cego de ódio, eu dou um chute nele. Maldição! Esqueci que meu pé estava machucado.

– Você me chutou, seu babaca?

– Chutei, e aí? Vai dar queixa de mim também?

– Parem com isso, os dois! – diz a sardenta – Nós estamos do mesmo lado!

Até o fim da viagem, vamos em silêncio. Não dura muito: dali a pouco o camburão se abre e – sem novas agressões – entramos na delegacia. Há repórteres e movimentação para todos os lados. Lá dentro, o tumulto é grande. Conduzidos pelos peemes, o justiceiro vai na frente, a magrela no meio e eu atrás. Ao nos ver entrar, um policial civil indaga:

– Manifestação?

– Positivo – responde o PM.

– Deixa comigo. E esse aí? – Ele aponta para mim com o beiço. Mas, antes que o PM responda, um agente barbudo me separa dos dois e me empurra para o fundo do prédio, na direção da carceragem. Agora, eu sei que estou ferrado.

Atrás de mim, a garota grita:

– Qual é o teu nome?

– Roberto Carlos.

– Baixa a cabeça, vagabundo! – diz o civil, que me segura pela gola da camisa.

Espero que ela se lembre. Essa é a minha esperança, o meu único tiro.

FLÁVIA

É um tremendo alívio quando tiram as algemas. Meus pulsos estão vermelhos. Sento numa cadeira, ao lado do estudante de Direito. Na sala, com velhos aparelhos de telefone, fax e papéis avulsos, outras pessoas aguardam. É nítido que este local não foi feito para servir de xadrez. A delegacia se parece, nesse momento, com aquela festa em que, de surpresa, aparecem o dobro de convidados e é preciso improvisar.

– Prazer, eu sou a Flávia.

– Prazer, Apê.

– Você se chama Apê?

– Sim, por quê?

– Desculpa, por nada, é que é um nome diferente. Mas é bonito.

Não será muito inteligente arrumar uma briga com meu companheiro de cana. Ele dá uma risada e balança a cabeça:

– Você realmente acha que eu me chamo Apê?

– Não?

– É claro que não!

– Está bem.

– Eu me chamo Antônio Pedro. Mas pode me chamar de Apê.

– Está bem – reparo que o teto está cheio de teias de aranha. Essa visão recria, ao menos, um ambiente familiar: o meu quarto. A faxina que eu fiz ontem. Logo agora que a casa está limpa, eu fui presa. Espero que as duas façam bom proveito do meu trabalho.

Fico em silêncio. Meu vizinho tenta, em vão, fazer uma ligação do seu celular. Depois, prageja:

– Não tem sinal nesta merda!

Para ser franca, já acho incrível que não tenham recolhido os nossos pertences na entrada. Outras pessoas mexem no celular, e há até uma garota com um skate embaixo do braço. A sala fica mais cheia a cada minuto que passa. No começo, estão todos em silêncio, preocupados; depois, se põem a conversar. Um adolescente com o cabelo espetado, que veste uma camisa onde está escrito: "Não beba refrigerantes", conta a sua prisão:

– Me agarraram lá nos Arcos. Uns caras à paisana.

– Nos Arcos? – eu pergunto, como se eu estivesse num país distante e ouvisse a língua materna. Só que, na verdade, os Arcos são bem aqui perto. A ideia de não poder levantar e ir embora me aflige. Sinto uma aborrecida sensação de claustrofobia.

– Arcos é sujeira. Mas o metrô é pior – diz a garota do skate – os seguranças fecharam os portões e ficamos presos lá dentro. Depois, os policiais vieram catando todo mundo.

– Os seguranças do metrô não valem nada! – eu digo, indignada. Falo alto e as pessoas se calam e me olham.

– É que eu sou cantora de rua, sabe? Canso de levar correria desses caras.

– Ahn – dizem várias vozes, que parecem se solidarizar com o meu rancor.

Um policial civil entra e fala:

– Vocês acham que isso aqui é hospedagem? Vamos lá, quero recolher todos os celulares.

Se não fosse pelo distintivo, ninguém diria que esse homem cabeludo e tatuado é policial. Ele passa com um cesto e as pessoas reclamam, mas jogam. Ele aponta o skate da garota e diz:

– Quero isso também.

– Jura? Não é suficiente eu te passar o meu celular? Ele ainda é novo.

– Isso não é um assalto. Me passa o skate.

– Eu não vou fazer nada com ele.

– Se eu tiver que falar mais uma vez, vai ser para te algemar.

Ela faz uma careta e cede. O Apê, na sua vez, fala:

– Eu não vou entregar nenhum celular até ter garantido o meu direito a fazer uma ligação.

Subitamente, ele se torna o ídolo desta pequena sociedade que se reúne numa sala da 5ª Delegacia de Polícia. O policial responde:

– Quem é que manda aqui?

– Quem manda aqui é a lei. Eu tenho o direito constitucional de fazer uma ligação.

Aquilo que, no camburão, não valia de nada, aqui surte algum efeito. O policial bufa e fala:

– O que mais você quer?

– Eu quero ir ao banheiro! – eu digo.

– E eu quero água – diz a garota do skate.

O homem bufa mais alto agora, balança a cabeça e solta um palavrão. Sai pela porta, gritando: "Prefiro mil vezes os meus ladrões!"

O fato é que o Apê ficou com o celular, ao menos por enquanto. Ele se levanta, anda de um lado para o outro, depois sobe na cadeira e consegue um ponto de sinal. Fala com alguém:

– Isso, na 5ª DP. (...) Eu não fiz nada! (...) Eu só estava passando! (...) É só você não contar para ela. (...) Não sei. (...) Tá bom. (...) Vem rápido.

O meu vizinho é engraçado. Ele fala e se veste como um senhor, mas tem cara de pirralho – o que é reforçado pelos ralos fiapos de cabelo que se insinuam no seu rosto. Olhando para ele, deixo escapar uma risada.

– O que foi?
– Nada. Quer dizer, eu achei que você fosse um velho.
– Como assim?
– Quando a gente foi preso. Eu não vi nada, só essa tua roupa... de advogado.
– É que eu estava trabalhando. E tive a brilhante ideia de descer bem na hora em que as bombas começaram a explodir.
– Você se saiu bem.
– Não sabia que eu estava sendo avaliado. Mas obrigado.
– É que, te olhando, não dizemos que você é o tipo de gente que vai presa para defender outras pessoas.
– Isso é um elogio?
– Deve ser.

Depois disso, nos calamos, e transcorre um tempo que parece uma eternidade. Sem telefones, sem notícias, sem depoimentos, o mundo parece ter se acabado. Todos na sala parecem cansados. Até sumiu a vontade de ir ao banheiro – eu só queria poder me esticar na minha cama. Mas não há camas à vista nesta casa improvisada. Queria abraçar o Júnior. Isso, muito. Para dar força, a mim e aos outros, cantarolo uma música do Clube da Esquina:

Nada a temer, nada a combinar
Na hora de achar meu lugar no trem
E não sentir pavor
Dos ratos soltos na praça

Ninguém por aqui parece conhecê-la. Então eu desisto e encosto a cabeça no ombro do Apê, desconsolada.

APÊ

Mal posso crer quando meu pai chega na delegacia. O mesmo policial que recolheu os celulares – menos o meu – me chama:

– Você!

Levanto e acabo acordando a garota que dormia recostada nos meus ombros. Ela arregala os olhos, assustada, e pergunta:

– Onde você vai?

– Vem comigo.

Ela dá um pulo e cumprimenta as demais pessoas, que respondem como se já fossem suas velhas conhecidas.

Na porta, o policial diz:

– Não chamei ela.

– Mas nós fomos presos juntos – eu digo.

– Isso já virou uma zona mesmo – ele dá de ombros e se vira.

Meu pai está com uma calça tactel cinza, camisa do Fluminense e um terno azul-claro. Aposto cem pratas que ele estava na cama quando recebeu a minha ligação. O terno azul devia estar no carro e ele achou que isso lhe deixaria com a aparência mais respeitável – nesse momento, ele se parece mais com um daqueles ricos excêntricos que vagueiam na madrugada do Leblon. De todo modo, ele já papeia com o escrivão, como uma velha raposa advogada.

– Está aí o seu garoto – diz o policial.

Meu pai se levanta e fala:

– Da próxima vez, eu vou deixar eles te amassarem. – ele ri e olha de volta para o escrivão. Filhos.

– Eu sei como é.

Eu não estou muito a fim de uma conversa descontraída, depois de ser algemado, trancafiado num camburão imundo, assistir ao espancamento de um homem indefeso e passar horas enfurnado numa sala. Meu pai diz:

– É o seguinte: o delegado está muito ocupado, mas o meu amigo Ademir vai facilitar as coisas para nós. Você só precisa assinar um termo circunstanciado, que não vai dar em nada, prometer nunca mais se meter em confusão, e vamos embora.

– Termo circunstanciado? – pergunto.

– É, um termo circunstanciado. É assinar e rua!

– E o depoimento?

– Não precisa dessas formalidades – diz o Ademir.
– Mas eu quero prestar depoimento!
– Antônio Pedro – diz o meu pai, me puxando pelo braço –, você deve apenas seguir o que diz o teu advogado.
– Não, pai, não. Eu testemunhei uma série de ilegalidades e quero registrá-las.

Meu pai olha para o escrivão, constrangido. Este olha para o meu pai cheio de condescendência, como se lhe dissesse: "Eu sei que a culpa não é tua." O homem, então, diz:

– Você pode me dizer, Antônio Pedro, quais ilegalidades?
– Prisões arbitrárias, agressões e ameaças.
– Caramba, tudo isso?
– É, tudo isso! – diz a Flávia. Só então os homens parecem notar a sua presença.

Meu pai me olha, intrigado. O escrivão pergunta:
– Ela é a tua namorada?
– Não, eu fui presa junto com ele. Quer dizer, ele foi preso junto comigo.
– Então vocês são cúmplices?
– Não foi isso que eu disse – eu intervenho –, esta mulher estava sendo covardemente agredida por mais de seis policiais homens. Eu só exigi que se cumprisse o protocolo padrão.

O escrivão suspira. Meu pai suspira em seguida, para lhe demonstrar solidariedade. Depois, aquele emenda, abrindo os braços:
– Eu só quis ajudar! Nunca vi alguém querer ficar mais tempo aqui.
– Tem mais uma pessoa conosco – diz a Flávia.
– Mais um? – pergunta o meu pai.
– Mais um? – repete o escrivão – Quase uma quadrilha!

Meu pai olha para ele, desgostoso. O homem completa:
– Brincadeira, doutor, não precisa ficar bravo. Quadrilha é a partir de quatro. Como se chama o teu amigo, moça?
– Roberto Carlos.
– Vou lá na salinha chamar ele.
– Ele não estava conosco na salinha.
– E onde ele está?
– Não sei.
– Nós fomos separados quando chegamos – digo, por fim.

– Já entendi. Matias! – ele grita para um colega – Vê lá na carceragem se tem alguém chamado Roberto Carlos.

Depois, o escrivão sai para conversar com o delegado e eu fico a sós com a Flávia e com o meu pai. Ele trouxe um lanche do McDonald's, que parece ser a coisa mais saborosa que eu já comi em toda a minha vida. Quando foi a última vez que comi? Deve fazer mais de oito horas. A garota também está com fome, porque devora a metade do sanduíche e quase todas as batatas. Algum tempo depois, o escrivão volta com um rapaz negro e alto. Ele segura um tênis e tem uma camisa amarrada no pé direito. Foi ele que me xingou e me chutou no camburão. A Flávia o abraça:

– Você está bem?

Ele me olha, desconfiado. Aposto que ele está pensando: "Foi este o babaca que eu chutei no camburão".

Meu pai assiste a tudo e não entende nada. O escrivão fala:

– Vão embora. Sem termo circunstanciado nem nada. O doutor falou que sem os policiais aqui, ficamos com as mãos amarradas. Esses peemes são assim, gostam de empurrar a trolha para os outros.

– E o meu depoimento? – eu pergunto.

Meu pai coloca as mãos na cabeça. A Flávia e o Roberto Carlos se entreolham. O escrivão, impaciente, se transforma:

– Moleque, se você não sair da minha frente, nem o seu pai conseguirá te livrar da carceragem.

Agora são uma e meia da manhã. Do lado de fora cai uma chuva fina e já não há mais repórteres ou pessoas cantando palavras de ordem. Meu pai fala para mim, entredentes:

– Em casa nós teremos uma boa conversa.

Depois, se vira para os dois – como eu os chamaria? companheiros de processo? – e pergunta:

– Querem uma carona?

– Não, obrigada – responde a Flávia.

– Não, obrigado – responde o Roberto Carlos.

– Não custa nada – eu digo.

– Bem, já que você insiste – diz a garota –, eu moro aqui pertinho mesmo, na Lapa.

– Eu estou bem, obrigado – diz o outro.

– Então, vamos! – diz o meu pai.

– Até mais! – falo para o Roberto Carlos.

– Até mais.
– Você precisa cuidar desse pé – a Flávia diz para ele.
– Amanhã eu vou numa UPA.
– Então, tchau – ela lhe dá dois beijos.
– Toma o meu número – digo-lhe.
– Valeu – ele responde; pelo que vejo, isso significa um "não".
– Anota. Caso eles te liguem, por qualquer coisa.
– Está bom.

Escrevo o número num dos panfletos que abarrotam o meu bolso. Depois, entro no carro. A Flávia também, no banco de trás.

Quando o carro parte, vejo pelo retrovisor o Roberto Carlos se afastar, mancando. De repente, a Flávia dá um grito, que quase me provoca um infarto:

– Para!

Meu pai freia, assustado.

– O que houve?

– Eu vou descer. Tive uma ideia. Obrigada pela carona e obrigada por tudo.

Antes que eu fale qualquer coisa ela abre a porta e desce.

Meu pai arranca de novo, devagar, porque a rua está em obras. Lembro que eu não peguei o telefone dela. Eu não peguei o telefone dela.

– Para o carro! – grito para o meu pai. Ele freia bruscamente.

– O que foi agora?

– Amanhã a gente conversa.

Eu abro a porta e desço na noite fria.

– Antônio Pedro! – ele grita comigo. Eu o ignoro. Depois, o carro arranca. A Flávia apoia o Roberto Carlos para que ele possa andar, mas isso é difícil porque ele é mais alto do que ela. Os dois me olham, surpreendidos:

– Que foi? Também quero ajudar.

Apoiamos o Roberto Carlos, um de cada lado.

Sexta-feira, 14/06/2013

NAVALHA

Abro os olhos num lugar estranho. Além da dor nos pés, meu nariz coça como o diabo. Também, esse sofá está cheio de pelos de gato!

Ao colocar os pés no chão, piso numa coisa, que se mexe e reclama:

– O que é isso?

– Foi mal!

Alguém que não me é estranho dorme embrulhado em um edredom. Sim, já me lembrei dele, e o resto surge em bloco a partir daí: o protesto, o caco de vidro espetado no pé, o camburão, a cela inundada de mijo e merda da delegacia, onde um morador de rua me ajudou a improvisar um curativo com um pedaço de camisa. Depois, viemos para o apartamento da cantora, onde uma amiga dela – que faz faculdade de enfermagem – limpou o meu machucado e me deu um analgésico.

Ao levantar, sinto o chão gelado.

– Você quer tomar café? Olha, não posso garantir que tenha muita coisa... Bem, acho que a Karen não ia se importar se eu pegasse algumas coisas na prateleira dela, afinal, ela cuidou de você. Nutrição deve fazer parte do tratamento.

Quem é esta metralhadora que cospe palavras em cima de mim?

– Você é a Flávia.

– Pode me chamar de Ventania. Mas também pode me chamar de Flávia, se preferir.

– Ventania é o teu vulgo?

– Meu quem?

– Vulgo é nome de guerra. É assim que a gente chama na favela.

– Ah, entendi. Então, sim, Ventania é o meu vulgo. Um amigo que me deu. Disso você entende, não é não, Navalha?

Ela dá uma risada divertida, que se parece a de uma criança. Os seus olhos e cabelos castanhos parecem realçar as sardas que tem no rosto. É estranho, mas parece que já a conheço há um longo tempo, embora isso não tenha mais do que algumas horas. Ela salvou a minha pele ontem, duas vezes.

– Está pensando em quê? – ela me encara, com as mãos na cintura. O relógio da cozinha marca 8h30.
– Não é nada, não. Pensei que a minha mãe deve estar preocupada.
– Liga para ela, ué.
– Não tenho telefone.
– Liga do meu.
– Deixa para lá.
– Deixa para lá, nada. Com certeza ela está preocupada, mas com certeza mesmo. Enquanto isso, eu preparo o café.

Eu tento ligar mas ela não atende o telefone. A essa hora minha mãe deve estar com a mão na massa, na pia ou no vaso. Deixo uma mensagem: "Tudo bem comigo." Acho que é o suficiente para ela saber que eu não fui preso – bem, não como ela imaginaria –, morto nem entrei para o crime.

– Nada? – a Flávia, ou Ventania, pergunta, enquanto corta bananas e maçãs.

Faço que não com a cabeça.

– Nossa, isto está feio! – digo, com surpresa, ao reparar nas suas pernas cheias de hematomas roxos.

– Não é nada, comparado aos teus.

Nesse momento, a garota que cuidou de mim ontem à noite entra na cozinha, já arrumada para sair.

– Como está esse pé? – ela pergunta, já vindo na minha direção. Eu esqueci o nome dela.

– Dói quando eu encosto no chão.

– Hum... Deixa eu ver.

Vejo estrelas enquanto a mão pesada da enfermeira vasculha a minha ferida. Ela olha para o machucado com a mesma curiosidade com que um desses comentaristas de programas da tarde falam da vida alheia. A garota nem pisca.

– Não sei não, você vai precisar de um anti-inflamatório.

Uma nova voz surge atrás de nós:

– Vocês não vão acreditar na imagem que viralizou no Facebook!

Viro e me deparo com o cara de camisa social de ontem. Ele ainda está com a mesma roupa – meio verde, meio cinza – mas ela agora está toda amarrotada. E, na claridade do dia, ele parece ser ainda mais branco. Com o celular nas mãos, ele fica no centro da roda e exibe um vídeo que registra o instante exato em que a Ventania senta o violão na cabeça de um policial. Eu apareço ao fundo, quase morto. Na verdade, ela não acertou em cheio, mas meio de lado, porque o PM era bem maior que ela. Mas valeu a intenção.

– Caramba! – ela bota as mãos na testa – Eu estou ferrada!

– Isto dá uma fotaça – fala a enfermeira.

– Não se preocupe, você claramente impediu uma tentativa de homicídio – Diz o projeto de advogado.

– O pior são as pessoas que preferem filmar uma covardia, sem fazer nada! – Digo.

– O registro pode ser importante – retruca o bem-vestido.

– Para o bem ou para o mal – diz a Flávia, ainda preocupada.

– Se eu morresse sufocado, eu estaria me lixando para o registro!

– Olha, pela tua cara roxa, você não estava longe disso, não! – fala a enfermeira.

Quando o café fica pronto, sentamos os quatro na sala e ligamos a televisão. No noticiário, só há protesto, protesto, protesto. É impossível desgrudar os olhos disso. É incrível, mas há um evento importante no jornal e eu estava bem lá no meio. Sem esforço, consigo sentir outra vez o cheiro de borracha queimada; ouvir os estalos dos tiros; vibrar com os fogos de artifício; gritar com a multidão enfurecida.

Olho ao redor, e constato que os meus novos amigos – com exceção da enfermeira, que parece assustada com as imagens – sentem o mesmo.

Em São Paulo, aconteceu um verdadeiro massacre na Avenida Paulista. Uma repórter, sentada no meio-fio, tomou um tiro no olho e a sua cara sangra na frente do Brasil. Apesar disso, o apresentador acha mais necessário condenar a "pequena seita de vândalos".

– Esses caras estão de brincadeira? – diz o engomado. Todo mundo viu que foi a polícia que começou a violência!

Ele parece bravo, do jeito dele.

Na tela, surge a avenida Rio Branco. O governador, perguntado sobre o protesto, dá uma risada debochada e sinaliza com as mãos nada ter a comentar.

– Ah, mas eles vão ter que ceder! – diz a Ventania, roendo as unhas.

A frase cola na minha cabeça como um adesivo. "Eles vão ter que ceder!"

— Amigos, vou para a faculdade. Contem comigo no próximo protesto! – diz a enfermeira, que agora eu sei que se chama Karen. E você – aponta para mim –, nada de ficar saracoteando com este pé por aí.

"Saracoteando" é engraçado. Bom, de qualquer jeito, depois que ela se vai, eu penso que eu precisarei saracotear na Uruguaiana, porque é dia de trabalho e eu não posso abrir mão dos meus quinze paus, ainda mais agora, que preciso como nunca de um tênis novo. De preferência, um tênis que seja bom para correr. Mas este lugar, estas pessoas, é como se ainda fosse ontem, e eu não resisto a continuar sentindo um pouco mais daquele som e daquele cheiro.

FLÁVIA

— Preciso trabalhar!

Digo, em voz alta, me esforçando para escapar ao feitiço das imagens na televisão. Meus dois amigos se levantam, ao mesmo tempo, desajeitados. O contraste entre os dois é tão forte que chega a ser engraçado. Ao menos, eles parecem se entender melhor agora. Ontem, o Navalha deu um chute no pobre do Apê (a lembrança disso me faz rir sozinha. Os dois me olham, como eu eu fosse louca).

Vou para o quarto pensar numa roupa para vestir e me dou conta, só agora, que me falta uma peça fundamental: meu violão. Ele foi visto, pela última vez, na cabeça do policial que esganava o Navalha.

— O que foi? – pergunta o Apê, que da cozinha me vê com as mãos na cabeça.

— Eu não tenho mais meu violão.

— Você precisa dele?

— Você não acha que eu preciso?

— Eu achei que você fosse trabalhar, agora.

— É esse o problema.

— Você leva teu violão para o trabalho?

— Bom, eu poderia cantar à capela, mas não surtiria o mesmo efeito. Por não surtir o mesmo efeito, entenda-se: menos dinheiro no chapéu.

— Que estranho.

— O que é estranho? Qual parte você não entendeu?

— Desculpa, mas é que eu não imaginei que você vivia disso.

— Claro, imagino que para você isso seja apenas um passatempo – digo, com ironia, mas ele faz um gesto de "sim" com a cabeça. Este cara é inacreditável!

— O que aconteceu? – diz o Navalha, que se aproxima, num tom não muito amistoso, ao ver a minha expressão de contrariedade.

— Não aconteceu nada. Eu fiz um comentário infeliz – o Apê responde.

— Muito infeliz – eu digo. Ele baixa a cabeça. Coitado: olha para esta pessoa com roupa social e cabelo alinhado. Há algumas horas eu supus que ele era um senhor de idade. – Deixa para lá.

O fato é que, sem o violão, eu não tenho como trabalhar. Tenho duas alternativas: a) Ligar para o meu pai. Vantagem: ele nunca me negaria. Desvantagem: seria um sinal mais do que eloquente de que eu não consigo me virar sozinha. E, pelo andar da carruagem (quase metade do mês), eu terei que recorrer a ele para pagar o aluguel. b) Ligar para o Magrão. Vantagem: ele me emprestaria, já que o seu violão não deve ser lá muito útil no seu novo emprego. Desvantagem: bater em Cosmos, encarar a sua desistência, que me faz pensar sobre a minha própria situação etc. Uma opção que corre por fora é vender a caixa de som. Não, Flávia, você não pode fazer isso. Afinal, ela já é um empréstimo.

Confusa, sento-me na cama. É como se a minha rotina tivesse virado fumaça.

— Olha, eu tive uma ideia. – diz o Apê – Hoje vai ocorrer uma assembleia lá no IFCS, para decidir os próximos passos do movimento. Pelo que eu vi da última vez, tenho certeza que as pessoas ajudariam.

— Legal – digo, sem ânimo. Aposto que nesta assembleia se reúnem pessoas no mínimo tão ferradas quanto eu.

— É sério, as pessoas são solidárias. E, além disso, nós temos um trunfo.

— Posso saber qual?

— Bem, a tua imagem destruindo o violão. Ninguém poderá questionar a veracidade da tua história.

O Navalha pergunta, irritado:

— Você só sabe falar como advogado?

Eu reconheço no rosto do Apê a mesma expressão de espanto e contrariedade que eu devo ter feito quando ele se surpreendeu que a música pudesse ser o meu trabalho. Olhando para os dois, eu rio, pela milésima vez, em meio à desgraça.

– Não adianta me lamentar. Vamos ver como funciona a tua assembleia, dr. Antônio Pedro. Vocês ficam para o almoço? – pergunto.

– Eu fico – diz o Apê.

– Eu preciso ir para o trabalho – diz o Navalha, mas não sai do lugar. Para passar pela porta eu tenho que afastá-los, cada um, com uma mão.

Na geladeira, há o resto do feijão queimado. Ele me lembra de um tempo longínquo, quando ainda não havia protestos, camburões, noites mal dormidas, Apê e Navalha (ou seja, ontem à tarde). Por sorte, há batatas, arroz (que a Karen fez) e uns tomates. Vou fazer um purê. Acho que isso tem potencial para ser a melhor refeição que eu como em semanas.

– Apê, você descasca as batatas?

– Claro.

Distraio-me e, dali a um minuto, vejo que ele não está descascando, mas picando as batatas. Picando é um eufemismo: ele as está reduzindo a escombros.

– Eu pedi para você DESCASCAR as batatas.

– Ah, desculpa.

– Você nunca descascou batatas? – pergunta o Navalha. Nunca vi um apelido corresponder tão bem a uma personalidade.

– Deixa comigo. Os dois, fora da minha cozinha! – encerro o assunto.

Acho que, como forma de contribuir, o Apê desce e compra um refrigerante (e também uma alface, a meu pedido). Enquanto almoçamos, e depois que a comida acaba, ficamos com os olhos grudados nas mesmas imagens das manifestações.

– Gente, olha o que a Rita me mandou! – o Apê diz e nos mostra um vídeo no celular. Nele, o Datena, no *Brasil Urgente*, faz uma enquete em seu programa para saber se o público apoia "protestos violentos." Ao fundo, centenas de pessoas tentam invadir a prefeitura, há muito fogo e carros revirados. Apesar disso, para a sua surpresa, o "sim" ganha. Insatisfeito, ele muda a questão para: "Você apoia protestos com baderna?" O "sim" ganha de novo, e de lavada. "A voz do povo é a voz de Deus", se rende, por fim, o apresentador, acostumado a aplaudir um só tipo de violência.

– Isso não é inacreditável? – pergunta o Apê.

– Ele ficou sem palavras! – eu falo.

O Navalha não diz nada: só morde os lábios, não sei se por quê.

Aos poucos, me cai a ficha de que talvez o dia de ontem tenha sido histórico.

Logo depois, o Navalha se levanta e vai para o trabalho. Ele ainda manca, mas de leve.

O Apê não faz menção de se levantar do sofá e não desgruda os olhos do celular. Eu ainda estou preocupada com o violão, mas nem tanto.

APÊ

Não vou ao escritório; não vou à faculdade. Passo o dia remoendo as feridas de ontem – e elas estão expostas, em carne viva.

Enquanto caminhamos em direção ao IFCS, a Flávia conversa com todo tipo de gente, de moradores de rua a malabaristas. Nas escadarias da faculdade, nos separamos: ela se detém para falar com um homem vestido de Michael Jackson, eu, sigo para a sala 106. Para minha surpresa, a porta está fechada e me informam que a reunião será no salão nobre. Pelo visto, a coisa cresceu, e uma sala de aula já não é mais suficiente.

Subo um lance de escadas, até o segundo andar. O salão está com as portas abertas, bem iluminado. Na antessala – onde um monte de pessoas fumam, distribuem panfletos, adesivos, vendem camisetas ou apenas conspiram – a Rita me pega pelo braço:

– Finalmente! Achei que você não vinha.

– Eu não perderia isso por nada no mundo.

Ela assobia:

– Quem te viu, quem te vê, Antônio Pedro.

– Ontem eu já tirei até cadeia!

Ela gargalha com o corpo todo:

– Apê, você fica muito engraçado falando desse jeito! Sério!

– Engraçado? Não foi nada engraçado.

Do lado de dentro, todos os assentos estão ocupados e há gente em pé nos corredores. Nas paredes, há várias faixas afixadas:

"Vila Autódromo resiste."
"Mães de Manguinhos resistem."
"Bombeiros em luta resistem."
"Ocupação Chiquinha Gonzaga resiste."

Resistir parece ser o verbo mais conjugado por aqui, embora "fumar" corra por fora, uma vez que uma nuvem de fumaça enorme empesteia o ambiente.

Dessa vez, a assembleia se parece com um prolongamento do ato de ontem, e não apenas uma reunião de universitários. Apesar disso, em torno da ampla mesa posicionada ao fundo do recinto, eu reconheço vários sobreviventes da última plenária.

O homem com bigodes espessos e voz de radialista, por exemplo, está com a palavra:

– O que a turma da ciranda dirá agora? ("É isso aí!", gritam umas vozes. "Provocador!", bradam outras.) Eles declararam guerra contra o povo. ("Declararam mesmo.") O que aconteceu ontem em São Paulo foi a prova viva disso. ("No Rio de Janeiro também!") Sim, sim, no Rio também e em todos os outros lugares. O povo só tem direito de se manifestar no papel ("Muito bem!" "Nas favelas, isso acontece todo dia!"). Devemos tocar nas feridas. Não é só a passagem. A passagem é a ponta do iceberg. Mas não podemos esquecer da Copa ("A Copa da remoções!", "A pauta é a tarifa!"), da violência policial... (Ele não consegue concluir a frase, porque da assembleia chove uma série de outras questões, mas também protestos, não sei se contra ele ou contra a mesa, que pede que ele "conclua".) Se guerra é o que eles querem, é guerra que eles terão!

O homem desce do púlpito e é como se uma granada tivesse sido jogada no local. Há aplausos entusiasmados, mas há também dedos em riste e discussões. Noto a mesma divisão do conjunto da assembleia em vários bolinhos – mas estes "bolinhos" estão bem maiores do que há dois dias. Eles se subdividem, por sua vez, em toda uma interminável sopa de letrinhas, impossível de decorar. De todo modo, é possível entender alguma coisa se você pensa na coisa dos radicais e dos moderados, a depender da abrangência das pautas e dos métodos de ação propostos. É preciso advertir, no entanto, que as aparências podem enganar, e muito. Por exemplo, quando um estudante que veste uma camisa onde se lê "Insurreição", embaixo da foto de uma barricada em chamas, toma a palavra, resta pouca dúvida sobre o seu pertencimento ao grupo dos radicais, certo? Bem, nem tanto:

– Companheiros! A luta exige foco. Entendo que é importante tudo que envolve a Copa, as remoções... ("Ele tem razão!" "É verdade!") Deixa eu concluir o raciocínio. É importante, mas um movimento que abraça todas as pautas não abraça pauta nenhuma. Nós precisamos nos concentrar sobre uma coisa concreta. ("Quem é você para dizer qual pauta é importante?", "Respeita a fala do companheiro!") Nosso foco, hoje, é derrubar a tarifa, não lutar contra o governo... (As vaias, misturadas a alguns aplausos, palmas e gritos agudos interrompem o orador. Com grande esforço, a mulher que está sentada à mesa – ao menos hoje, essa função é desempenhada por alguém com mais de dezoito anos – restabelece a ordem.) Nosso foco é a tarifa. Derrubar a tarifa e, com essa vitória embaixo do braço, arrancar todas as outras, uma por uma.

Ele conclui a intervenção e desce, com ar triunfante. Eu estou perdido: achei a última argumentação tão razoável quanto a primeira.

– Podemos votar a pauta da reunião? Ou mais alguém quer fazer defesa de proposta? – indaga a mulher na mesa.

Só então percebo que ainda não há uma discussão instalada. Até esse momento, eles apenas discutiam o que discutir. É espantoso.

Antes que o regime de votação seja aberto, um braço se ergue. A mulher que preside os trabalhos não parece muito satisfeita:

– Diga, companheira.

– Eu acho que nós não deveríamos ter uma pauta fixada, nem decidir as coisas por votação e muito menos sentar em forma de plenária. Por que não fazemos um círculo?

Ela só diz isso. Há um grande silêncio, cortado por tímidos aplausos. Não consigo entender o que ela propõe.

– Em processo de votação. Quem vota a favor de a nossa pauta ser APENAS a questão da tarifa, erga os braços.

Eu ergo. Sei lá, talvez se a outra fosse encaminhada antes eu também votaria nela.

– Você está maluco? – A Rita me repreende com uma cotovelada. Por que, desde ontem, as pessoas só me batem? – Você acha que mais nada daquilo tem importância? – Ela aponta para as faixas.

– Não é isso!

– E então?

— Quem vota a favor de a nossa pauta ser aberta a outras questões ALÉM DA TARIFA, erga o braço.

A Rita me fez sentir tão mal – um criminoso insensível que não se preocupa com o sofrimento alheio – que eu voto de novo. Por sorte, ninguém repara.

— Quem vota para que não tenhamos pauta e nem resolvamos as coisas por votação?

Meia dúzia de pessoas ergue o braço. Elas acabam de votar a favor de que não haja votações.

— Por contraste visual, venceu a proposta de que a nossa pauta se manterá aberta. – Aplausos, entrecortados por reclamações. – Agora, quem quiser, pode se inscrever.

Dezenas de braços se erguem e as discussões começam. O relógio marca 20h. É inevitável perguntar: se foi tão difícil decidir o que discutir, quanto tempo será necessário para decidir a decisão mesma?

Uma mulher negra, com camisa de um rapaz que parece bem jovem, usa da palavra:

— Eu perdi o meu filho num dia de ano-novo. Saiu no jornal assim: "Traficante morre em troca de tiros." Vocês acreditam? Para eles, favelado é tudo lixo. Para garantir a segurança dos turistas, cercam a favela com UPP, mas para o favelado a vida só piora: agora, tem que pagar luz, água, pedir autorização até para fazer um churrasco. Muita gente não tem dinheiro e tem que ir morar mais longe, em outra favela. Mas, agora, o povo acordou. Nós, mães, que perdemos nossos filhos, apoiamos o movimento. Nós estaremos nas ruas com vocês!

O salão arrebenta em "vivas" e aplausos. Em pé na porta, o Navalha olha fixamente para a mulher que fala. Quando a moça na mesa anuncia que se encerrarão as inscrições, eu me lembro da Flávia. Será preciso que ela conte para estas pessoas sobre a coisa do violão. Vou à sua procura, e a encontro na antessala, sentada no chão, conversando com um grupo de pessoas. Ela está abraçada a um violão.

— Flávia! – eu digo – Você precisa entrar para a gente ver a coisa da arrecadação.

— Oi, Apê! Eles são todos artistas, e nós estamos discutindo como podemos apoiar o movimento.

Bem, assistir à assembleia talvez fosse uma boa forma de "apoiar o movimento." Embora, eu confesso, é mesmo difícil aguentar horas e horas de falação, entremeada por surtos de histeria coletiva.

– Legal. Você se inscreve para falar da coisa do violão?

– Que coisa do violão?

– Como assim? O teu violão.

– Ah! Mas não é mais necessário, ele está aqui comigo.

– Te deram um violão novo?

– Não, não. Você não vai acreditar: o meu amigo aqui – ela aponta um desconhecido – achou o meu violão ontem.

O rapaz fala, orgulhoso do seu feito:

– Eu estava perto da confusão e vi quando o violão ficou para trás. Daí eu o peguei, para achar a dona depois. Hoje, quando vi esse evento no Facebook, pensei: aposto que essa garota estará na assembleia de logo mais. Dito e feito!

– E ele ainda colocou cordas novas para mim, você acredita? Acho que o violão está melhor agora do que antes.

– Ah, então você também é músico? – eu pergunto.

– Que nada. Mas é que eu trabalho numa loja de instrumentos musicais, ali na Carioca. Aprendi a fazer essa parte mais mecânica, como, por exemplo, trocar as cordas. Mas, agora. a Ventania disse que vai me ensinar a tocar.

– É o mínimo que eu posso fazer! – ela diz.

– Isso não é incrível? – fala o rapaz, sorrindo.

Sim, tudo isso é incrível. Parece que a cidade encolheu de repente e juntou tudo o que estava separado.

Atrás de nós, o Navalha continua em pé na porta do salão, como se fosse um segurança, concentrado nas intervenções. Em meio a tantas camisetas com rostos de políticos revolucionários ou palavras de ordem, a dele se destaca, absoluta: "Compro ouro." É engraçado.

Súbito, a Flávia se levanta, e todos na roda interrompem a conversa para ver o que ela fará agora.

– Onde eu estava com a cabeça? Gente, muito obrigada! Até a próxima!

– Tchau, Ventania!

– Nos vemos na correria!

– Tchau, Apê! – ela me diz, antes de sair em disparada. Bem, ninguém mais teve uma despedida nominal.

Dentro do salão, irrompem gritos e aplausos.

FLÁVIA

Como eu pude me esquecer? Desço as escadas do prédio com tanta pressa que quase caio, o que se repete outras vezes nas ruas esburacadas. Em casa, como o elevador está parado em outro andar, tomo a saída de emergência, pulando de dois em dois degraus.

Na sala, encontro meu pai sentado no sofá, ao lado da Karen. Pergunto para ele, esbaforida:

– Cadê o Júnior?

– No quarto.

Abro a porta e o meu filho está mexendo no videogame, esparramado na cama. Antes que ele possa se defender, eu mergulho sobre o seu corpo macio e o cubro com beijos e abraços. "Mãe, calma aí, deixa eu respirar", ele reclama e ri ao mesmo tempo. Em um segundo, lembro da aventura que foi essa semana – o Magrão, o protesto, os meus novos amigos, o violão perdido e encontrado – e choro, mas de alegria.

Sábado, 15/06/2013

NAVALHA

É incrível como a minha vida mudou em alguns dias. Agora eu tenho um trabalho, conheci pessoas novas e sou parte do movimento. Gostei dessa palavra. "Movimento." Era hora de alguém se mexer mesmo. Meu pé ainda está um pouco dolorido, mas quase sarou. Outro sinal de sorte.

Gostaria de falar com o Golpe, mas ele deve estar dormindo a essa hora.

Enquanto o computador inicializa – o que pode demorar de uma hora a um dia – eu vou à mercearia do seu Elias comprar pão fresco e guaraná. Com o meu dinheiro. Lá, dois homens jogam dominó e bebem pinga. Aqui, também, só se fala nos protestos. Um deles, com barba e cabelos crescidos, gordo como um barril, fala:

– Já não era sem tempo. Tudo pela hora da morte, a roubalheira comendo solta na casa de Noca. Se tivesse idade, eu estava lá botando a boca no trombone.

O comerciante faz uma expressão de quem não está muito convencido. O outro jogador, que é tão magro como o outro é gordo, discorda:

– Bobagem isso aí. Passagem? Tanta coisa mais importante para fazer. Por que eles não vão arrumar um emprego, pegar no pesado? Isso ninguém quer.

Essa é boa. Eu tenho vontade de dizer ao senhor "pegar no pesado" que eu entrego panfletos, em pé, por seis horas, pelo que recebo dois e cinquenta a hora; e também duvido que, mirrado desse jeito, cheio de cana nos cornos, ele consiga encarar qualquer peso. Mas, antes que eu me intrometa na conversa alheia, o seu Elias pergunta, enquanto corta umas fatias de presunto (a balança fica escondida, de modo que eu preciso confiar na sua boa vontade):

– Como está a tua mãe, Roberto?

– Bem. Trabalhando.

– Aquela ali é uma guerreira. Vocês têm que valorizar muito ela.

– Com certeza. Mãe é mãe, não é?

– Nem toda mãe. O que eu vejo aqui, nessa cracolândia, você não acredita. Tem menina que abandona o filho na lata de lixo, faz programa com bebê no colo.

Do lado de fora, uma mulher sem os dentes, com o cabelo raspado, olha para a geladeira de refrigerantes. O comerciante sai de trás do balcão:

– Dá licença, filha. Hoje não tem nada não.

– Eu quero água.

– Só Jesus na causa – ele reclama, mas pega o copo d'água.

Enquanto a mulher bebe eu fico olhando para ela. Seus olhos parecem aflitos, mas lúcidos. Quando cruzam com os meus, ela pede:

– Com todo respeito, você pode me fortalecer um trocado? Qualquer coisa, com todo respeito.

Meto a mão no bolso e lhe entrego uma nota de dois reais. Ela me olha, depois olha o dinheiro, como se calculasse. Por fim, arregala um sorriso cheio de janelas e sai com os pés arrastados. Seu Elias fala:

– Você sabe que o dinheiro é para comprar pedra, não sabe?

– No lugar dela, talvez eu fizesse o mesmo.

O homem me olha, surpreso. Os dois outros fregueses interrompem a partida e se dividem:

– E ainda dizem que a miséria acabou no Brasil! – diz o gordo, e encaixa uma peça no seu jogo.

– Ninguém pode obrigar ninguém a trabalhar – diz o outro, e traga um gole.

O comerciante opina, enquanto separa o meu troco.

– O povo ir para a rua protestar, eu não vejo nada de errado. Agora, eu sou contra esse negócio de vandalismo.

– Obrigado – digo.

– Nada, Roberto. Manda lembranças para a tua mãe.

– Mando, sim.

Do outro lado da rua, a mulher sem dentes revira o lixo.

FLÁVIA

Mãos pequeninas me arrancam de um sono no qual havia uma avenida Rio Branco cheia de gente, palavras de ordem, uma delegacia, Apê e Navalha.

– Au! Au! Au!

Desperto e um humano vira-lata, com os olhos curiosos e os cabelos encaracolados, pula sobre mim.

– O que você quer, cachorrinho?

Para ser mais convincente, o "cachorro" coloca a língua para fora e uiva. Isto é maravilhoso. Mais maravilhoso do que sonhar.

– Se você me perturbar mais, eu vou te morder, cachorro bagunceiro!

O "cachorro" rosna e enfia uma boca mole na minha perna. Ela ainda está dolorida mas o meu gemido entra como parte do teatro. Levanto:

– Cachorro malvado, eu vou te levar para a instituição!

Depois de ouvir a palavra amaldiçoada, ele desce da cama, abre a porta do quarto e sai em debandada pela casa. (O Júnior, um dia, viu uma reportagem sobre uma instituição filantrópica que cuida de cães e gatos abandonados. Dentre as suas atividades, se inclui o sacrifício de bichinhos velhos e doentes. Mas acho que ele só fixou esta última parte e, desde então, a palavra "instituição" soa-lhe como sinônimo de abandono e assassinato.) No caminho, o bicho postiço assusta o único bicho verídico da casa, que também corre, mas de espanto, para debaixo da máquina de lavar.

Na sala, o Júnior pula no colo do avô, que conversa com a Karen sobre alguns reparos que a casa precisa. Olhando-os, esqueço dos problemas, inclusive os que me fizeram morar no Rio. Enquanto isso, a Karen fala sobre o chuveiro, que não esquenta a água direito. Ela não perdoa o meu pai: ele coloca os pés aqui e começa a trabalhar.

– Vou olhar a resistência, pode ser isso – ele fala.

– Eu acho que é a parte elétrica. A resistência está novinha.

– Então, eu desmonto e vejo.

Por sorte, o Júnior tem outros planos:

– Mãe, quero ir na praia!

– Filho, mas hoje nem está sol!

– Meu avô me disse que, se a gente for na praia e desenhar o sol na areia, ele aparece.

Olho para meu pai, que dá de ombros e me diz:

– Na sua época, funcionava. Não sei se hoje em dia inventaram um método novo.

Enquanto ele e meu pai se arrumam, olho o celular, que não para de apitar. Manifestações, manifestações, manifestações. Para meu

espanto máximo, o meu vídeo acertando o violão no policial está entre os mais comentados e fizeram até uma enquete – numa página chamada "Vandalismo da depressão" – para decidir qual nome de música mereceria figurar na legenda da imagem. A ordem ficou assim:
5º- "Faltando um pedaço" (Djavan)
4º- "Dói demais" (Só pra contrariar)
3º- "Violão companheiro" (Amado Batista)
2º- "A pancada da verdade" (João Mulato & Pardinho)
1º- "Prefiro o violão" (Luan Santana).

Gente, espero que não tenha nenhum policial interessado nestas bobagens de Facebook, embora haja alguns perfis me xingando: "Vagabunda!", "Vai procurar o que fazer!" Pelo que vejo, as pessoas correram atrás, porque a minha apresentação no Teatro Rival pulou, em algumas horas, de 112 para 6 mil visualizações no Youtube, e nos comentários há desde elogios efusivos ("Maravilhosa!", "Terá surgido a voz dos protestos?") a juízos demolidores ("Se cantasse tão bem quanto bate, teria um belo futuro"). Saio das páginas no navegador e tenho a impressão de que fechei as portas de um inferno.

No privado, há três mensagens da Amanda, repetidas. "Você ARRASOU. Vamos colocar a conversa em dia? Me diga quando. Beijos!!!" Por que ela me mandou a mesma coisa várias vezes? O gerente de um boteco ali no bairro de Fátima, onde eu já toquei uma vez, me escreveu: "Oi Ventania, lembra de mim? Você tem agenda para hj e amanhã, violão e voz? Me ligue com urgência".

Enquanto disco o número, o Júnior entra pela porta, chutando uma bola pequena (quem deu uma bola para ele?) e gritando gol. Eu olho para ele com uma fingida cara de brava e ele me devolve uma fingida cara de medo. Fecho para amanhã ("hoje estou com a agenda ocupada") e, antes de desligar, o homem do outro lado me diz, com a voz mais baixa (como se isso adiantasse alguma coisa no telefone):

– Eu vi a tua imagem no protesto. Aquilo foi incrível.

– Ah, obrigada. – Não sei se eu me dei bem ou, pelo contrário, estou frita.

Há ainda uma outra mensagem, do Apê. Combinamos de nos ver, caso nosso destino seja mesmo Copacabana.

APÊ

– Bom dia – cumprimento o meu pai na mesa do café.

– Bom dia – ele responde, seco, sem baixar a folha do jornal.

Na cozinha, a Aparecida limpa o fogão. Deve ser sua última tarefa antes da folga. Pergunto para ela:

– O que você acha dos protestos, Aparecida?

– Eu acho que está muito certo – ela diz, agachada, sem interromper a limpeza. Você sabe quanto eu gasto para vir de Queimados para cá?

– Quanto?

– Quatorze reais. Quatorze reais! Isso, para andar num cacareco velho. Quando não enguiça, dá assalto.

Ela dá um suspiro cansado e continua:

– Sem falar que, com esse tanto de obra, levo quase o dobro de tempo para chegar aqui.

– Mas as obras são para o teu próprio bem – diz o meu pai, da sala. – Depois que construírem o BRT na avenida Brasil, o tempo de deslocamento vai cair pela metade.

– Deus queira. – ela responde, coloca a esponja sobre a pia e estica a coluna – Mas, até lá, misericórdia.

Encho um copo de leite e me jogo no sofá. Novas imagens de manifestações inundam o celular – dessa vez, trinta pessoas tentam atravessar um ônibus na ponte Rio x Niterói. Antes que eu leia o texto, ouço a voz do meu pai:

– Você não acha que me deve satisfações?

– Pelo protesto?

– Não é dessa bobagem que eu estou falando.

– Os maiores protestos do Brasil em décadas são uma bobagem?

– Maiores protestos em décadas? – ele ri – Apê, teu pai lutou contra o regime militar, participou do Comício das Diretas. Sabe quantas pessoas se acotovelaram para ver o Brizola discursar na Candelária aquele dia?

Sempre a mesma coisa.

– Muito bem, senhor João Leite. Talvez tenha chegado a minha vez de participar desta história.

– Um monte de meninos mimados de classe média? Na nossa época, nós sabíamos bem o que queríamos.

– O que vocês queriam?
– Como assim o que nós queríamos? Nós queríamos democracia.
– E democracia não pressupõe que se possa protestar?
– Sim, Antônio Pedro, pressupõe direito à manifestação, desde que respeitados o patrimônio público e as leis.
– Ah, claro. Mas o que se deve fazer quando a polícia não respeita as leis?
– Eu sei o que não se deve fazer. Quebradeira, por exemplo.

Dou uma risada ácida, que surpreende até a mim mesmo.

– Agora, você falou igualzinho, como você diz mesmo?, "as múmias reacionárias da classe média ilustrada".
– Não me confunda! – Ele parece irritado para valer – Quem vai para as ruas tem que aceitar as consequências.
– O velho advogado garantista está legitimando a repressão contra manifestantes?
– Não distorça as minhas palavras, Antônio Pedro! Eu me refiro aos arruaceiros.
– E quem define esta divisão? A imprensa? O porta-voz da PM? Como é que eles chamavam vocês, naquela época?
– Apê – ele diz, por fim, conciliador –, não quero brigar com você. Se você quer ir a um protesto, a um jogo de vôlei ou um show de rock, isso é problema teu.
– É tudo a mesma coisa, então?
– Não foi isso que eu quis dizer, não foi isso. Para mim, o que importa é o trabalho. Você saiu e deixou um monte de papéis soltos pelo escritório.
– Eu trabalhei muito além do horário naquele dia!
– Sim, mas faltou ontem. Quando a Dalva chegou, a janela estava aberta e um monte de papéis estavam espalhados pela sala; alguns tinham voado. Até eu tive que ficar juntando páginas soltas.

Os papéis voaram? Sim, isso é possível. De fato, não me lembro de fechar as janelas antes de sair.

– Desculpa.
– Você sabe que esse contrato é muito importante para a gente, não sabe? Não digo só o escritório, mas a nossa família. Desde o problema com a Denise, nós temos gastado uma pequena fortuna com psicólogos e a tua mãe... bem, você sabe.

Sim, eu sei. Minha mãe só não compra coisas quando está dormindo ou quando está malhando.

Vou para o quarto e este lugar, esta casa, esta vida, me parecem confusas. Pelo menos, eu noto que a Alice diminui sem cessar no meu pensamento. Quanto mais os dias passam, menor ela fica. Por tudo isso, é um grande alívio quando a Flávia me diz que estará por perto.

Na orla vazia, não é difícil encontrá-la. Ela me apresenta a um menininho com o cabelo encaracolado e sardas no rosto.

– Ele é o Apê, um amigo da mamãe.

– Você sabe plantar bananeira?

– Eu?

Não esperava essa pergunta repentina. Estou surpreso da Flávia ter um filho. Suponho que ele tenha um pai. Será este homem com barba mal feita, que olha para o mar, distraído?

Antes que eu fale qualquer coisa, o garoto se pendura em mim e eu o ajudo a ficar de ponta-cabeça.

– Caramba, você é bom nisso. Qual é o teu nome?

– Bananeira.

A Flávia ri e eu rio junto.

– Claro. Claro que agora você se chama bananeira.

– Apê – ela diz, apontando o homem que parece nem reparar na minha presença –, este é Flávio, o meu pai.

Então ele é só o avô.

– E o menino-árvore aí se chama Júnior.

– Meu vô diz que meu nome é Vítor.

O homem diz, com sarcasmo:

– Pai, Flávio, filha, Flávia e neto Júnior. Para você ver como nós somos uma família criativa.

Eu lhe retribuo com um solidário sorriso sem graça, enquanto me surge uma outra questão: quem é, o que faz e, sobretudo, onde mora o Vítor pai? O garotinho segue pendurado em mim. Começo a empurrá-lo para a frente e para trás:

– Gangorra!

Ele parece se divertir bastante. Essa ninharia bastará para conquistar uma criança? Eu não sei o que quero, mas suponho que esta seja uma etapa bem importante para alcançar o objetivo.

– Flávia, vamos almoçar? Se depender de você, eu morro de fome – pergunta o seu pai.

– Vamos! – responde o Júnior, quer dizer, Vítor. Sei lá.

A Flávia se vira e me diz:

– Então, amanhã eu vou tocar à noite. Se você se animar, acho que vai ser legal.

Ela não faz nenhuma menção de me convidar para o almoço.

– Me animo, sim.

Será que o convite virá agora?

– Eu te mando a localização. Até!

– Até!

– Tchau, Apê! – diz o garoto.

– Tchau, bananeira!

Enquanto eles se afastam, eu penso que não sei o que fazer com este resto de sábado, tedioso e infinito.

Domingo, 16/06/2013

NAVALHA

É inacreditável, mas eu não vejo a hora de que chegue a segunda-feira. No Facebook, aparecem convocações para um protesto no Maracanã, logo mais, na hora do jogo. Penso duas vezes, porque a grana está curta e também porque já fui preso anteontem (só não entrei pelo cano de vez por causa da Ventania). Quer saber? É melhor guardar cartucho.

Depois de atacar as panelas cobertas com pano de prato – feijão, farofa de ovo e pé de galinha bem fritinho, uma delícia – bato na casa do Golpe.

O seu Otávio me atende e me convida para subir até a laje, pela escada caracol na sala. O quarto do meu amigo está fechado. Lá em cima, uma voz sofrida de mulher quase estoura a caixa de som:

"Logo eu com meu sorriso aberto/O paraíso perto, a vida melhorar/Malandro desse tipo, que balança mas não cai/De qualquer jeito vai ficar bem mais legal/Pra nivelar a vida em alto astral."

– Bonito, seu Otávio. Quem é que canta?

– Jovelina Pérola Negra, rapaz. Isso é da época em que se fazia música boa.

– Hoje não tem mais música boa, não?

– Claro que não. Hoje só tem música bunda.

É engraçado o jeito como ele fala. Será que um dia eu vou ficar velho e dizer que no meu tempo é que era bom, o resto é só bunda?

– Bom que você veio – ele continua, enquanto abana a churrasqueira – De repente, o Marcelo ouve a tua ideia. Afinal, santo de casa não faz milagre. Nunca faltou nada aqui. Ele quer um tênis da Nike? Eu compro. Quer uma perna para gastar no baile? Eu dou. Em troca eu nem peço que ele estude nem nada, só peço sossego. Essa merda desse carvão.

O fogo reluta em firmar e o homem tasca mais álcool. Prossegue:

– Na minha época não era desse jeito. Não, senhor. Na idade de vocês, um homem já era um homem. Se fizesse dezoito e não trabalhasse, o próprio pai colocava para fora, dizia que não sustentaria vagabundo. Eu mesmo, trabalhei dois anos em feira para pagar o curso de eletricista do Senai. Tudo para casar com aquela morena.

Ele me olha, como se se espantasse de me deixar flagrá-lo num instante de saudade. Em seguida, muda o rumo da prosa, como quem espana a poeira:

– Cada época é uma época. Hoje ele está em casa. Agora, vingou.

Da churrasqueira sobe um fogaréu, que ele controla despejando um pouco de água.

– Muito trabalho? – ele me pergunta.
– Nem fala.
– Tem mulher no meio?
– Como assim?
– Esse cansaço todo. É muito esforço?

Ele dá uma risada sacana. Eu demoro a entender a piada e rio só para não deixar o homem no vácuo. Ele emenda:

– Jovem, quando eu comecei a trabalhar na fábrica, e saía dia de sábado com o bolso cheio de dinheiro, porque era o dia em que a gente fazia fila para receber na pagadoria, eu era perigoso.

– E a morena deixava, seu Otávio?
– Não tinha que deixar, nem desdeixar. Eu botava dinheiro dentro de casa, não botava? Fora isso, estava casado, não estava morto.

Ele pisca os olhos para mim, como se dissesse: "Esse é um conselho que um senhor deve dar para um moço." Depois de um minuto de silêncio, pergunto, menos por curiosidade do que para puxar conversa:

– Vocês protestavam?
– Como assim?
– Tinha protesto na fábrica?
– Ah, claro que tinha. Mas não era como hoje, que um camarada dá um peido e sai na televisão. Era ditadura militar, tudo se tramava na surdina.

– Como vocês faziam?
– De muitos jeitos. Peão quando quer derrubar gerente, Roberto Carlos, é igual jogador para derrubar técnico: ninguém segura. Um finge que manda e outro finge que obedece, sabe como é? No refeitório, na hora do almoço, a gente mancomunava tudo, e ai de quem pisasse fora da faixa. Vai pra lá, vai pra cá, no fim do dia a produção parecia que se mexia, mas não andava era nada. O que o

encarregado ia fazer? Estava cada um no seu posto. Às vezes também acontecia de uma máquina quebrar, digamos assim, por acidente.

Enquanto narra suas aventuras operárias, os seus olhos brilham, como se lhe tocasse o rosto, agora mesmo, o vento dos outros tempos.

– E a Polícia? Se metia?

– Isso dependia. Se os homens desconfiassem que tinha subversivo no meio, a coisa podia ficar séria. Acontecia de botarem caguete dentro da fábrica, para ver se tinha algum agitador infiltrado, entregando volante.

– Volante?

– É, prospecto.

– Prospecto?

– Isso que você entrega, ora.

– Panfleto!

– Isso, panfleto. Eles se preocupavam mais com essas coisas políticas do que com reivindicação do dia a dia.

O Golpe aparece e interrompe a nossa conversa política. Ele me encara com olheiras enormes, remelas enormes e um rosto enorme. Parece que eu não o vejo há séculos, embora só façam uns dias.

– Vai lavar essa cara, moleque – diz o seu pai.

– Vou na padaria. Estou a fim de comer um misto – fala o meu amigo.

– Que conversa é essa de padaria? Vai sair uma carne já, já. A linguiça está quase pronta.

– Vamos embora, Navalha? – ele diz, ignorando o pai.

Olho para a expressão de desânimo do seu Otávio e tenho pena. No caminho, embicamos para o lado oposto da padaria. Na boca, ele pega uma maconha de vinte e fica de conversa fiada. Se hoje fosse dia de semana, é ruim que eu ficava panguando por aqui. Domingo, pelo menos, não tem operação.

O Raro, um moleque que estudou na mesma escola que eu, e hoje dá plantão com uma pistola à mostra na cintura, pergunta:

– Quando você vem trabalhar com nós, Navalha?

– Sei lá, irmão. Por enquanto, estou na correria de trabalhador.

– Isso é vida de otário – ele fala com verdadeiro desprezo. Não gosto disso: beira o desrespeito.

– É melhor do que comer quentinha de cadeia – respondo, na lata. E aí, ele vai fazer o quê? Os outros me olham, refletindo.

– Tranquilidade, Navalha. Cada um sabe do seu cada um – diz o Golpe, apaziguando. Enquanto me afasto, o Raro me olha com um olhar mau. Já se vê que ele está todo cheio daquela ziquizira gosmenta, que gruda num sujeito e faz ele ver maldade até em choro de bebê. Será que o meu irmão está desse jeito? Claro que sim. O que mais se aprende no inferno?

O Golpe e eu sentamos na arquibancada de concreto, na quadra vazia do Brizolão, para fumar o baseado. Gosto da favela, mas esse mundo, que sempre foi o meu mundo, começa a parecer pequeno.

– Você viu os protestos? – pergunto para o meu amigo.

– Muita coisa – ele diz e ri. Isso é um sim ou um não?

– Vai ter outro amanhã. Você ia se amarrar: os canas arregam quando a multidão bate de frente.

Não que isso tenha acontecido desse jeito – ainda – mas eu exagero para ver se ele se interessa.

– Amanhã vai dar não. Mas eu quero ir num desses contigo.

– Sai dessa rua, Golpe.

– Que rua?

– Essa rua em que você está se metendo com as tuas próprias pernas. Ela sempre dá num beco sem saída.

Ele debocha:

– Como é que é, agora resolveu virar crente?

– Que crente o quê, Golpe? Não precisa ser da igreja para ver a roubada onde você está se metendo.

– Ainda não teve roubada. Mas vai ter. Coisa grande, de sair no jornal.

Eu fecho a cara, mas isso só faz ele rir ainda mais. Esse moleque, que mal enxerga a trave à nossa frente, fala como se fosse o ronca do crime.

– Você devia cortar cabelos.

– E passar o resto da vida esquentando marmita?

– Teu pai esquentou marmita a vida toda e te dá do bom e do melhor.

– Qual foi, Navalha? – Ele arremata o baseado e se levanta, me encarando. – Tu vai mesmo botar família no meio?

– Eu não falei isso – respondo, e me levanto também.

– Então é melhor parar com esse papo torto.

– Papo torto? Eu, aqui, te falo vários bagulhos sérios e você embrulha tudo junto e chama de papo torto?

– Queria ver teu irmão te ouvindo falar desse jeito.

Agora eu o empurro com ódio e ele tropeça. É claro que ele chapado há dias não pode comigo mais ou menos sóbrio:

– Agora você que colocou família no meio!

– Vai tomar no teu cu, Navalha!

Eu fecho a mão e quase esmurro a cara dele. Depois, respiro mais uma vez e desisto – só por causa do seu Otávio – e me afasto. Quer saber de uma coisa? Eu quero mais é que esse cabeça de bagre se lixe.

FLÁVIA

Hoje de manhã, enquanto o Júnior desceu com a Karen para comprar o frango assado, eu pude conversar com o meu pai. Em geral, eu passo todo o tempo que posso com o meu filho, de sorte que é incomum um diálogo com o discreto homem que se senta ao meu lado no sofá e assiste a um programa esportivo na TV.

– Está tudo bem, pai?

Ele me olha como se eu tivesse perguntado qual a capital de Burkina Faso.

– Sim, por quê?

– Você não quis descer um pouco?

– Não. É bom ter alguém com pique para acompanhar o Vítor, de vez em quando.

Ele não falou com maldade, mas essa frase não deixou de me estocar o estômago.

Na televisão, o programa aborda o começo da Copa das Confederações, o jogo de hoje à tarde no Maracanã.

– Você não vai perguntar se eu estou bem?

– Como assim?

– Ué, se eu estou bem. Foi por isso que você veio, afinal. Lembra que eu te liguei durante a semana e disse que iria desistir de tudo?

– Você não falou com essas palavras: "eu quero desistir de tudo".

– Posso não ter dito isso literalmente, mas era esse o sentido.

– Você disse: "gostaria de poder falar com a minha mãe." Foi isso que você falou.

– Bem, acho que dá no mesmo.
– Dá?
– Deve dar, afinal, minha mãe sumiu no mundo há mais de dez anos.
– Nem parece que faz tanto tempo.

É, conversar nunca foi o forte do meu pai, e as coisas ficaram mais complicadas após a partida da minha mãe e tudo o que veio depois. (Eu já o culpei por isso, sobretudo quando via as minhas amigas consultarem as suas mães sobre uma porção de assuntos acerca dos quais eu tive que aprender sozinha, ainda que aquelas consultas não raro assumissem a forma de guerras sangrentas. Hoje, consigo imaginar as suas próprias dificuldades para me educar sozinho, e aceito como um fato que a nossa comunicação permanecerá truncada até o final dos nossos dias.) Na TV, um jornalista mostra a parte externa de um estádio em Fortaleza, onde manifestantes atearam fogo em pneus. Olho meu pai de esguelha e reparo que ele balança a cabeça numa leve afirmação. Pergunto-lhe:

– Você concorda com os protestos?
– Eu? É claro que sim.

"Claro que sim" é a coisa mais assertiva que o ouço dizer em tempos. Lembro-me de que, quando eu era criança, o vi falando algumas vezes em carros de som, pelo sindicato. Depois, ele se afastou, desiludido, não sei se com a política, com a vida ou os dois.

– Eu fui nos protestos daqui.
– Que bom.
– Até fui presa.

Agora eu preguei uma boa peça: a paisagem estampada na sua expressão enfim se mexeu.

– Ah.
– Não foi nada demais. Só me arrastaram, me jogaram no camburão, essas coisas.
– Eles te bateram?

Ele não altera o tom de voz, mas cruza dois dedos da mão. Vai ver, esse é o seu sinal de ansiedade.

– Nada. Eles não fizeram nada.

Por sorte, as manchas roxas já quase desapareceram. Antes que continuemos a conversa, o Júnior entra pela porta, fazendo o maior auê.

– Mãe, olha o que a tia Karen me deu!
– O que é isso?
– Um cubo mágico.
– Que legal! E você consegue montar isso?
– Se ele consegue montar? – meu pai se antecipa – Ele já ganha até de mim.
– É, meu vô me ensinou e agora eu ganho dele.

Todos rimos com a cruel competitividade infantil. Olho para o cubo, depois para o Júnior e sinto otimismo. Acho que ele terá alguém por perto para conversar sobre as namoradas e as primeiras noites dormidas fora de casa; alguém que lhe diga, dentre outras coisas, que as drogas são más e os protestos podem ser bons, a depender das pautas. Não peço mais nada.

APÊ

Os momentos que marcam uma mudança de rumos nas nossas vidas nem sempre são óbvios, mas o fato de que eu me veja obrigado a tomar uma decisão bastante séria a caminho do Maracanã, onde México e Itália jogarão daqui a pouco, é surpreendente. Meu pai diz, quando descemos do metrô:

– Apê, fica com o ingresso na mão.

Lá embaixo, na Radial Oeste, há um severo bloqueio policial. Só passa por ele quem mostra o bilhete. A dois passos de distância, umas quinhentas pessoas erguem cartazes e gritam palavras de ordem. Não há meio-termo: ou eu vou para o jogo ou fico para o protesto.

Antes que atravessemos a barreira, começa um empurra-empurra e um policial borrifa um pouco de gás de pimenta no ambiente, só para não perder o hábito. Quando meu pai exibe o ingresso e passa, as minhas pernas declaram objeção de consciência e param. Guardo o ingresso no bolso.

– Vem logo, Antônio Pedro!
– Vai na frente. Te encontro lá!
– Você enlouqueceu? – ele grita e eu vejo as suas veias na garganta. Depois, ele tosse, porque o tempo está seco e ainda há uma quantidade não desprezível de veneno em circulação.
– Já vou!

De fato, eu só quero ver o que está acontecendo. Em meio à aglomeração, eu reencontro a garota que estava presa na delegacia com o skate embaixo do braço; ela, por sua vez, me apresenta a outros amigos, que me pedem para segurar uma faixa, com a indagação: "Copa para quem?" Talvez a mesma faixa que eu vi, há alguns dias, segurada por vinte pessoas. Um homem com uma camiseta da Seleção toda manchada com tinta vermelha – bem, espero que seja apenas tinta – ergue um cartaz: "A rua é a maior arquibancada do Brasil" (não deixa de ser irônico pensar que o jingle publicitário se comprovou, embora num sentido bem diferente do que pretenderam seus idealizadores). Esse homem quase encosta o cartaz no rosto de um PM, que o empurra, o que faz com que as pessoas gritem e reclamem, o que faz com que mais peemes empurrem, mais pessoas gritem e reclamem em dobro, até que as bombas enfim se manifestem.

Ao meu redor, o de sempre: pessoas correndo e fumaça. Quem tropeça é espancado; quem corre é um alvo das balas de borracha. Por um segundo, não consigo respirar e nem vejo mais nada. Sinto uma pressão no antebraço; só depois ouço o estampido. Minha pele queima. Algumas pessoas sentam no chão e erguem os braços e bandeiras do Brasil, num gesto de rendição, mas os soldados passam por cima delas.

Um jornalista, que teve a sua câmera quebrada, é imobilizado com violência por outros dez homens. Até mesmo os policiais que não são do Batalhão de Choque lacrimejam e sufocam, pelo efeito do gás lacrimogêneo.

Alguém me empurra na direção da passarela do metrô – mesmo metrô no qual, há uma hora, com ingresso na mão, eu recebia sorrisos e desejos de "bom jogo" dos funcionários. Agora, os seguranças se apressam para fechar o acesso.

Um pipoqueiro nos incentiva:

– Vocês estão certos!

Descemos no lado da Quinta da Boa Vista. Sobre as nossas cabeças, sobrevoa um helicóptero, que eu não sei se é da TV ou da Polícia. Vozes gritam:

"Reagrupa!"

Diante da exclamação coletiva, o pânico desabalado cede por um minuto. É isso aí, nós não temos que ir embora. Esta é uma rua nossa, dentro de uma cidade nossa, dentro de um país que é nosso.

Uma mulher inicia um discurso no megafone, na via bem diante do parque:

– Nós não iremos recuar, até que...

As explosões e os estampidos dos disparos recomeçam, ainda mais violentos. Cercados e alvejados por todos os lados, buscamos refúgio entre as árvores e os piqueniques do parque, cheio de famílias a essa hora. Alguém me incentiva a correr:

– Por aqui, companheiro!

Que coisa. Até ir à primeira assembleia, eu só ouvira essa expressão em filmes ou em reuniões chatas do movimento universitário. Agora, a palavrinha parece se encaixar à perfeição dentro deste contexto específico, no qual as pessoas não se conhecem mas se ajudam. Doravante, quando outros tropeçam, eu lhes estendo a mão e digo:

– Vamos, companheiro!

– Vamos, companheira!

Na Quinta da Boa Vista, o passeio de domingo é atropelado pelo junho febril que passa. As bombas continuam a ser lançadas e não são inteligentes a ponto de distinguir entre manifestantes, crianças ou cotias. Uma vendedora de algodão-doce engasga com o gás lacrimogêneo e é socorrida por um jovem que encharca seu rosto de vinagre; noiva e noivo que tiravam fotos para o casamento se somam à corrente humana que corre para se abrigar dos disparos.

Em frente ao velho casarão rosado do Museu Nacional, o passado encara o presente. Estamos sitiados. Ninguém entrará, ninguém sairá, até que a noite caia. Depois que o sangue esfria, meu antebraço dói e fica grande e feio como uma batata podre. Minha roupa, suada, cheira a gás.

Segunda-feira, 17/06/2013

NAVALHA

Nas ruas, o movimento é o mesmo. As horas, que eu gostaria de ver voar, se esticam e alongam, qual elásticos.

Na esquina da Uruguaiana com a Presidente Vargas, ouço um anúncio estranho:

– Kit protesto, alô kit protesto!

Procuro a direção da voz e me deparo com um homem com camisa polo desbeiçada, barba mal-feita e barriga saliente:

– Alô manifestante! Máscara, vinagre e bandeira do Brasil, na minha mão é vinte!

Por pura curiosidade, fico ali por perto, de olho. Parece que a ideia será um fracasso, mas, depois das quatro, à medida que as pessoas saem do trabalho ou descem do metrô, os kits começam a sair feito água. Pouco depois das cinco, já estão esgotados.

Antes que o vendedor se vá, puxo conversa:

– Foi boa a venda hoje, hein, irmãozinho?

– Nem fala. Eu devia ter trazido mais.

– Você vai ficar?

– Ficar para quê?

– Para o protesto.

– Até que eu gostaria, mas não me planejei. Quem ficar vai se dar bem.

Ele diz e se afasta. Acho que ele não entendeu a minha pergunta. É até engraçado, se você para para pensar. "Kit protesto." A julgar pela demanda, a noite promete.

FLÁVIA

Para variar, eu tenho o pesadelo com o meu filho agarrado às minhas pernas, enquanto o metrô se desloca. Acordo suada, mas a angústia logo se dissipa. Ontem, no bar, ganhei um cachê legal – trezentas pratas – que equivale a alguns dias nas ruas. Isso até compensou a despedida na parte da tarde, que é sempre difícil (com o passar do tempo, mais para mim que para o Júnior). Sim, no cômputo geral me sinto sã e salva e forte e tenho comigo pensado Deus é brasileiro e anda do meu lado. Fuço as minhas coisas e coloco "Alucinação", do Belchior, para tocar.

No mais, tenho um dia normal. Zanzo pelo centro, mas o trocado que levanto é pouco. Dentre as muitas coisas de que eu preciso com certa urgência, a mais urgente é descolar um parceiro ou parceira. Alguém que se concentre no violão, enquanto eu me concentro na voz; alguém que se concentre na arrecadação enquanto eu me concentro nos guardas ou vice-versa.

Às quatro, encontro o Carlos (o anjo que resgatou e consertou meu violão), a Mari, sua namorada (uma pintora de retratos que bate ponto no calçadão de Campo Grande) e muitas outras pessoas nas escadarias da Câmara Municipal. Aqui é um dos pontos de concentração da manifestação (dizer isso ainda é pouco. Na verdade, aqui é um dos pontos de concentração da cidade). Na praça, pessoas pintam faixas, confeccionam cartazes, leem poesias, improvisam uma fanfarra com percussões e saxofones. Pareceria até um carnaval, não fosse pela estação do ano e pelo preto dominante das roupas.

A Camila, uma garota da Baixada que escreve poesias, dança e é grafiteira, propõe na roda:

– O que vocês acham de nós formarmos um coletivo artístico, para se apresentar antes, durante e depois dos protestos?

– Uma instalação móvel! – concorda a Verônica, que integra a "Companhia de Teatro Suburbano" ou algo assim.

– Eu apoio! – digo, animada – Assim, podemos protestar e ao mesmo tempo fazer o nosso trabalho.

– Arte engajada! – diz a Mari.

– Bobagem – corta um sujeito que veste um poncho puído verde (quem veste poncho no Rio?), tem uns bigodes ralos e pita um cigarro de palha –, as ruas não precisam de artistas, mas de soldados.

– Claro, a gente olha para você e reconhece na hora o espírito militar prussiano! – responde com ironia um homem que veste chapéu panamá e toca cavaquinho. Todos caem na gargalhada, menos o "soldado", que fuma seu paieiro, com ar blasé.

Aos poucos, o coletivo ganha contornos mais sérios. A Mari rascunha o símbolo, numa folha de caderno. Estudamos um nome. No fim, a polêmica afunila entre "Coletivo Carcará", como menção à coisa da ditadura, ou "Cultura-Contra", trocadilho de contracultura que permite agregar qualquer pauta: Cultura contra os megaeventos, cultura contra o aumento, cultura contra o machismo etc. até o infinito. Há defesa de proposta e votação, igual na plenária, embora sem toda aquela gritaria e jargões repetitivos (a não ser os que são imitados, de propósito, para fazer graça). Por fim, retira-se a proposta do "Coletivo Carcará." Uma malabarista que assumiu a posição de mesa, encaminha, muito séria:

– Levanta o braço quem é a favor.

Quase todos erguem.

– Quem é contra?

Dois palhaços votam.

– Somos contra o "Coletivo Contra".

Eles falam de um jeito engraçado, de modo que todos riem. Menos eles, o que também é engraçado.

Ali mesmo, o Carlos já cria a nova página no Facebook. Legal, não me lembro de ter sido de algum coletivo antes, nem de ver tanta gente criativa junta.

Devido a toda a discussão sobre o coletivo, saímos atrasados da Cinelândia e pegamos a manifestação já em marcha, lá pela metade da Rio Branco.

No meio de um grupo de pessoas que vestem jaleco branco, reconheço a Karen. Quando me vê, ela abre um sorriso cheio de orgulho:

– Somos um coletivo de socorristas. Quase todo o pessoal da faculdade quis vir.

Que coincidência, hoje ela também formou o seu próprio "coletivo." Se isso for uma moda, não será incrível? "Aja junto com outros, some esforços." Tomara que isso dure além do outono-inverno.

Na verdade, toda a extensão desta avenida abarrotada de gente pode ser considerada um único coletivo. As subdivisões – artistas de rua, advogados voluntários, socorristas – só existem em função deste todo díspar que caminha e grita.

À minha frente, um casal de idosos caminha de mãos dadas, com os passos lentos. O senhor, que seguramente tem mais de oitenta anos, veste uma camiseta vermelha onde se destaca, em amarelo, o desenho de uma foice e de um martelo. Ele tem um cartaz pendurado no pescoço, no qual se lê: "Não basta só indignar-se, é preciso nos organizarmos e agir!" Qual será o seu nome? Quantas manifestações aqueles olhos já terão visto? Ao seu redor, os cliques dos fotógrafos, os aplausos reverentes dos que vieram depois.

Súbito, eu tenho uma vontade incrível de pegar o violão e cantar, alto e forte, com toda a minha gente. Não: no aqui-agora, é com palavras de ordem que eu devo me expressar. A multidão avança e eu ouço as notas nítidas do seu passo majestoso, que me enche de alegria e compromisso.

E parece que tudo terminará assim, numa grande celebração, nas escadarias da Câmara de Vereadores, quando começa um burburinho de que as coisas estão feias para o lado da Assembleia Legislativa. O ato é grande de um modo assustador: ao meu redor, toda a praça Cinelândia está tomada, e eu descubro que a vários quarteirões daqui há ainda um outro protesto.

Lá, eu constato, estupefata, que "outro" é o adjetivo mais adequado mesmo. Como os dois lados de um disco.

APÊ

Pego o metrô para ir ao escritório, desço na estação da Carioca para ir ao escritório, encaro com os meus olhos o edifício onde fica o escritório, mas dou meia-volta e vou para o caco, onde a Rita combinou uma concentração com os calouros a partir das três da tarde. Quando a hora chega, eu descubro que as centenas de ontem viraram centenas de milhares hoje:

"Se a passagem não baixar, o Rio, o Rio, o Rio vai parar!"

Ao passar diante do escritório, ainda noto luzes acesas. Será alguma cópia de mim mesmo? Não, nada de efeito borboleta: trata-se de um estagiário (o Cléber ou a Núbia) que chegará mais tarde em casa para cobrir a minha falta. Não sinto nem um pingo de culpa sequer. Ausente do trabalho, faço-me presente onde importa. À minha frente, leio num cartaz: *"Desculpe o transtorno, estamos mudando o país"*. A julgar pelo estado recente da minha vida, vê-se que o transtorno não engloba só o trânsito paralisado.

Quando as pessoas que estão à frente do ato chegam à Cinelândia, há milhares de outras que apenas iniciam a marcha, na Candelária. Todas as vozes e causas se misturam numa insatisfação há muito represada. O único padrão inconfundível é a absoluta heterogeneidade.

Algo acontece. A Rita corre em direção ao carro de som, seguida pelo Cauê. Na subida das escadas, eles batem boca com outras pessoas.

– O que houve? – pergunto para o Cauê, que está indignado.

– Houve que não tinha sido combinado nenhum carro de som.

Um grupo de caras com os braços cruzados impede quem quer que seja de subir no palanque motorizado. Ao meu redor, ouço gritos crescentes de "Alerj!", "O ato tem que seguir!" Acho que já entendi qual é a divergência. Eles não poderiam decidir isso de maneira mais pacífica? Eis um jeito bem estranho de estar do mesmo lado.

Uma mulher puxa o cabelo da Rita, depois desta empurrar um dos homens na barreira; atrás de mim, aproveitando a confusão, o Cauê me empurra na direção das escadas e grita:

– Vai!

Desnorteado, sem saber o que me espera, eu subo no carro de som. Ouço uma voz estranha gritar "Segura ele!", mas ela logo é abafada pelo estrondo de fogos de artifício. Depois de pisar o último degrau, perco o fôlego ao contemplar do alto a vasta multidão que cobre toda a Rio Branco, como se fosse um enorme lençol estendido.

Apesar da briga lá embaixo, ninguém aqui me conhece nem dá a mínima para a minha presença. Há homens com barbas grisalhas, que conversam como velhos amigos; há jovens com camisas de partidos políticos e diretórios acadêmicos; e há até mesmo a garota com camisa do Che Guevara que eu vi na primeira assembleia – não é difícil reconhecê-la, porque a camiseta é a mesma.

O que eu faço agora?

Lá embaixo, a Rita se esgoela (é claro que eu não ouço nada, mas leio os seus lábios):

– Alerj! Alerj!

Olho para a garota-Guevara, que é quem, pelo visto, controla as inscrições. Vou até ela:

– Boa noite, com licença.

Ela me olha como se eu fosse um alienígena recém-chegado na Terra.

– Não sei se você se lembra, mas nós nos conhecemos na assembleia do IFCS.

Seus olhos se estreitam, com má vontade. Prossigo:

– Eu poderia, por favor, usar a palavra?

– Você é de qual força?
– Hã?
– Qual corrente?
– Eu sou do Caco.
Ela faz uma expressão contrariada e me diz:
– Vocês não estão no comando do ato.
E se vira. Simples, assim. Conversa encerrada. Eu sabia que isso não daria certo. Debruço-me no parapeito e grito para a Rita (falo devagar, para ela também poder ler os meus lábios):
– Não vai dar para falar.
Ela fecha a cara e estica as duas mãos num gesto de: "por quê?"
– A garota não deixou.
A Rita solta um palavrão e eu não sei se foi para a garota ou para mim. Ela berra:
– Volta lá.
– Rita, não dá.
– Volta lá, agora!
– O que você quer que eu faça?
– Pega... merda...microfone...Alerj! Alerj!
Esse é o grito que cresce do lado oposto à praça:
"Alerj! Alerj! Alerj!"
Acho que eu entendi. Eu devo escolher entre ser assassinado pela Rita ou pela garota com a camisa do Guevara. Aproveito a distração desta e, no gesto mais temerário de toda a minha vida, agarro o microfone:
– Quem quer continuar aqui, se manifeste!
Um som difuso, de gritos, aplausos e vaias vem das ruas. Eu protejo o microfone contra o peito e grito com uma voz gutural, enquanto começam a chover sobre mim pancadas de todos os lados:
– Alerj! – (não tive condições de formular toda a frase.)
Um urro feroz açoita o ar e varre a noite. Temos um veredito.
Largo o microfone no chão e vou para a saída. A garota com camisa do Guevara me dá um soco na costela:
– Seu irresponsável filho da puta!
– O comando do ato é a maioria! – respondo, e saio fora o mais rápido que posso.

NAVALHA

Impacientes, vamos à frente, os trezentos de sempre. Os que cansaram de esperar. Garotos com camisas rasgadas, garotas com o cabelo colorido, homens com barbas crescidas, mulheres de óculos embaçados. Há um pouco de tudo neste todos. Revolta, brigas de torcida, repressão covarde, barracos demolidos, livros de história, chacinas. A cidade
Avessa
Aversa
Invertida
Eis que, de súbito, ouço um estrondo. Mas não é de bombas, nem de tiros.
— Eles estão vindo! — alguém grita do meu lado.
Viro-me e, com a boca bem aberta, repito:
— Eles estão vindo!
Não somos mais trezentos; talvez sejamos trezentos mil, que rugem e marcham para o mesmo ponto, como a água de enchente que arrasta o que quer que esteja pelo caminho. Do alto do Palácio Tiradentes, as estátuas nos encaram. O que elas pensariam, se pensassem?
"Voltem para casa, analfabetos, favelados. A história não é para o seu bico."
Ou:
"Até que enfim vieram nos resgatar desse marasmo!"
Como se também fossem estátuas, os policiais guardam as escadarias.
Policiais em linha.
Policiais com medo.
Policiais recuam.
Anônimos em linha.
Anônimos sem medo.
Anônimos avançam.
Grades em pé.
Mãos nas grades.
Grades no chão.
Morteiros, paus e pedras.
Fogos de artifício.

Garrafas incendiárias.

Escadarias tomadas de assalto.

Prédio incendiado.

O prédio não recua, porque isso é impossível. Mas, para os milhares que perseguem, ele treme sob a força dos seus pés; para os trinta policiais que buscam abrigo, ele se estica numa agonia.

Quem se acostumou a cercar se viu hoje cercado.

Lamento?

Avanço sem nenhuma sombra de dúvida, embora o pé ainda doa quando eu corro. Quem disse que o dia da caça não chegaria?

– Vocês estão fora de si! – um louco grita. Sim, louco, porque a razão trocou de lado, e é loucura desafiar a multidão desse jeito.

– Cala a boca, seu imbecil! – eu respondo. Neste momento, eu sou a ação que fala. Duvido que esse cara conheça o fundo de uma favela, lá onde ficam os porcos, as crianças brincando na lama, uma mata suja, onde corpos e lixo apodrecem.

– Vai se foder! – ele diz.

Vou na sua direção, mas alguém toca nos meus ombros:

– Não caia em provocação, companheiro.

E aponta o prédio em chamas, como se dissesse: "Aquele é o nosso alvo".

Em torno de uma viatura incendiada, pessoas encapuzadas improvisam uma dança. Sim, talvez sejamos uma espécie de índios metropolitanos; cativos a caminho do quilombo, sedentos de uma alegre vingança.

Em frente ao Paço Imperial, um pequeno grupo de policiais ainda mantém a posição. A multidão ora avança, ora recua, como se brincasse de gato e rato.

Quantas vezes vocês nos bateram, hein?

Deram tiro em gente do nosso sangue?

Largaram tapa na nossa cara?

Ah, não foram vocês? Como saber? Se eu jogo num time, me pertencem as vitórias e as derrotas. Tire a farda, o capacete, se quiser ser tratado como um de nós.

"Você aí fardado, é capitão do mato!"

Não dá para saber se foi a massa que avançou primeiro, e os policiais recuaram em fuga, ou se foi a fuga desesperada dos policiais que atraiu a massa. Correria, corro, corpo a corpo. Contas demais para pagadores de menos.

– Para, vocês vão matar eles!

Outras pessoas se atropelam à frente:

– Vocês vão matá-los! Isso vai foder o movimento!

Nada como saber usar a palavra certa. O movimento merece o nosso respeito. A fúria, de repente, se acalma, tão repentina como veio. Os policiais saem de cena, arrastados, como sacos.

Há focos de incêndio no prédio, nas ruas e por todos os lados. O fogo substituiu os outdoors como peça de propaganda. Garotos magros, com bermudas e chinelos havaianas, trepam nas fachadas dos prédios com *jet*, para espancar suas mensagens à vontade. Há xingamentos contra políticos, reclamações contra o aumento das passagens e até uma mensagem que diz: *"Jenifer casa comigo"*.

No chão, chinelos e roupas de marca se oferecem ao público, como se fossem espólios de guerra. Não quero nada disso. Só quero que o próximo acerto de contas chegue logo. Dissolvo-me, então, no mar de gente, à espera.

FLÁVIA

A frente da Alerj, sem policiais à vista, parece uma zona liberada.

Um jovem, que eu não reconheço por conta da blusa amarrada no rosto, me oferece um par de chinelos novos:

– Não, obrigada.

– Um chocolate?

– Não, obrigada.

– Uma roupa de marca?

– Não, obrigada.

– Pô, Ventania, você não quer nada!

Ele ri e se afasta. Não faço a menor ideia de quem ele seja!

Enquanto isso, manifestantes desenham figuras, ou escrevem frases, em todas as superfícies visíveis disponíveis.

"Foda-se a Copa!"

"Remoção, não!"

Uma, mais elaborada, me chama a atenção:

"Não queremos jaulas maiores, queremos jaulas vazias!"

Lembro-me da velha canção, uma daquelas canções que sempre estiveram por aí e para sempre estarão. Apenas canto, enquanto, do meu lado, um grupo de pessoas imita um ritual indígena em torno de um carro em chamas:

"Agora não pergunto mais aonde vai a estrada
Agora não espero mais aquela madrugada
Vai ser, vai ser, vai ter de ser, vai ser, faca amolada
O brilho cego de paixão e fé, faca amolada"

A voz sai afinada, aquecida pela emoção que me comove e me cerca; aquecida pela fogueira impensável no centro financeiro da metrópole.

Ao meu redor, o efêmero sucumbe. Só restam os nós.

Pessoas se agrupam e ampliam a roda. Aparece alguém com pandeiro; aparece um outro violão. Vejo, por detrás das camisas nos rostos, olhos se fecharem, deleitados, no refrão; outras pessoas, como eu, de cara limpa, têm a face empapada de suor, o suor que nasce da luta, que é também prazer.

Como descrever o que me invade o corpo e sopra aos ouvidos, neste instante?

Na ausência de algo melhor: liberdade.

Uma indescritível liberdade.

Liberdade que chega tarde e não se demora, porque logo explode uma bomba de efeito moral, seguida por outra e por outra; saraivadas de balas de borracha. Os carcereiros reclamam que se lhes devolvam as chaves da cidade.

Na saída, não sou presa por um triz: consigo abrigo em um prédio, enquanto as motocicletas da Tropa de Choque avançam na contramão. Do meu refúgio, vejo, estarrecida, uma mulher de jaleco branco sendo arrastada pelos cabelos por um policial. "Eu sou enfermeira!", ela grita. "Foda-se, sua piranha!", ele responde. Não acredito: é a Karen!

APÊ

A marcha, que parecia cadenciada na Rio Branco, se acelera na 1º de Março. O Cauê me mostra no seu celular uma imagem ao vivo de Brasília: um mar de gente protesta na Esplanada dos Ministérios, no teto do Congresso Nacional, na varanda do Itamaraty.

Na Alerj, testemunho o impensável: as forças da lei cercadas e batidas pela desordem enfurecida. Engravatados lançam pedras na direção dos policiais; jovens magros e descalços correm na avenida sem carros.

Pudera: algo seria mais estúpido do que pretender cercar o palácio com trintas homens? Por que não deixar que os cidadãos ocupem as escadarias do prédio público, afinal? Esta não é a casa do povo?

Ontem, gritou-se que os fardados "também são explorados", enquanto eles se mantiveram indiferentes. Hoje, cospe-se-lhes na cara – metafórica e literalmente – que "são capitães do mato", e a sua face se convulsiona num pânico inegável. Sim, pânico. Parecia que esse sentimento só atuava de um lado, mas hoje se vê que ele pode ser puxado pra lá e pra cá, como as réplicas e tréplicas de um processo.

Fico feliz com a violência? Não. Apenas constato que ela não foi inaugurada hoje, nem por esses ao meu lado. Minhas convicções acadêmicas e familiares falham, uma após a outra, para explicar o mundo grande, este que existe além da minha redoma confortável; parece que não se aplicam a esta nova realidade. Qual realidade? Sei lá, a realidade de milhares de navalhas. As velhas crenças baseadas em princípios de equilíbrio e harmonia queimam no fogo das barricadas, como um trapo imprestável. É como se a própria corda, num dia excepcional, se recusasse a rebentar do lado mais fraco. Alguns insistem em gritar "sem violência!", mas seus gritos são abafados por outros muito mais potentes de "sem moralismo!" A cada coquetel molotov lançado contra o prédio ecoa um grito de festejo como se fosse um gol.

Estou atônito com o que vejo. Sem saber direito por que, tiro o celular do bolso e começo a filmar o evento impensável. Para quem? Não sei. "Para a história." Eca, que coisa pedante: todo mundo sabe que a história não acontece assim toda hora. É mais um desabafo contraditório, conturbado e tenso como as cenas à minha frente. A escadaria enfim tomada é, com certeza, a imagem mais impressionante desta jornada rica em imagens impressionantes. Em Brasília, em São Paulo ou em Istambul as pessoas devem estar assistindo nos seus celulares o que acontece agora, diante dos meus olhos incrédulos, no Rio de Janeiro. Isto será lembrado para sempre. A cidade na qual, no dia 17 de junho de 2013, a multidão enfurecida carbonizou o medo.

NAVALHA

Depois da festa, a ressaca. O centro está mandado, mandado. Não há rota de fuga; as motos e as picapes do Choque estão por toda a parte. Os canas vasculham cada esquina atrás da sua revanche. Prefiro não dar margem para o azar. Um rapaz de Acari, que eu conheci na assembleia (com quem esbarrei hoje no meio da escadaria), me fala:

– Aí, irmão, a Central está maior sujeira. Em frente ao quartel, vagabundo está sendo algemado e metido dentro do ônibus.

– E agora?

– Melhor marcar um dez na Lapa. Tem mais movimento, é mais fácil para dichavar.

– Tá bom, vou contigo.

– Você tem outra camisa?

– Tenho, sim – por precaução, hoje eu trouxe uma camiseta preta, para ficar misturado com o outros. A amarela, do trabalho, botei na cara.

– Agora sim. – ele me diz, quando visto o "Compro Ouro" – Isso é o que eu chamo de um disfarce profissional.

Bem, não é um disfarce. Mas isso não vem ao caso.

Na Lapa, os bares estão cheios e a vida parece normal, a não ser pelo movimento intenso das viaturas. Meu amigo se despede logo, ou melhor, sai correndo, porque o seu ônibus passa. Sorte grande. Muito bem, estou sozinho de novo. Será que a Ventania está em casa? Tenho certeza de que lá seria um bom lugar para esperar a poeira baixar. Sem falar que eu não poderia falar sobre hoje com a minha mãe, porque ela me mataria ou morreria. E eu quero e preciso falar sobre hoje, nem que seja para ter certeza de que tudo aconteceu de verdade.

APÊ

Estou na Glória, reunido de novo com a Rita e o Cauê, quando a Flávia me telefona para dizer que a Karen foi presa. Saio sem nem sequer me despedir. É claro que eles se disporiam a me ajudar, mas: 1) não quero estragar a sua pós-manifestação ao redor de petiscos, histórias de espancamentos e cervejas, e 2) talvez eu consiga algo impossível até aqui: conversar a sós com a Flávia. (Imagino a minha amiga indefesa, oprimida por policiais truculentos, um diálogo difícil com um delegado que pretende transferir a Karen, ao fim do qual eu recorro a rebuscadas elaborações da filosofia do direito, ao humanismo e aos direitos inalienáveis inscritos no artigo 5º da Constituição Federal, e a resgato do fundo de uma cela imunda. Sou o herói da noite.)

À medida que eu volto para o centro nervoso da cidade, vejo que o desfile de palavras de ordem e cartazes deu lugar a sirenes, viaturas, motos, picapes, algemas, fardas e coturnos. Polícia, bombeiros, polícia, polícia, polícia.

Eu, sozinho, busco fazer a expressão mais inocente que posso para passar despercebido. A minha roupa social me ajuda, ao contrário dos grupos de três ou quatro jovens vestidos com casacos de moletons e calças jeans, arremessados sem reservas de encontro às paredes.

Na delegacia, a minha ilusão egoísta vira pó: a Flávia não está sozinha – na verdade, ela está cercada por um monte de pessoas que eu não conheço, de um tal coletivo de não-sei-o-que da cultura – e não há muito o que um reles graduando possa fazer, a não ser entregar lanches para os presos. Quando tudo termina, resta-me o consolo de acompanhar as duas até em casa.

FLÁVIA

Quando o porteiro destrava a entrada, o Navalha aparece de repente e quase nos mata de susto.

– Algum problema? – diz o Josimar, do turno da noite.

– Não, nada. Todos amigos.

– Eu interfonei, mas a outra garota disse que você não estava – ele se explica – e eu fiquei sem ter como ir para a Central, por causa dos canas.

– Foi melhor você ter ficado, mesmo – digo.

No elevador, a Karen se apoia no ombro do Apê. Ela está mal. Pergunta para mim:

– Você tem mais algum analgésico aí? Eu já tomei os quatro que eu tinha.

Coitada. Puxada pelo cabelo com tal brutalidade, nem imagino a dor que ela está sentindo.

Abro a porta da sala, o Biscoito me cheira e, constatando que há visita, desaparece no escuro. Coloco a pizza de mercado no forno e pego umas latas de cerveja.

Antes de ir para a cama, a Karen ainda reúne forças para dizer, perante os olhos consternados de todos:

– Apê, amanhã eu vou examinar esse teu braço podre.

– Obrigado – ele responde, sério.

Depois que ela se vai, eu abro a porta do meu quarto.

– Não reparem na bagunça, tá?

O Apê e o Navalha parecem sem jeito diante das minhas roupas, papéis e bolsas espalhados. Com a maior discrição possível, empurro uma lingerie usada para debaixo do travesseiro.

– Estão olhando o quê? Eu não mordo não, podem entrar. – Na verdade, eu não vejo a hora de esticar as minhas pernas, que gritam após tantas horas de esforço.

– Como você consegue morar num lugar tão pequeno? – pergunta o Apê. Quando ele termina de falar, o Navalha esbarra no criado-mudo e derruba alguns CDs no chão.

– Desculpa – ele se abaixa e começa a arrumá-los.

– Desse jeito – respondo para o Apê –, esbarrando nas coisas todo o tempo.

É engraçado porque eles ficam com a cabeça próxima do teto (o Apê é um pouco mais alto, mas o Navalha é mais forte), como se fossem dois adultos numa daquelas casas de brinquedo.

O Navalha dá uma risada debochada e me pergunta:

– Você gosta disso?

Ele está com o *Alucinação* do Belchior nas mãos, que eu ouvia hoje cedo.

– Não é que eu gosto. Eu devoro isso.

Ele faz uma cara de quem acaba de comer jiló pela primeira vez.

– Sério?

– Por que a surpresa?

– Nunca vi ninguém gostar desse cara.

– Meus pais gostam de Belchior – diz o Apê.

– Obrigada – respondo-lhe, não muito segura do valor da sua afirmação.

– A voz desse cara é esquisita – diz o Navalha.

– A voz dele é a voz dele. Ele tem uma assinatura própria. Você já parou para ouvir as letras?
– Nunca prestei atenção.
– Nunca prestei atenção é ótimo! Você deve ter ouvido "Como nossos pais" pelo menos uma vez na vida!
– Essa música é dele?
– Sim, essa e muitas outras.
– Foi mal, não queria desmerecer.
– Olha, está perdoado, desde que você me prometa que vai ouvir esse disco amanhã, sem preconceito.
– Pode ser outro dia?
– Não, amanhã.
Ele coça a cabeça com poucos cabelos.
– Ou isso ou eu vou ficar irritada com você para sempre.
Ele arregala os olhos.
– Eu vou escutar – ele diz, sem grande convicção. Pelo visto, ele ficou surpreso com a minha reação. Mais do que merecida!
Depois de um breve silêncio, o Apê diz:
– Aqui é aconchegante.
– No inverno, sim. No verão, é uma fritadeira.
– Você não tem ar-condicionado?
– Você acha que todo mundo tem ar-condicionado? – pergunta o Navalha, que já terminou com os CDs e está de pé, encostado no criado-mudo. Da porta, o Apê olha para ele, contrariado:
– Você acha que eu penso isso?
– Então por que perguntou?
– Sei lá. Por perguntar.
Saio, pego a pizza e mais cerveja.
Na volta, peço licença aos meus dois amigos e me sento no criado-mudo.
– Como é que é, vocês pretendem ficar em pé a noite inteira?
O Apê se senta na cama. O Navalha não se mexe da porta.
– Hei, e você?
Sem graça, ele olha de um lado para o outro e se senta no chão.
– Não, não, nada disso. Senta na cama com o seu amigo.
Sem jeito, ele se levanta e senta na cama, o mais afastado que pode do Apê.
– O que vocês querem ouvir?

– Coloca Belchior – fala o Apê, provocador. O Navalha olha para ele com cara de poucos amigos.

– Não, hoje eu já ouvi Belchior.

– Você tem rock aqui? – pergunta o Apê.

– Você tem rock aqui? – Faço uma imitação em versão adolescente da pergunta dele. – Já sei!

Viro-me, coloco o Clube da Esquina e dou play em "Tudo o que você podia ser".

– Antes que você, ou você, fale qualquer coisa, fiquem sabendo que esta é a minha música preferida no mundo.

O Apê ergue as mãos:

– Eu amo essa música, e nunca admitiria o contrário.

Não posso deixar de rir:

– O Navalha estava certo, você só fala como advogado!

Agora, é o Apê que não parece muito satisfeito. Diante disso, o Navalha ri ainda mais alto.

– É brincadeira! – eu digo.

– Não tem graça.

– Desculpa, não queria ofender. Quer dizer, eu nem sabia que advogado é ofensa.

– Não é ofensa, não. Mas é que eu não sei mais se quero desempenhar esse papel para sempre.

– Caramba, não achei que ia mexer numa coisa tão séria.

Calamo-nos um tempo. Acho que, enquanto comemos nossos pedaços de pizza, e bebemos outros goles de cerveja, refletimos sobre as tantas coisas sérias das nossas vidas que têm sido remexidas ultimamente.

– É esquisito, porque há uma semana eu estive a ponto de desistir de tudo e voltar para Vassouras. – digo, para reatar a conversa – Hoje, vivi um dos dias mais incríveis da minha vida.

– Eu te entendo – diz o Apê.

O Navalha olha para a parede e não fala nada, embora eu adivinhe na sua expressão concentrada uma avalanche de pensamentos.

– E você? – cutuco-o. Ele, pelo visto, só reage desse jeito.

– Bom, na semana passada eu não tinha um trabalho nem muitas pessoas com quem conversar, a não ser o Golpe. Então, com certeza, eu estava pior do que hoje.

Que apelido estranho: Golpe. Será que ele é favorável a um golpe de Estado (não sabia que ainda existia alguém que defendesse isso)? Ou é membro de uma quadrilha de estelionatários? Sinto uma aguda curiosidade para investigar as profundezas desses íntimos estranhos que me cercam:

— Qual foi, até hoje, a pior coisa que aconteceu na vida de vocês?

— Caramba, Flávia, não dava para perguntar pela melhor? — diz o Apê.

— Não, não, é que eu estou tentando entender... Sei lá, deve ter alguma razão para nós estarmos aqui hoje.

— Havia um protesto, você me ligou para tirar a tua amiga da delegacia, na volta nós encontramos o Navalha em frente ao teu prédio.

— Não é disso que eu estou falando.

— Então é do quê?

— Nós éramos centenas de milhares de pessoas. Muita, muita gente. Mas, ainda assim, a maioria dos habitantes desta cidade permaneceu nas suas casas, enquanto nós estávamos lá.

— Bem, muitas dessas pessoas estavam trabalhando, ou doentes, ou enterrando familiares, ou vendo seus filhos nascerem.

— Caramba, Apê, você só consegue pensar dessa maneira racional e fria?

— Há alguma outra?

— Na escola, eu era um aluno horrível, enquanto o Paulo Sérgio, meu irmão mais novo, só tirava boas notas — O Navalha começa, e as palavras jorram da sua boca como a água de um cano. Parece que ele só esperava por alguém que girasse a torneira. — Era eu quem o defendia das brigas. Uma vez, um moleque mais velho bateu nele. Eu fiquei a tarde toda de butuca e, quando o safado apareceu, eu pulei em cima dele com uma navalha. Juro que eu era capaz de picotar ele.

— O apelido veio daí? — perguntou o Apê?

— Como foi que você adivinhou?

Não posso deixar de rir da implicância gratuita.

O Navalha continua:

— Isso foi só para vocês pegarem a visão de que o meu irmão era certinho, e de que eu gostava, quer dizer, gosto, muito dele. Numa tarde, eu matei aula para fumar um baseado num galpão abandonado que ficava atrás da escola, com outros dois amigos. Meu irmão, justo dessa vez, saiu mais cedo e ficou comigo. Do lado de fora, estava tendo operação, mas nós não percebemos nada, porque colocamos música alta na caixa de som. De repente, a porta do galpão se abriu e os polícias entraram. Mas não eram os comuns, eram os canas da Core, tudo encapuzado. Na hora, meu coração congelou. Eles já chegaram esculachando, dando soco, botinada, tapa na cara, paulada. Implicaram mais com o meu irmão, que era o único de menor. Falaram que ele era a sementinha do mal. Deles, só o comandante estava com o rosto de fora, um coroa sem barba e os cabelos cortados bem curtos. Mas o nome e a patente dele também estavam tapados. Ele disse: "Nosso serviço só vai ser completo quando a gente cortar o mal pela raiz." Na hora, eu virei bicho e fui para cima dele. Eu não tinha a menor chance, era mais uma questão de honra. Apanhei igual gente grande. Me algemaram numa pilastra e deram com correia grossa nas minhas costas, igual escravo. Eu gritava, pedia socorro, mas quem ia se meter com eles? Nem os moleques armados fazem isso. Depois de cansar de tanto nos bater, o mesmo homem falou para os meus amigos: "Vocês dois, rala! Vão contar para os outros vagabundos como é que terminam os que se metem nessa vida." Eles saíram mancando, cuspindo sangue, prejudicados. Mas saíram. Um olho meu não abria mais por causa de um soco inglês que eu levei, mas, pelo outro, eu os via se afastarem e pensava que eu já estava morto. Meu irmão só chorava e a minha preocupação era com ele. Eu só queria safar ele. Depois, os homens nos colocaram algemados dentro do Caveirão. Vocês sabem qual é o cheiro dentro de um Caveirão? Óleo diesel misturado com fedor de suor e de carniça podre, assim que é lá dentro, sem falar o calor abafado. Eu vomitei enquanto os canas só ficavam rindo. Meu irmão chorava e chorava, pedia pela minha mãe. "Na hora de soltar fogos não tem mamãe, né?" Não sei por que, mas eles cismaram que o meu irmão era fogueteiro. Devia ser um jeito de justificar tanta maldade para eles mesmos. Eu desmaiei, quando acordei a porta estava aberta, e percebi que eles iam nos entregar para um morro de alemão, para terminar o serviço. Eu implorava, pedia pelo amor de Deus, mas ali só tinha demônio. Tinha certeza de que eu ia acabar num saco preto. Mas, como já disse, minha preocupação era com o meu irmão e com a minha mãe, que ia perder os dois filhos de uma só vez. Eu, apesar de estar todo moído, me segurei em todo lugar que podia, mas eles me arrastaram para fora e eu ouvi alguém dizer que estávamos no morro do Adeus. Bandido, quando é para fazer ruindade, não brinca. Eles amarraram nós dois numa trave de gol, num campinho no alto da favela, e deram mais pancada. Eles ficavam falando que iam sangrar a gente na faca e depois queimar no micro-ondas, porque os canas disseram que nós éramos olheiros. Eu desmaiava e acordava, apanhava e desmaiava de novo. Por milagre, um morador viu a situação e chamou um pastor respeitado. Resumo, se hoje eu estou aqui vivo conversando com vocês é por causa desse homem, que desenrolou com os caras. Mas o meu irmão, depois desse dia, tudo que ele tinha de calmo virou o contrário.

Ele se cala e o pesado silêncio martela na minha cabeça. Estou chocada. Depois de um ou dois minutos, o Apê pergunta:

– Você não foi à delegacia?

O Navalha destrói a sua pergunta como quem joga papel amassado em uma lixeira:

– Deixa eu te falar uma coisa. A Core é da Polícia Civil, a delegacia é da Polícia Civil. Esquece.

– Eu nem sabia que a Polícia Civil fazia incursão – ele responde e eu vejo que também está chocado, a seu modo.

– Faz e são os mais sanguinários.

– Mas você deveria ter denunciado mesmo assim.

– É, só se fosse para irem atrás do meu endereço.

– Apê, em que mundo você vive? – eu pergunto.

– Sei lá em que mundo eu vivo. Ou vivia – ele responde, desanimado.

– E o teu irmão, onde está agora? – pergunto para o Navalha, que parece ter aquela expressão de alívio que nos domina após fazermos um grande esforço.

– Ele mora no Presídio Ary Franco, em Água Santa, na galeria D, cubículo 14, sentenciado por latrocínio. Ele não matou ninguém, mas alguém tinha que assinar. Como era primário, ele entubou.

O Apê, atônito, deixa escapar em voz alta:

– Latrocínio é crime hediondo, pena-base de vinte anos.

Eu o repreendo:

– Isso é coisa que se diga?

– Besteira – diz o Navalha –, ele não disse nada que eu não esteja careca de saber.

Eu me sinto tão oprimida com esta carga de sofrimento que trato de dividi-la, contando a minha própria história infeliz:

– Meus pais se separaram quando eu tinha uns nove anos. Na verdade, se separaram é um, como se dizia na aula de português...

– Qual o sentido? – pergunta o Apê.

– Quando se quer suavizar uma situação.

– Eufemismo.

– Isso mesmo! Obrigada. Separação seria um eufemismo. Minha mãe, um belo dia, desapareceu no mundo, na garupa de um ex-namorado.

– Parece cena de filme – diz o Navalha.

– Não foi bem assim, eu estou aumentando. Quer dizer, ela foi embora mesmo, mas não sei se foi numa garupa. Deve ter sido no banco do carona, mais confortável. Enfim. Ficamos meu pai e eu em casa. Como ele trabalhava em três colégios, eu mal o via. Ele compensava a ausência comprando qualquer coisa que eu quisesse no supermercado, desde sorvetes a cadernos coloridos. Às vezes, por conta própria, ele também me trazia bonecas, que mofavam no armário, ou embaixo da cama, porque eu sempre achei mais divertido brincar com os meninos na rua. Por causa disso, aliás, o vizinho da frente se tornou o meu melhor amigo e nós fazíamos companhia um ao outro na volta da escola. Até que, vendo a minha solidão, a mãe dele me chamava para almoçar lá de tarde, e sempre fazia biscoitos e bolos. O pai dele era vendedor, alternava semanas inteiras fora com semanas em que estava em casa. Quando isso acontecia, ele ficava por perto nas nossas brincadeiras, para tomar conta, embora não houvesse nada que precisasse de tanta atenção. A mulher ficava distante, cozinhando ou limpando qualquer coisa. Na verdade, ele parecia ser divertido, estava sempre sorridente e eu me lembro até de pensar: "Puxa, seria legal se ele fosse meu pai." Passado um tempo, ele comprou uma piscina de plástico e colocou no quintal, daí nós fazíamos a maior bagunça. Eu comecei a reparar que ele não deixava o meu amigo chamar mais ninguém, éramos só nós. Ele entrava na piscina conosco e sempre inventava alguma brincadeira para que pudesse me agarrar. Até aí, para mim, tudo parecia normal. Um pouco estranho, mas nada demais. A mulher dele nunca chegava perto da piscina, sempre dizia que estava ocupada. Todo dia, ele passava a mão em mim, em todas as partes, sempre mais ousado.

Na sua cabeça pervertida, eu não falar nada devia significar que eu estava gostando. Até que ele comprou um videogame novo para o filho e dizia que ele não poderia entrar na piscina com o aparelho para não estragar. Assim, só nós dois ficávamos na água. Sabe-se lá como, acho que por instinto, eu comecei a achar que algo estava errado. Mas eu sentia vergonha e ficava pelos cantos. Quando me via assim, ele perguntava: "Que foi, Flavinha? Está de mal com o tio? Você sabe que eu te amo muito, não sabe?" Então, com medo de magoá-lo, eu dizia que não era nada, e o abuso continuava.

Interrompo a fala. Maldição. Chegará o dia em que eu conseguirei contar esta história só com ódio, sem lágrimas. O Apê e o Navalha estão mergulhados num silêncio de pedra. Respiro e retomo:

– Um dia, o meu amigo voltou da escola passando mal, a mãe dele o levou para o hospital e ficamos só os dois na casa. Lembro que ela falou para o marido: "Não vai fazer besteira." Eu lembro bem disso. Também me lembro de dizer que ia para casa, mas ele não me deixou sair, falou que queria me ensinar uma brincadeira nova. Ele me levou para o quarto do casal. Nessa hora, eu já estava assustada, a minha perna tremia, parecia que havia uma pedra de gelo no meu peito, mas eu achava que era alguma coisa minha, que não tinha nada a ver com a situação. Ele fez eu deitar na cama e pediu que eu fechasse os olhos e só abrisse quando ele mandasse. Ele começou a me acariciar, sempre perguntando se estava bom, e eu já me odiei muito por ter dito que sim. Até que eu abri os olhos e vi que ele estava nu, na minha frente. Os seus peitos eram bem cabeludos e foi isso que me assustou. Eu nunca tinha visto um homem adulto daquele jeito. Eu dei um pulo da cama e saí correndo. Ele não esperava por aquilo, então, quando percebeu que eu ia embora, desceu as escadas atrás de mim, mas, como estava pelado, ele não teve tempo para me alcançar na rua. Eu me tranquei em casa, morrendo de medo que ele viesse. Na minha cabeça, ele entraria no banheiro a qualquer momento. Eu fiquei por muitas horas trancada. Só saí tarde da noite, quando meu pai me convenceu. Quando ele veio me abraçar eu me joguei no chão, eu só tremia, chorava e dizia que queria a minha mãe. Não sei como, ele conseguiu arrancar algumas palavras de mim, e elas foram suficientes para ele entender a situação. Não era difícil mesmo, para um adulto. Lembro do meu pai ficar comigo na beira da cama, até achar que eu estava dormindo, e de ouvir a porta batendo quando ele saiu de casa. Não sei o que houve, porque o meu pai e eu nunca mais conversamos sobre esse assunto. Mas eu não voltei a ver o pai do meu amigo, e a família se mudou logo depois. Meu pai abandonou um dos empregos e passou a estar mais por perto, e a me inundar com mais doces, embora dizendo ainda menos palavras. Eu sei que para ele também foi um trauma. Ainda deve ser.

Consegui. Eu terminei e não estou aos prantos. Não é que tenham desaparecido a vergonha e a culpa – acho que elas, como cicatrizes, não desaparecerão nunca – mas a indignação se sobrepôs. É menos uma subtração do que uma soma. O importante é que, no final, o ódio some mais pontos e vença.

Dessa vez, o Navalha é o primeiro que fala:

– Eu estou com vontade de vomitar.

O Apê está com as mãos na cabeça:

– Será que todas as mulheres têm uma história dessas para contar?

Respondo:

– Eu não conheço todas as mulheres. Posso dizer que todas as que eu conheço, têm.

– Será que a minha irmã também tem?

– É provável.

– Esse filha da puta merece ser esquartejado – diz o Navalha.

– Ele merece ser julgado e condenado – assevera o Apê.

Depois, eles se calam, perturbados. Passado um tempo enorme, no curso do qual um monte de fantasmas antigos bruxuleiam à minha frente, o Apê me pergunta:

– Como você convive com isso? Você faz terapia?

– Depois daquele dia, eu fiquei um tempo muda. Eu não conseguia falar. Meu pai, sabe-se lá por que, não me levou numa psicóloga, mas numa fonoaudióloga. Ela recomendou que eu fizesse aulas de canto. Acho que, bem, essa é a minha terapia até hoje. Na verdade, eu sou muito grata a ele por isso.

Já acabou o cd. Mas ninguém faz menção de colocar outro. Viro-me, então, para o Apê:

– Agora é a tua vez.

– Ok, eu já esperava por isso. O pior dia da minha vida? Foi há bem menos tempo que o de vocês. Na verdade, eu não sou o envolvido direto. Mas não deixo de ser, porque quando uma coisa afeta alguém da nossa família, nós também somos atingidos de alguma forma. Então eu acho que é válido.

– Fala logo – diz o Navalha.

– Se é algo que te fez sofrer, se é a coisa que mais te traz lembrança de sofrimento, então é válido – digo eu.

– Então, tá bom.

Este Antônio Pedro é inacreditável. Se não lhe explicarem certinho como funcionam as regras do jogo, até numa conversa íntima de três amigos que varam a madrugada, ele pifa. Dá tilt. É engraçado.

– Era domingo. Meu pai, minha mãe e eu fomos até a Barra, para resolver uns assuntos de carro na concessionária. Na saída, fomos ao shopping para almoçar e comprar umas roupas, livros, essas coisas. Minha irmã não quis ir e nós achamos que era porque ela tomou pau no vestibular de Medicina. Bobeira, quem passa de primeira em Medicina? Enfim, ninguém deu muita bola, até porque meu pai pagaria a faculdade de bom grado. É verdade que ela passou o ano anterior trancada no quarto, mas todos pensávamos que era pela dedicação aos estudos, de modo que nada estava fora do lugar. Se uma pessoa gasta o fim da adolescência mergulhada em séries e em livros, que mal há nisso? Ela também não comia direito, mas, afinal, também é normal que uma garota queira permanecer magra, não é verdade? A Aparecida dizia, "esta menina está magra como um passarinho", ou "gente é igual planta, precisa de ar para viver", mas a verdade é que ninguém dava muita bola para essas coisas. Elas só fizeram sentido depois. Acho que me perdi. Onde eu estava?

– Na Barra – digo.

– Ah, sim. Isso. Depois de resolver a coisa do carro e passear no shopping, nós fomos ao cinema (a coisa mais macabra é que a Denise insistiu para que assistíssemos *O Corvo* e comprou os ingressos pelo seu celular). Só que o meu pai começou a passar mal no meio da sessão, por causa de um espaguete à carbonara que ele comeu, quer dizer, devorou, na hora do almoço. Por isso, nós tivemos que vir embora. Quando chegamos em casa, meu pai correu para o banheiro e eu fui para o quarto ligar para a Alice, minha ex-namorada. O quarto da Denise estava trancado. Até aí, tudo normal. Só que a minha mãe havia comprado um vestido novo para ela e estava curiosa para ver a sua reação. Então, bateu na porta uma, duas, três vezes – eu consigo lembrar até do barulho da chaleira na cozinha, porque minha mãe ia preparar um chá –, depois entrou no quarto e deu o grito mais mais assustador que eu já ouvi em toda minha vida. Não é aquele tipo de grito que você ouve e se pergunta: 'mas, o que está acontecendo?', mas aquele tipo de grito que te faz correr para o lugar da ação. Sabem do que eu estou falando? Não foi um grito qualquer.

– Já deu para entender – diz o Navalha, com cara de tédio.

– Eu corri e vi minha irmã no chão, no meio de uma poça de vômito, e eu juro que eu imaginei que ela estivesse morta. Ao seu redor, havia uns comprimidos jogados, que depois nós descobrimos que eram arsênico. Minha mãe gritava, desesperada; meu pai apareceu sem as calças, colocou as mãos na cabeça e ficou paralisado (acho que ele também pensou que a Denise estava morta). Depois, eu percebi que a Denise tinha uns espasmos e que ainda havia um coração pulsante ali dentro. Eu a agarrei no colo e saí do quarto, mas me deu um branco e eu não sabia o que fazer. "Desce com ela pro hospital!", meu pai gritou, ele mesmo à beira de um infarto, com os lábios da cor de cera. Eu corri para o carro e estourei todos os sinais vermelhos. Por sorte, o hospital é lá perto e eu já cheguei na recepção gritando: "Emergência! Emergência!" Logo, um batalhão de gente de avental mergulhou sobre a Denise, correram com ela para uma sala e eles também pareciam tão aflitos que nem deram pela minha presença. Eu vi quando eles meteram o tubo pela goela dela e começaram a lavagem. Eu me contorcia só de olhar para aquilo, mas ela começou a se mexer, a inclinar a cabeça para a frente e para trás, e se me perguntassem o que era aquilo eu poderia jurar que era uma ressuscitação. Depois desse dia, as coisas lá em casa mudaram. Meu pai, quando não está trabalhando – e ele está sempre trabalhando – está bebendo; minha mãe compra coisas compulsivamente, o que deve ser o seu equivalente da cachaça. Eu sei que eles se culpam e que cada um tem a sua própria avaliação sobre a balança de responsabilidades. Para mim, o que mais mudou foi a segurança. Até então, eu achava que a nossa vida era perfeita ou quase perfeita, papai, mamãe, férias, felicidade, sabe? Eu achava que lá em casa nós estávamos a salvo dos problemas. Isso acabou. Não só eu vi que os problemas estavam bem aqui embaixo do meu nariz, como também percebi com clareza que meus pais podiam ser tão vulneráveis e falhos como qualquer um. No final das contas, apesar de toda aquela redoma, minha irmã teria morrido se não fosse o macarrão à carbonara.

– É isso? – pergunta o Navalha.
– É – responde o Apê, que tem o cenho franzido, tenso.
– Essa é a tua história triste?
– É.
– Nota 6 para você.
– Como é que é? – O Apê reage, indignado.
– Nota 6 para o teu sofrimento.
– Vai se foder! Isso é uma disputa de quem é mais ferrado?
– Não, porque se fosse você nem entrava.
– Seu babaca!

Os dois se levantam, eu pulo do criado-mudo – as minhas costas doem depois das horas encostada na parede – e me coloco entre eles. Falo para o Navalha:

– Que bicho te mordeu? Isso não é uma competição! E você está sendo baita desrespeitoso!

Ele parece confuso com as minhas palavras. Depois, diz, baixando o tom:

– Eu estava brincando, Apê. Foi mal.
– Foi péssimo.
– Já pedi desculpa.
– É, ele já pediu desculpa – falo. Assunto encerrado.

Jogo-me na cama, porque minhas costas estão gritando de dor. O Apê logo se senta do meu lado direito. O Navalha, de pé, nos encara.

– Como é que é, Roberto Carlos – digo – vai ficar aí plantado?
– Me chama de Navalha.
– Certo, Navalha. E então?

Ele faz uma careta, depois se joga sobre o colchão, do meu lado esquerdo. Durante o minuto que se segue eu olho para uma pequenina aranha que se move no teto. Falo:

– Nós tínhamos que nos encontrar. De algum jeito.
– Não sabia que você acreditava nessas coisas – responde o Apê.
– Que coisas?
– Destino.
– Não é disso que eu estou falando! O que eu quis dizer é que se estivesse tudo bem, se estivesse tudo certo, se eu tivesse fazendo muitos shows e ganhando dinheiro, ou tivesse me casado e ficado

lá em Vassouras, se o Navalha estivesse num trampo legal e não houvesse tanta covardia e violência policial, se a tua irmã não tivesse tentado se matar e você só tocasse a coisa da faculdade numa boa, se tudo isso estivesse encaixado, nós não estaríamos aqui.

– Nem todas aquelas outras pessoas.

– É, nem todas aquelas outras pessoas.

– Então o Brasil é como as nossas vidas, só que gigante? Um gigante com um monte de sujeira acumulada nos pés, por entre os dedos?

– Acho que sim.

– Então, nós somos milhões de fodidos – diz o Navalha.

Respondo, com os olhos fechados:

– É, acho que é essa a nossa força, por incrível que pareça. O fato de que somos milhões de fodidos.

– Será que têm muitos diálogos como esse, acontecendo nesse momento, país afora? – o Apê indaga.

– Pode apostar que sim – respondo – se tem algo de que não tenho dúvidas, é disso.

Já passa das quatro quando o cansaço me vence e eu os convido a se retirar para a sala. Eles acabaram se entendendo. Tanto, que o Navalha faz questão de que o Apê fique com o sofá:

– Eu durmo no chão, hoje. Da última vez foi você.

Acho graça de que já haja todo um sistema de escalas envolvendo este sofá. Meu último pensamento da noite vai para os milhões de fodidos que ainda se encontrarão antes do fim desta semana.

APÊ

Acordo às 8h e saio junto com o Navalha. No elevador, suportamos em silêncio a dura falta do café matinal. Despedimo-nos na calçada:

– Se cuida – digo.

– Você também.

Caminhamos em sentidos opostos: eu, vou complementar o sono no meu apartamento; ele, se entendi bem, irá direto para o trabalho. Depois de dar apenas alguns passos, ouço a sua voz:

– Hei!

A uns cinco metros, o Navalha coça a cabeça. Depois, fala, meio sem jeito:

– Foi mal por ontem.
– Por quê?
– Pelo negócio da tua irmã. Deve ter sido uma barra.

Penso em todos os perrengues que ele enfrentou ao longo da vida, o que inclui ter sido chicoteado e quase queimado vivo, além de ter um irmão condenado a perder de vista, sem falar a coisa de morar no Jacarezinho e ganhar a vida entregando panfletos. Como eu poderia sentir rancor por este cara, só porque ele deu nota 6 para a tentativa de suicídio da minha irmã? Se ainda fosse uma nota 2... mas 6, na maioria das escolas, é suficiente para passar de ano. Apenas digo, com absoluta sinceridade:

– Não se preocupa. Está tudo certo.

Depois, nos afastamos.

Terça-feira, 18/06/2013

NAVALHA

Meu dia se arrasta, cansativo. Não sabia que protesto dava ressaca. Quer dizer, não sei se foram os protestos ou a conversa na casa da Ventania. Olhando para ela, com aquele chapéu vermelho chamativo, a sua voz doce, ninguém diria que já passou tantos reflexos. No lugar dela, talvez eu tivesse pirado.

No centro, as marcas da batalha estão por todas as partes. Tapumes, vidraças rachadas, cápsulas de balas.

O amigo que ontem vendia o "kit protesto" voltou, mas agora anuncia camisetas da seleção e vuvuzelas. Reconhecendo-me, ele vem na minha direção:

– Aí, irmão, você sabe quando vai ter o próximo protesto?

– Acho que depois de amanhã.

– Bom saber. Por mim, acontecia todo dia.

– Por mim também. Mas diz aí, como está o movimento?

– Tá fraco, mortinho. Ninguém quer comprar mais essa tralha. – E ele me exibe montes de camisetas "canarinho", encalhadas.

– Nem os gringos?

– De vez em quando um ou outro compra, mas isso não chega para compensar o prejuízo.

Na hora do almoço, enquanto arremato um salgado, fico de pé em frente às Casas Bahia. Numa daquelas TVs enormes, só passa imagem dos protestos. Quando surge o prédio da Alerj eu custo a acreditar que vivi aquilo em pessoa, eu mesmo. Parece um filme.

Na calçada, do meu lado, se mexem outras cabeças e sentenças:

– Baderna! – diz um vigilante de rua, que não tem o braço esquerdo.

– Baderna é o preço da passagem – retruca um jovem com cabelos grandes e camisa de roqueiro.

– Isso que dá, toda essa roubalheira – comenta um senhor de idade, enquanto palita os dentes.

Às cinco, pego minha diária com a dona Marília. Quando me preparo para sair, tenho uma ideia. Dou meia-volta e a mulher, surpreendida, fecha com rapidez uma gaveta.

– Que foi, Roberto Carlos? Que cara é essa?

– Nada, dona Marília. Quer dizer, eu pensei numa coisa.

Ela me olha e não diz nada. Depois, completa, impaciente:

– Desembucha logo que eu não quero dormir aqui!

– Eu pensei que... eu pensei se a senhora deixava eu levar um ou dois maços de panfleto para casa, para começar os trabalhos mais cedo esta semana.

– Que papo de maluco é esse? Já adianto que não posso te pagar mais do que essa diária. O doutor Aldair deu ordens de apertar o cinto.

– Não é questão de dinheiro, não. Quer dizer, se eu pudesse ganhar a mais não seria ruim, porque eu preciso comprar um tênis.

Ela olha com dó para os meus pés e emenda:

– Bem, que você precisa de um tênis não dá para negar. Faz o seguinte: eu posso te adiantar alguma coisa, você me paga com o trabalho.

Eu não sou trouxa: é provável que, por esse adiantamento para comprar um tênis básico, eu acabe os meus dias com uma bola de ferro atada nos meus tornozelos. Preciso terminar com essa conversa, e rápido:

– Obrigado, dona Marília, mas não é questão de dinheiro. É que eu vou começar um curso essa semana e queria sair uma hora mais cedo. Para compensar, eu posso chegar aqui às 8h.

– Mas eu não chego antes das 9h!

– Então, por isso eu queria levar um maço para casa. Assim, eu posso começar antes.

Ela me olha desconfiada:

– Curso de quê?

– Marceneiro. É uma ONG lá do morro que vai dar.

– Você não está tentando me enrolar, não, né? Você sabe que o doutor tem uns secretos rodando por aí?

– Sei, sim. A senhora já explicou.

Para ser honesto, eu tenho minhas dúvidas de que esses "secretos" existam, embora prefira não arriscar. Por fim, ela cede e me entrega o maço.

Na chegada da favela, passo num armarinho e compro uma caneta. Olho bem, para escolher a que parece estar mais carregada. Melhor levar duas, por garantia. Em casa, não há ninguém. Sobre a mesa de centro, minha mãe deixou um bilhete: "Vou ficar até tarde na reunião da célula. Esquenta a comida. Beijo." Maravilha, posso trabalhar logo nos panfletos. Aposto que a Ventania vai se amarrar na ideia que eu tive. Por falar nela, como é mesmo o nome daquele disco? Escrevo "Belchior" no Youtube e deixo tocar enquanto trabalho. Até que não é ruim. Na letra da música, ele fala de "navalhas" e eu me identifico com essa parte. A voz é estranha no início, mas depois eu me acostumo, mais ou menos como acontece com o gás lacrimogêneo.

FLÁVIA

Acordo ao meio-dia, engulo um pedaço de mamão – que pego na prateleira da Karen, para variar – e saio para trabalhar, com um ânimo novo. Meus amigos saíram bem cedo.

Na Mem de Sá, encontro o Zequinha, sem a sua caixa de engraxar, acompanhado de vários outros garotos. Há quantos dias eu não o vejo? Com certeza, desde antes dos protestos, o que faz parecer bastante tempo.

– Como vai, sumido? – digo, brincalhona.

– Pois é, Venta, estava fazendo meus corres – ele fala sem alegria, olhando para baixo. Noto feridas de pele espalhadas pelo seu braço magro, ressequido.

– O que é isso?

– Não é nada.

– É sarna de cadeia, tia – fala um outro, como se isso pudesse ser engraçado.

– Cala tua boca, x9 do caralho! – ele responde e dá um cascudo na testa do garoto.

– O que é isso, Zequinha? Que modos são esses?

– Foi mal, Venta.

– Me explica essa história de cadeia.

– Não foi nada, esse zé ruela fica aumentando as coisas.

Os outros garotos olham de esguelha.

– Vem cá, Zequinha – puxo-o para um canto, a sós –, eu sou tua amiga, não sou?

– Sim, senhora.

– Ai, meu Deus! Agora, me chamando de senhora. É claro que aconteceu alguma coisa séria!

– Relaxa, Venta, não foi nada.
– Eu não vou deixar você sair até me contar.
– Os canas me pegaram de bobeira, mais nada.
– Continue.
– Eu engraxei o sapato de um gringo, mas ele não quis me pagar. Então, eu meti a mão na carteira do filho da...mãe. Daí, ele começou a me bater e disse que era eu que estava roubando, a polícia apareceu e não acreditou na minha história.
– E o que aconteceu depois?
– Ah, depois eu fui de delegacia, mas, como não tinha ninguém para avisar, me mandaram para a cadeia de menor lá na Ilha.
– Você ficou quanto tempo por lá?
– Que saco, você agora é da polícia?
– Tudo bem, desculpa. Desculpa.

Meus olhos se enchem de lágrimas. Penso no Júnior: com todos os percalços inevitáveis, não faltará alguém para defendê-lo no fundo de uma delegacia. Abraço o Zeca e pergunto:

– Você fica comigo, hoje? O Magrão foi embora, então, eu preciso de alguém que me ajude com as moedas. Eu pago o teu almoço.

Ele parece hesitar por um momento, mas logo emenda:

– Não, Venta, foi mal, mas hoje eu já disse que ia ficar com eles.
– Eles são teus amigos?
– É, a gente se conheceu lá dentro.

Enquanto eles se afastam, não sem me cumprimentar com tímidos "até mais, tia", eu me pergunto quantas manifestações seriam necessárias para garantir um futuro a essas pessoas, no eterno país do futuro.

No metrô, ao menos, ganho um bom dinheiro. Dessa vez, quando um segurança me aborda, na altura da estação do Flamengo, muitas vozes vêm em meu socorro:

– Deixa a garota fazer o trabalho dela!
– Larga ela!

O homem, surpreso, tenta se justificar em voz alta:

– Os senhores sabem que não pode comércio no metrô, não sabem?
– Não é comércio. É arte! – eu respondo.
– Você não ia pedir dinheiro?
– Eu não "peço" dinheiro para ninguém! Este é o meu trabalho.

O burburinho no vagão aumenta. O homem desiste e se afasta. Eu tiro o meu chapéu e me curvo, em reverência a esta plateia participante, que me aplaude.

Na estação de Botafogo, uma senhora com os cabelos cor de neve e lindos brincos azuis coloca cinquenta reais no meu chapéu.

– Obrigada! – eu digo, surpresa.

– Fica firme. Eu sei como é. Costumava cantar no rádio. Naquela época, toda cantora era chamada de puta – ela bate nos meus ombros e vai embora.

A apatia sumiu. Apenas alguns dias tumultuados e, zás, a cidade rejuvenesce.

APÊ

Chego em casa depois que o meu pai saiu. Minha mãe foi malhar e minha irmã cumpre sua rotina no quarto. A Aparecida ouve rádio, enquanto faz comida.

– Teu pai está uma arara contigo – ela me diz.

– Ele falou alguma coisa?

– Disse para a tua mãe que você está maluco.

Não posso deixar de rir com desgosto. Então essa é a interpretação dele para tudo o que está acontecendo no país: as pessoas, um belo dia, acordaram malucas. O locutor comenta:

"Por que, ao invés de depredar o patrimônio público, esses jovens não oferecem um projeto de lei?"

– Projeto de lei! Desde quando essas coisas funcionam? – digo, sem pensar.

– Pois é – concorda a Aparecida, e quebra o alho no espremedor.

Depois, reflito sobre o que eu, estudante de direito, numa casa de advogado, acabei de dizer: quem disse que projeto de lei funciona? Não deixo de sentir culpa – e surpresa – pelo meu irrefletido ceticismo.

À tarde, no centro, adio ao máximo minha entrada no escritório. A impressão que se tem por aqui é que os protestos continuam, a rotina é o mero intervalo entre eles. Afinal, as manifestações se exibem nas televisões à venda nas lojas, nas lixeiras quebradas, nos muros pichados, nas manchetes dos jornais, lidas por olhares estupefatos. Atrás de mim, diante de uma banca, um senhor com barba e cabelos brancos, com suspensórios à mostra na camisa social amarrotada, comenta:

– Finalmente.

Viro-me e o encaro.

– Você não acha? – ele pergunta, puxando assunto.

– Acho.

Depois, ele emenda:

– Eu me aposentei ganhando três salários e meio. Hoje, recebo só um.

– Que absurdo.

– E tenho que me dar por satisfeito, porque meu filho nem emprego tem. Não tem empregos, mas tem crianças!

– Onde o senhor trabalhava?

– Eu era metalúrgico. Me aposentei na Companhia Siderúrgica Nacional, em Volta Redonda. Uma senhora fábrica! – ele fala, com orgulho – Os operários eram muito unidos. Não acontecia nada na cidade que o sindicato não ficava sabendo. Depois, veio a ditadura, um monte de gente foi em cana, outros desapareceram no mundo. Os melhores, claro. Os piores se agacham e vão ficando.

– Mas o senhor ficou?

– Fiquei, mas não vai pensando bobagem.

– Desculpa, não foi isso o que eu quis dizer.

Ele segue sem interromper o fio da história:

– Lembro que um companheiro, numa noite, virou para mim e disse assim: "Se finge de morto, Emílio. Alguém tem que ficar para semente". Lembro-me disso como se fosse hoje. Eu nunca mais o vi. Parece que morreu na tortura.

Ele suspira e enxuga os óculos embaçados. Continua:

– Quando parecia que o pior tinha passado, nós fizemos a greve de 88. Com certeza, você já ouviu falar muito nela.

Bem, na verdade, não. Mas ele fala com tanta convicção que eu não quero decepcioná-lo.

– Rapaz, que greve! Tudo parado, a CSN mais a FEN. 18 mil peões de braços cruzados, você imagina?

– Nem faço ideia de como seja isso.

– Pois é. Ninguém entrava nem saía da fábrica. Foram quatro dias de ocupação. Só se falava nisso no jornal. No quarto dia, os milicos invadiram. Foi bomba para todo lado; muitos tiros. Tínhamos nossos piquetes, a autodefesa, mas não naquela proporção. Dois companheiros foram metralhados; outro, morreu depois de levar uma coronhada. 19 anos só, um menino! 9 de novembro de 1988. A gente lá dentro, cheio de esperança, crente que a ditadura já tinha acabado. Na minha avaliação, foi esse o nosso erro. Subestimar o inimigo. Vocês não podem repetir isso, está vendo?

Aquiesço com a cabeça, embora pense que "inimigos" talvez seja uma palavra muito forte. Ele enxuga a testa com um lenço. Suas mãos, enrugadas, já não deixam entrever a força que devem ter tido outrora.

– Eu olhava meus netos e achava que nunca mais veria uma coisa grande de novo.

– E é grande, não é?

– É, muito grande. Muito grande mesmo. Eu torço para que continue.

Ele olha o relógio de ponteiros no pulso:

– Vou andando. Está na hora da minha consulta. Boa sorte, jovem!

– Foi um prazer ouvi-lo. Muito obrigado.

– É o que nós, os velhos, podemos fazer de mais útil: contar as nossas histórias.

Depois, com passos bem medidos, a silhueta encurvada, ele desaparece na esquina. Enquanto a vida flui à minha frente, eu me pergunto se daqui a quarenta anos terei alguma coisa de relevante para contar a jovens desconhecidos, encontrados ao acaso.

Quarta-feira, 19/06/2013

NAVALHA

– Panfleto, dona! Panfleto, amigão! Menina, panfleto, panfleto!

As pessoas me encaram um pouco assustadas. Devem olhar a minha camiseta amarela onde está escrito "Compro ouro" e pensar: quem se empenha desse jeito por uma porcaria dessas?

Um trabalhador metido em macacão, com bigodes espessos, vem na minha direção e eu me inclino um pouco para pegá-lo em cheio:

– Senhor, é do teu interesse!

– Não tenho nada de ouro para vender – ele responde, emburrado.

– Garanto que não é só pelo ouro!

Ele volta, curioso, e lê o panfleto. "Compro ouro. Melhores preços da região etc." Faz um gesto irritado com a mão. Antes que ele amasse o papel, eu indico para ele olhar o verso. Lá, está escrito, à caneta:

"Vá ao protesto quinta na Candelária. Juntos somos fortes".

– Ah, agora eu entendi – ele me diz.

– É, o movimento é organizado.

– Organizado? Então por que vocês não imprimiram isso aqui direito?

Se ele soubesse o trabalho que eu tive aposto que não diria isso, pelo menos, não na minha cara.

– Não temos nenhum apoio de dinheiro.

– Entendi. Boa sorte.

– Obrigado! Apareça lá!

– Até parece que a dona encrenca deixa!

O homem se afasta. Por que ele não traz a mulher junto? Essa gente gosta de reclamar, mas na hora de colocar a mão na massa... eu não entendo!

– Panfleto, dona! Panfleto, amigão! Menina, panfleto, panfleto!

Na verdade, eu quero acabar logo com a primeira metade, onde eu escrevi "Juntos somos fortes." Eu gostei da frase, essa coisa da união, mas não lembrava onde a tinha visto. Depois, me dei conta de que o governo também usa essa propaganda. Fiquei com muita raiva quando percebi a lambança. Às vezes, parece que a minha cabeça trava, igual o computador. Daí para a frente, eu escrevi: "Vá ao protesto quinta na Candelária. Essa luta também é sua." Essa luta também é sua ficou legal, não ficou? Eu estou orgulhoso.

Pena que muitas pessoas pegam o panfleto, amassam e jogam fora sem nem ler. Antes, eu não dava a mínima; agora, que se trata de uma boa causa, eu acho um desperdício. Por isso, quando só resta um terço dos panfletos, eu começo a selecionar os meus alvos.

Coisa difícil: como saber quem pode ir ou não a um protesto? Passa um homem com cabelo raspado, bota, camiseta camuflada onde está escrito: BPQD. Ele que vá para o inferno. Uma senhora com cabelos brancos, o vestido abotoado, mangas compridas até o tornozelo: se ler isto aqui, ela é que vai pensar que eu vou para o inferno. Um homem com a barba mal feita, camisa polo amassada, os dedos gordos, sujos de graxa:

– Panfleto, senhor.
– Obrigado, filho.

Um grupo de mulheres, com uniforme das Lojas Americanas:
– Panfleto, senhora.
– Senhora? Só por causa disso eu não vou pegar o teu panfleto – uma delas fala alto, enquanto as outras riem.

Um adolescente com cara de sono e camiseta de colégio:
– Panfleto, amigo.
– Não, valeu.
– É do protesto!

Ele dá um passo atrás e pega.
– Valeu.

Na hora do almoço, eu aproveito para pegar mais panfletos no escritório. A dona Marília nem me dá atenção, porque está concentrada numa conversa ao telefone.

– Vai um salgado hoje? – pergunta a dona da barraquinha onde eu sempre lancho (salgado + refresco, 2 reais. Não é desonesto, não: vem bastante recheio).

– Não, obrigado tia, hoje eu estou sem tempo.
– Alguma coisa errada com o meu salgado? – ela diz, preocupada.
– Não, que isso! É só por causa da correria.
– Se estiver sem dinheiro, come por conta da casa. Quando puder, paga.

– Obrigado, mas eu dou minha palavra que é só por causa do tempo mesmo.

Sentado num banco de praça, escrevo: "Protesto amanhã!" É o máximo que consigo fazer na meia hora de almoço.

No fim do dia, para espanto da dona Marília, levo mais panfletos para casa do que na véspera. Ela assobia e me diz:

– Olha, eu vou sugerir que o doutor Aldair crie o posto de funcionário do mês, só para te dar.

Pobre dona Marília.

Feliz com a minha contribuição ao movimento, sinto-me animado demais para ir para casa. Com o pacote embaixo do braço, vou andando, sem saber por que, na direção da praça Cinelândia.

FLÁVIA

Respiro aliviada quando desço na estação da Cinelândia, no fim da tarde. No vagão do metrô, de repente, o ar-condicionado pifou, de sorte que eu tive a impressão de que morreria sufocada. Pingando de suor, me deparo com as escadarias da Câmara Municipal, já iluminadas pelos refletores. O Carlos, a Mari e muitos outros membros do Coletivo estão aqui. Entre um papo e outro, percebo uma menina (sim, menina, que não parece ter nem dezoito anos) tocar "Nada será como antes" no violão. Ela tem os cabelos pintados de azul (quem nunca passou pela fase do papel crepom?), usa uma camiseta preta sem mangas que deixa bem visível o "A" de anarquia tatuado no seu braço e tem um piercing no nariz.

– Parabéns, você toca muito bem – digo, com simpatia.

– Não sabia que isso era uma audição – ela responde, malcriada.

– Caramba, não queria ofender.

– Você está maluca, Pipa? Você não reconheceu que essa é a Ventania, a lendária mulher que abriu a cabeça do policial com um violão? – intervém o Carlos.

– Êpa, pera lá! Eu não abri a cabeça de ninguém!

– A garota do vídeo? – pergunta a Pipa.

– Ela mesma – meu amigo responde.

– Uau, parabéns! Eu não sabia que estava diante de um ícone pop!

– Eu não sou um ícone pop!

– Fica mais fácil se você aceita.

Essa garota petulante está me dando nos nervos. Quando estou prestes a desistir da conversa, ela me pergunta:

– Você gostaria de tocar comigo?

– Jura que você está mesmo perguntando isso?

– Nossa, agora sou eu que peço desculpas. Não queria ofender.

– Não, não é isso. É que parece que você leu os meu pensamentos, porque eu preciso mesmo de uma dupla.

Ela me olha com desdém, como se a minha necessidade, de repente, fizesse a sua proposta perder a graça.

– Você toca o quê?

– Bem, isso – eu mostro o violão –, mas eu sou melhor cantando.

– Não sei, não sei. Eu fiquei meio traumatizada desde que a minha última dupla se desfez.

– Sério, o que houve?

– Aquela patricinha nojenta ficava no meu pé e ainda gastava a nossa grana toda. Eu tive que terminar com ela.

– Bem, eu proponho só a coisa da dupla musical, sem relacionamentos no meio.

Ela dá de ombros:

– Está legal. Você fuma?

– Não, obrigada.

– Por que "obrigada"?

– Eu não quero um cigarro.

– Eu não te ofereci um cigarro. Eu perguntei se você fuma. Na verdade, eu é que preciso de um.

– Ah, entendi. Como disse, eu não fumo.

– Você saiu de que mosteiro?

– Do mosteiro Vassouras. E essas coisas estragam a voz.

– Já me disseram que cigarro arrebenta os dentes, os pulmões. Mas nunca ouvi nada a respeito da voz.

– Nunca é tarde para aprender. Essa porcaria queima as tuas cordas vocais.

– Uau. Maconha também?

– Ah-hã.

– Ok. Eu toco e você canta, está bom para você?

– Está ótimo.

Estendo as mãos. Ela hesita e, por fim, estende de volta.

– Você quer começar quando?

– Agora? Amanhã?
Ela engasga:
– Mas, já? Olha, eu encaro isso como um estilo de vida, então não pense que vai me forçar a trabalhar quarenta horas semanais, nem a fazer nada antes do meio-dia.
– Não quero te forçar a nada, eu só quero pagar o aluguel.
– É isso? – ela emite um muxoxo com a voz, como se fosse completamente absurda minha preocupação com uma coisinha desimportante como o aluguel. – Se você precisar, acho que eu consigo arranjar um quarto para você lá no squat onde eu caio.
– Squat?
– É, tipo uma ocupação, com caráter político, sacou?
Sem querer desmerecê-la, mas imagino um lugar sem regras e sem faxina, com guimbas de cigarro e novelos de cabelos no ralo, cartazes velhos nas paredes descascadas.
– Não se preocupe com isso, obrigada.
– Legal, amanhã aqui às três?
– Três? Não pode ser meio-dia?
– Às duas.
– Uma hora.
– Duas.
– Uma e meia, vai? Começamos cedo e terminamos cedo.
Ela suspira:
– Uma e meia. Para valer às duas.
– Não. Às duas para valer às duas.
– Fechado.
Sentada na escadaria, percebo que muitas pessoas detêm o passo quando chegam aqui. Na praça, há uma faixa estendida: "As famílias do morro do Bumba exigem JUSTIÇA!" Um homem com óculos pendurado no pescoço parece tomar conta dela.
– Aquilo foi uma covardia – uma voz fraca, mas muito nítida, sopra nos meus ouvidos.
Ao meu lado, sentou-se o senhor de barbas brancas, roupa puída, que eu sempre vejo por aqui. Ele tem os olhos curiosos e doces e é daquelas pessoas com as quais você simpatiza de primeira.
– O que aconteceu?
– Você não se lembra?
– Desculpe. É que eu não sou daqui.

– Acho que foi 2010. Talvez tenha sido 2011... Não, foi 2010.

– E então?

– Então que as pessoas moravam em cima de um antigo lixão, que foi desativado. Sabe como é, os pobres não têm onde morar... Foi chegando gente, chegando gente, o governo prometeu urbanizar tudo. Um dia, choveu para burro e a terra podre comeu as casas e as pessoas dentro.

– Nossa! Morreu muita gente?

– 267 pessoas. Não tem como eu esquecer desse número: o Cláudio está sempre por aí, para me fazer lembrar.

– Ele se chama Cláudio? – Aponto para o homem que, ao nos ver, acena em nossa direção. Meu interlocutor acena de volta.

– É... Ele perdeu o filho, a nora e dois netos. Não acharam nenhum corpo.

Nesse momento, o Cláudio limpa os óculos na camiseta polo verde. Depois, com o passo vagaroso, estica o lado direito da faixa, que estava caindo.

– O governo fez alguma coisa? – pergunto.

– Desde quando o governo faz alguma coisa por esse povo?

Pergunta estúpida, mesmo. Depois de uns segundos, estico a conversa:

– O senhor mora aqui perto?

– Moro aqui mesmo.

– Aqui? Em algum prédio?

– Não, aqui. Meu cortinado é um vasto céu de anil e o meu despertador é o guarda civil – ele cantarola. Meu Deus, o que é isso? Noel? Cartola?

As suas roupas estão gastas, é verdade, mas dele emana uma grande dignidade. A voz tranquila, o pensamento lúcido. Seria bom se o mundo todo funcionasse desse jeito: para cada praça, um sábio. É uma pena que entre nós as pessoas tenham adquirido o hábito de julgar os outros pela qualidade do pano.

– Como o senhor se chama?

– Eu me chamo Sergio, mas ninguém me conhece pelo meu nome. Pode me chamar de Presidente.

– Minhas reverências – digo, brincalhona. Ele graceja de volta:

– E a senhorita, como se chama?

– Flávia. Mas, para os amigos, Ventania. Prazer!

– O prazer é meu, Ventania. Podes apostar que eu não esqueço nenhum nome.

À medida que chega mais gente, também chegam mais policiais para vigiar a gente que chega. Gente reunida deve ser um negócio muito perigoso.

Noto o Navalha vindo do Largo da Carioca. Pudera, com aquela camiseta, não tem jeito de ele passar despercebido.

– Hei, hei! Navalha!

Eu aceno e ele vem na minha direção. Quando chega às escadarias, eu o apresento ao restante do pessoal e explico a coisa do coletivo. A Pipa logo se intromete e lhe pergunta:

– O que é isso embaixo do teu braço?

– Panfletos.

– De quê?

– Do meu trabalho.

– Credo – ela faz a mesma expressão de desdém que usou comigo há pouco. – Eles te obrigam a panfletar depois do horário ou você é besta de carga por livre e espontânea vontade?

– Não, na verdade fui eu que quis. Mas não é por isso. Olha, deixa eu te explicar – Ele fala com ela, mas olha para mim e as palavras se jogam da sua boca. É divertido esse seu jeito atrapalhado. –, eu trabalho entregando panfletos de "Compro ouro", o dia todo. Quantos panfletos eu distribuo num dia? Sei lá, cinco mil. E lá na Uruguaiana circula muita gente, o fluxo é enorme, não para nunca. Daí eu pensei: bem, e se eu escrevesse no verso dos panfletos uma mensagem convocando as pessoas para o protesto? Talvez, eu alcançasse gente que não ficaria nem sabendo. Pessoas que não costumam usar o Facebook, entendeu?

– Sensacional, Navalha – comento.

– E isso funcionou? – pergunta a Pipa, desconfiada.

– Ainda não sei. Na verdade, eu comecei hoje.

– Vamos fazer um teste, então? – ela se levanta.

– Eu ainda não mudei eles. Não escrevi nada.

– Tem um monte de gente aqui, vamos fazer isso juntos.

– Não sei. Se alguém me vê fazendo isso, vai dar problema para o meu lado.

– Você acha que o teu patrão, que deve ser um cara cheio da grana que está dentro de um restaurante a essa hora, fica te vigiando? Passa logo isso para cá!

A Pipa pega o pacote embaixo do braço inseguro do Navalha, distribui os papéis entre as pessoas e, logo, todos põem mãos à obra: uns, escrevem palavras de ordem; outros desenham; há quem faça versos.

Neste meio-tempo, o Carlos pede a palavra:

– Pessoal, pessoal, atenção: acabaram de anunciar que caíram todos os aumentos das passagens! Nós vencemos!

Gritos de surpresa, seguidos de aplausos e abraços. Os vídeos virais nos celulares exibem as mesmas autoridades, inflexíveis até ontem, curvadas perante a vontade do povo.

Olho para o Navalha: não há nenhum sinal de contentamento nele.

– O que foi, Navalha? Que bicho te mordeu?

– Eles querem acabar com o movimento – ele responde, como quem anuncia que foi demitido, ou teve o salário roubado.

Não tinha pensado por esse ângulo. Para ser franca, não acho que ele esteja certo. Depois da primeira vitória, não parece óbvio que as pessoas criarão mais coragem para brigar por outra e por outra? Bem diante dos meus olhos, o homem que perdeu a família no deslizamento do morro do Bumba distribui o panfleto, impresso com o dinheiro do chefe do Navalha.

– Bobagem, Navalha. O "movimento" não acabará tão cedo.

– É, você deve estar certa. Igual naquele lance do Belchior.

Olho, espantada:

– Você gostou?

Ele coça a cabeça e responde sem graça:

– É.

Eu rio, deliciada. Um movimento que atrai pessoas assim, não pode acabar tão cedo. Pelo contrário, se eu tivesse dez fichas, ou dez mil, apostaria todas na opção de que ele ainda se fará vibrar por muito e muito tempo.

APÊ

No escritório, meu pai me ignora: ele simplesmente não fala comigo. No meio da tarde, ele entra na sala dos estagiários e pergunta para o Cléber:

– Como estão os processos do licenciamento?
– O cartório ainda não atualizou a juntada dos laudos técnicos. Bem, essa é a minha tarefa!
– Tudo bem, qualquer novidade me avisa.
– Pode deixar, chefe!

Quando ele sai, mergulhamos num clima de constrangimento, piorado pelo fato de o Cléber me perguntar de cinco em cinco minutos "se andou alguma coisa", como se eu precisasse ser vigiado para fazer o meu trabalho. Lá pelas tantas, decido ligar para o cartório, mas ele manda eu baixar o telefone:

– Deixa que eu ligo.
– Você não acha que eu sou capaz de dar um telefonema?
– Não é isso, Apê. Imagina.

Mas, no final, é ele quem liga. Alguns minutos depois, a página atualiza e ele sai em disparada em direção à sala da chefia, com evidente ar de superioridade. A Núbia, por sua vez, me olha com pena, o que talvez seja ainda pior. Penso que, quando você convive com pessoas durante um certo tempo, é de se esperar que haja um espírito de colaboração entre elas. No ambiente de um escritório, contudo, a satisfação perante a desgraça alheia ganha de goleada. Confesso que, nessas horas, tenho vontade de lembrar ao Cléber que meu sobrenome me garante assento na espaçosa sala individual ao fundo, não importa o quanto ele se mate de trabalhar. Mas isso seria no mínimo tão deplorável quanto a sua assiduidade competitiva – talvez ainda mais deplorável –, de modo que eu fico quieto.

No CACO, só se fala na revogação do aumento das passagens. O ambiente aqui, no entanto, é menos de festa que de apreensão. A Rita parece brava:

– Tudo para desmobilizar a manifestação de amanhã!
– Isso não vai acontecer, certo? As pessoas entendem que há muito mais a ser feito – respondo.
– Apê, eu queria ter o teu otimismo.

O Cauê muda de assunto:

– Vocês viram que o Joel também está convocando uma manifestação?

– Jura? – digo, incrédulo.

– Pois é.

– E qual é a pauta? – indaga a Rita.

– Solidariedade aos policiais vítimas do vandalismo.

– Essa é boa! – exclamo, espantado.

– Será que a polícia vai reprimir esta manifestação? – a Rita pergunta, e nós caímos na gargalhada.

Em casa, ao abrir a porta, encontro meus pais sentados na mesa de jantar e eles se calam quando eu entro. Estou ferrado.

– O que foi? Aconteceu alguma coisa?

Minha mãe responde, forçando um sorriso:

– Não aconteceu nada, Apê. Desde quando é preciso um grande motivo para os filhos conversarem com os seus pais?

Sem remédio, sento na mesa e os encaro.

– Eu vi que vocês conseguiram derrubar o preço das passagens – diz o meu pai. Não deixo de notar a diferença deste homem para aquele que me ignorou no escritório.

– Pois é – comento, sem entusiasmo.

– Eu me sinto orgulhosa de você, Apê – diz a minha mãe – aqui em casa nós sempre ensinamos a vocês que era necessário lutar pelos nossos direitos.

– Verdade. – Fecho-me em copas e não mudarei minha atitude até descobrir onde eles querem chegar.

– Agora vocês vão cancelar os protestos ou levantar novas pautas? – o meu pai indaga.

É engraçado. Ele fala de um jeito como se eu participasse de um grupo de amigos, que está em dúvida se faz uma festa ou usa o dinheiro para viajar.

– Eu não tenho a menor ideia! De qualquer modo, é algo sobre o qual eu não tenho o mínimo controle. Nem eu, nem ninguém.

– É sobre isso que nós queremos conversar – adianta minha mãe, após um breve silêncio para as avaliações mútuas.

– Verdade que vocês querem conversar sobre a minha capacidade, ou incapacidade, de interferir nos rumos das manifestações?

– Não exatamente nestes termos – o meu pai intervém e eu sinto uma nota de impaciência na sua voz.

– Nós, o seu pai e eu, achamos positivo que você se engaje nas manifestações, Apê. Não se esqueça que nosso namoro começou na época das Diretas.

– Eu sei, eu sei.

– Pois é – ela continua –, e queremos deixar claro que não temos nada contra o teu engajamento.

– Desde que você não se meta em crimes – pontua meu pai.

– Deixa eu continuar? – ela o encara com severidade – É natural e muito bom que você se envolva em política. Se mais pessoas honestas e bem intencionadas seguirem este caminho, o Brasil pode mudar mais depressa. Então, nós pensamos, aqui com os nossos botões, que devemos te apoiar caso você queira seguir nesta trilha. Com a história que nós temos, seria uma vergonha se adotássemos qualquer outra atitude. Por isso, para mostrar que nós estamos do teu lado, nós queríamos te ajudar.

– Me ajudar?

– Sim, te ajudar – diz o meu pai. Eu vejo que ele tenta, com grande esforço, controlar a irritação.

– Você sabe que nós – minha mãe sempre fala nela e no meu pai como uma única entidade – apoiamos o governo. Nem sempre os políticos fazem a escolha adequada, mas ninguém governa sem apoio, e apoio implica em alianças.

– Política é a arte do possível – "filosofa" o meu pai.

– Você não acha que essa é uma definição muito pobre? – Eu o corto.

– Eu não terminei, eu não terminei – minha mãe tenta defender o rumo da conversa –, eu falava de mim e do teu pai. Mas entendemos que os mais novos sintam necessidade de uma coisa mais, mais...

– Mais radical – ele intervém.

– Isso! Mais radical. Assim é em todas as áreas. Eu lembro que, na primeira vez que cheguei com um disco do Led Zeppelin embaixo do braço, o teu avô quase me expulsou de casa! – ela ri – É natural que com a política seja igual. Então, nós andamos pesquisando, e encontramos alguns partidos de esquerda...

– Extrema esquerda – corta-a meu pai.

– É, de extrema esquerda, que parecem ser bastante sérios. Por que você não dá uma olhada?

Ela empurra na minha direção diversos programas de "Partido Socialista tal" e "Partido Comunista tal" que imprimiu da internet. E me olha como se tivesse exibindo uma grande novidade.

– Eles são super radicais, Apê. Mas são responsáveis – minha mãe complementa.

Olho as siglas e os seus números eleitorais. Algumas eu reconheço das plenárias do IFCS; de outras, eu nunca ouvi falar.

– Mãe, o movimento nas ruas não tem partido político.

– Esse é o problema, Apê! É preciso fazer política para mudar a política.

– Eu não pretendo me candidatar a vereador na próxima eleição, obrigado.

– Mas você não vai nem ler, Apê? – ela indaga, desapontada. Eu noto que esta conversa foi um plano minuciosamente planejado por ela. E fico triste ao vê-la perceber que ele foi por água abaixo.

– Não. – Levanto-me.

Deixo-os desolados e me tranco no quarto. Conto a história para a Rita, que me responde:

"Super radicais, mas responsáveis. KKKKKK"

Bom, não posso negar que eles tentaram.

Quinta-feira, 20/06/2013

NAVALHA

Eu acordo às dez para as oito e o meu primeiro pensamento é: "Será que vai dar gente no protesto de hoje?" O segundo é: "Como eu irei explicar à dona Marília a ausência dos panfletos?"

No ponto de ônibus, em frente à barraca de frutas que funciona 24 horas (na favela, pode-se comprar agrião ou banana às três da manhã), as pessoas esperam a condução, com roupas sociais ou uniformes de comércio. Quando o ônibus para na baia, eu sinto até um aperto no peito ao notar a folha de papel colada no para-brisas, escrita à mão, que anuncia a nova tarifa: R$2,75. Ao subir, as pessoas se desdobram em comentários:

– É, caiu mesmo.

– É a primeira vez que eu vejo alguma cobrança baixar, em vez de aumentar.

O cobrador responde, mal-humorado:

– Pelo menos, no preço antigo era mais fácil dar o troco.

– Troco? – uma senhora fala alto – Eu sempre dava três reais e vocês falavam que não tinha moeda. Agora, se o passageiro não tem os cinco centavos para inteirar, vocês reclamam.

– É verdade – outras pessoas apoiam.

O trocador se cala. Dentro do ônibus, a discussão prossegue por um tempo, até que todos se afundam nos seus próprios pensamentos ou celulares.

Encontro o centro da cidade agitado e caótico, como sempre. Tudo pareceria normal, não fossem os tapumes e os policiais posicionados nas esquinas, desde cedo.

FLÁVIA

Espero a Pipa até três e vinte diante dos Arcos. Onde eu estava com a cabeça? Vou sozinha para o metrô, e é um consolo ver que a tarifa caiu de R$ 3,50 para R$3,20. Ainda é salgada, mas o gosto da vitória é doce.

Às cinco da tarde eu desço na Cinelândia, morta de fome. Sinto uma raiva enorme ao avistar os cabelos azuis da minha (hipotética) dupla. O Presidente também está lá, na sua pose de estátua, cochilando com as mãos sobre os joelhos. Quando dou tapinhas no ombro da Pipa, prestes a cuspir marimbondos, ela me responde, como se ignorasse o perigo:

– Ah, é você?

– Claro que sou eu. Eu te esperei até às três para ir tra-ba-lhar.

Ela suspira alto, reclama algo sobre mim – sobre mim! – depois responde:

– Não sabia que tinha que bater ponto.

– Bater ponto? Nós combinamos um horário!

– Eu fui lá, mas você não apareceu.

– Você está brincando!

– Não. Eu dei uma volta por lá e não te vi.

– Que horas?

– Não sei. Há uma hora atrás.

– Há uma hora atrás eram quatro da tarde, ou seja, duas horas depois do combinado.

– Foi mal.

– Isso é tudo?

– Você quer que eu reze padres-nossos e ave-marias também?

– Não. Eu me contentaria de você cumprir o horário. Ou então sai fora de uma vez, se você não precisa da grana.

– Tudo bem, tudo bem. Desculpa. Amanhã eu compenso.

– Ok. Às dez horas.

Ela arregala os olhos:

– Precisa ser tão cedo?

– Em ponto. Se você não aparecer de novo, nada feito.

Ela fecha a cara como se considerasse o cúmulo do absurdo que eu me aproveitasse da sua falta para redesenhar as regras do nosso acordo. É isso mesmo o que eu faço, satisfeita.

Na avenida Rio Branco, em frente à Biblioteca Nacional, estacionam os primeiros micro-ônibus, carros, camburões, canhões d'água e motocicletas policiais.

APÊ

Sentado na mesa da sala, feliz por não ter mais ninguém em casa, leio o jornal. Na capa, destaque para a derrubada das tarifas de transporte público no Rio e em São Paulo. Só Rio e São Paulo? Acho que se eu morasse em Rio Branco, ou em Macapá, não me sentiria nem um pouco representado pela cobertura da imprensa. De repente, ouço a porta do quarto da Denise se abrir. Ela caminha na minha direção com passos curtos e rápidos.
– Você vai ao protesto hoje? – ela indaga.
– Com certeza.
– Posso ir com você?
– Denise, pode ter cenas fortes de violência.
– Tudo bem, eu já tenho dezoito anos.
Quando a porta do seu quarto se fecha outra vez, eu imagino que, se muitas pessoas como a Denise tomarem a mesma decisão, o protesto de hoje será o maior de todos, com ou sem redução no preço das passagens.

NAVALHA

Quando entro no escritório, a dona Marília está sentada na mesa, com ar de poucos amigos.
– Bom dia, dona Marília.
Ela não me responde.
– Posso pegar os panfletos?
– Que panfletos, Roberto Carlos? Me diga, que panfletos?
– Os de sempre?
– Você pegou um maço de panfletos ontem no fim do expediente. Como é? Onde eles foram parar?
– Eu já distribuí.
– Onde? Na tua casa?
– Não, eu cheguei mais cedo hoje...
– Para de mentira para cima de mim, garoto. Olha o que eu achei.
Ela joga sobre a mesa um panfleto onde colaram um adesivo na parte da frente – grande o suficiente para tapar todo o anúncio da firma – e escreveram na parte de trás: **"Quem não luta por seus**

direitos não é digno deles!". Eu dou uma rateada, mas não entrego os pontos. Aprendi na favela que, a menos que te peguem em flagrante, a melhor tática a adotar é negar até a morte.

– O que é isso?
– Não tente me fazer de burra.
– Alguém deve ter pegado isso e escrito.
– Ah é? E esses outros?

Ela joga uns dez iguais em cima da mesa. Eu não sei o que dizer, então, não digo. A mulher prossegue, irada:

– Nós somos uma empresa séria. O doutor Aldair não gosta de anarquia, não.
– Empresa séria? – eu respondo, com surpresa e deboche. Droga. Não foi de propósito. Mas é que eu esperava ouvir tudo, menos isso.
– Moleque, por tua culpa eu tomei uma carraspana do doutor. É claro que eu não devia ter confiado em um favelado.

Ela devolve o meu deboche com um olhar de nojo, que é como uma chicotada no rosto.

– O que foi que você disse?
– Isso que você ouviu, seu abusado.
– Pelo menos eu não sou agiota.
– Quem é agiota, aqui? Nós não trabalhamos com nada ilegal, e se trabalhássemos, isso não seria da tua conta!

Certo. Eu tirei a bruxa do sério.

– Eu prefiro passar fome a ganhar dinheiro extorquindo gente que não tem nada.
– Cala-te! Seu preto safado!
– Sua racista nojenta!
– Vai embora agora ou eu chamo a polícia!

Cego de ódio, eu saio e bato a porta com violência. Sinto uma pressão forte sobre a cabeça, como se um prédio estivesse sustentado nela. Mais uma vez, ferrei o que não chegava a ser um emprego, antes de juntar a grana para comprar um tênis bom para correr. Dane-se, dane-se, dane-se. Com o sangue nos olhos, mal posso esperar a hora do protesto.

FLÁVIA

Quando caminhamos no sentido da Candelária, me dou conta de que estou no meio da maior concentração humana que eu já vi na vida. Ano-Novo, Carnaval, show de graça na praia, esquece.

No Coletivo, nós decidimos ficar à frente do ato. Assim, podemos ajudar de um modo mais efetivo quem está na primeira linha, como a banda de um exército na hora da batalha. (Sim, péssima analogia, feita pelo cara do cigarro de palha. Mas, agora, não consigo pensar em nada melhor.) Ocorre que a manifestação é tão absurda, avassaladora e monumentalmente gigantesca que torna indistinguível começo de fim, trás de frente.

APÊ

Hoje, mesmo as pessoas que jamais pisaram numa manifestação na vida – como o pessoal da Atlética ou a comissão do trote – vieram. O diretor da faculdade cancelou as aulas. "Hoje a lição de Direito ocorrerá nas ruas", ele disse, solene, e, claro, emendou algo sobre a luta contra a ditadura. Minha irmã ajuda a pintar cartazes. Ela veio de verde e amarelo; eu, com uma roupa social, para o caso de precisar soltar alguém da delegacia (ou, pelo menos, entregar lanches para os detidos).

Antes das seis da tarde, da esquina da FND com o campo de Santana, eu vejo a avenida Presidente Vargas tomada de gente. É impressionante.

Nas ruas paralelas à Presidente Vargas, pode-se notar que também é intensa a mobilização da Tropa de Choque. Eu achei que nunca veria nada maior que o dia 17. Mas essa é uma semana de eventos tão extraordinários, que três dias atrás já é um tempo remoto demais para servir como parâmetro.

NAVALHA

A Ventania participa de um coletivo de artistas. A Karen, sua amiga, integra os socorristas. O Apê é membro do grêmio da faculdade (é grêmio o nome daquilo? É, tipo um sindicato, só que de estudantes. Dá no mesmo). Quanto a mim, quem disse que eu também não tenho um coletivo? É um coletivo diferente, admito. Não estudamos nem trabalhamos nos mesmos lugares; não temos sede fixa; não temos nem um nome e nem sequer conhecemos a cara uns dos outros. Mas ele existe e qualquer um pode participar se quiser, desde que tenha uma camisa extra para tapar o rosto e esteja disposto a ir lá para a linha de frente, assim que as bombas começam a estourar.

FLÁVIA

Ninguém combinou em reunião alguma, nem estava escrito em lugar nenhum, que o objetivo do protesto era caminhar até o "Piranhão", o carinhoso apelido que os cariocas dão ao prédio da prefeitura. No entanto, a consciência coletiva aponta para lá as suas setas, como uma vontade única. A não ser por uma exceção importante: a Polícia Militar. Esta, manifesta a sua objeção não na forma de uma questão de ordem, mas como saraivadas de tiros de borracha e bombas – umas bombas diferentes, avermelhado-róseo e azul, muito mais agressivas, apesar da aparência singela.

No começo, há correria, atropelo e um princípio de pânico, mas ao fim de uns minutos, a mesma vontade coletiva se recoloca. Quem tem soro fisiológico, vinagre ou leite de magnésia ajuda quem não tem; os que querem combater, se jogam à frente, e improvisam escudos com tapumes; na retaguarda, os restantes gritam palavras de ordem.

"Não adianta nos reprimir, este governo vai cair!"

É aqui, bem no meio, onde nos posicionamos, com nossos instrumentos musicais e performances improvisadas, ligando as duas partes que ainda formam um todo.

APÊ

O que acontece hoje é selvageria estúpida e injustificada. Quero ver amanhã, nos jornais, quais serão os argumentos! Quais? Uma marcha pacífica, talvez a maior da história desta cidade, reprimida de forma gratuita. Gratuita! Eu agarro a Denise pelas mãos: a coitada está em choque. Falando nisso, a Tropa de Choque não lança bombas e balas apenas contra as centenas que arremessam pedras na linha de frente. Patrulhas posicionadas nas esquinas de ruas secundárias disparam contra qualquer coisa que se mexa. Pelo menos num aspecto – repressão – a ordem democratizou-se e nos massacra a todos com suas armas pagas pelo nosso próprio bolso. Na retirada, uma bomba decai bem do meu lado e começa a soltar uma fumaça azul.

— Devolve! – uma voz grita atrás de mim.

Sem pensar, eu pego o artefato. No ato, sinto uma dor lancinante e reparo que as minhas mãos estão queimadas. Outro rapaz, munido de uma luva, agarra o artefato e o joga dentro do canal que corta a avenida ao meio.

— Irmão, nunca pega isso com as mãos desprotegidas.

Está aí uma lição que eu jamais esquecerei.

NAVALHA

— Vai vir o gás, vai ser foda, mas respira contra a camiseta e segura. Não recua! Agora, vamos avançar mais um pouco. Um, dois, três, já!

Diz, com firmeza, o rapaz que comanda o nosso trio de escudeiros. Uma diferença importante de hoje em relação ao dia 17 é que há pressão contra pressão. A polícia revida a nossa ação; nós revidamos a ação da polícia, que revida de novo. Do caos inicial, brotam já técnicas de resistência e alguma organização.

Por exemplo, ninguém combinou nada, mas há uma divisão do trabalho: tem o pessoal dos escudos, que fica na primeira linha, bloqueando as bombas e as balas; têm os camicases, que de vez em quando se aproximam dos polícias para tacar pedras ou fogos de artifício neles; há aqueles que se concentram em arremessar as bombas de volta ou jogá-las no rio (para isso, usam luvas ou coturnos grossos); há os que quebram o chão para catar pedras, que aqui foram batizadas de "munição".

— Acabou a munição! – gritam atrás de mim, constantemente.

Sinto minha própria respiração ofegante e o cheiro azedo de suor e bombas por trás da blusa. Um passo em frente, dois passos atrás.

Uma pedra passa raspando sobre a minha cabeça. Ouço uma "dura" severa vinda do escudo ao lado:

— Seu arrombado filho da puta, se quiser tacar pedra vai para a frente, animal!

Neste momento, não há nada à minha frente, a não ser a fumaça que nos separa dos soldados. Nos curtos intervalos em que eu não estou cego, consigo enxergar até mesmo a cor avermelhada que sai das suas carabinas após o disparo.

– Aí, eles chamaram a Bope! – anuncia o meu companheiro de escudo.

De fato, eu noto quando os soldados posicionados em linha abrem caminho para a passagem de alguma coisa.

– Recua devagar, sem desespero. Mantém o alinhamento – diz o comandante civil, que veste chinelos, do meu lado.

Não posso crer no que os meus olhos veem.

FLÁVIA

Os estilhaços do protesto se espalham por todos os lados, sob o peso da implacável repressão.

Grades são jogadas na avenida, barricadas são erguidas com qualquer coisa que possa ser incinerada. Diante do Sambódromo, um estranho desfile passa, com palavras de ordem no lugar de sambas-enredo. Os pontos de ônibus e fachadas de bancos que ainda restavam ilesos são destruídos e pichados, enquanto a multidão derruba os radares de trânsito com as próprias mãos. Todavia, diante da escola municipal, e depois em frente ao hospital público, que tem a frente toda envidraçada, pessoas formam cordões para impedir qualquer ataque.

O resto enverga, engolido pela mancha de indignação.

APÊ

Vejo, mas não creio: o veículo blindado da Polícia Militar avança contra um grupo de manifestantes. Eles chegarão mesmo a este ponto – o de matar as pessoas? Já é inútil se preocupar com quem começou. Hoje um, amanhã outro, o resultado é sempre o mesmo: a partir de um certo ponto, não há legalidade que valha. Sinto-me ridículo pela camisa social, que não tem nenhuma utilidade a não ser me matar de calor.

Ao meu redor, um único grito ecoa, das profundezas de milhares de vozes:

"Re-vo-lu-ção!"
Será isto?

NAVALHA

O Caveirão embica na nossa direção. Diante dele, o escudo improvisado já não serve de nada.

– Munição! Munição! – gritam ao meu lado.

Mas as pedras tampouco servirão para nada.

– Não recua! Não recua! Não recua!

Grito, acho que para mim mesmo, mas ao redor outros me seguem.

Diante da geringonça, só tenho o meu próprio corpo como serventia. O corpo e a mente, com a blindagem que fui improvisando ao longo do tempo.

O monstro avança depressa no asfalto liso da Presidente Vargas.

"Não recua! Não recua! Não recua!"

Quer saber? Vou ficar para o que der e vier. Nada de dar as costas. Não hoje, não agora.

O cão raivoso arremete contra nós com seu enorme focinho de aço. Nem sinto os meus braços que o agarram, nem os meus pés que trepam na sua lataria. Antes que ele me atropele eu me jogo em cima dele. O carro se move e eu me movo sobre ele. Caio, me levanto e, por um triz, consigo me equilibrar. Olho nos olhos do motorista, careca e rechonchudo, que está vermelho de tanto xingar, mas eu não escuto nada. Só sinto o vento gelado morder as minhas orelhas. Quantas pessoas puderam olhar o bicho deste ângulo e estão vivas para contar? Eu xingo de volta, babo de tanto xingar, e esmurro o vidro espesso com tanto ódio que não sinto nenhuma dor. O homem manobra e eu caio no chão, rolo sobre mim mesmo, e tento voltar para cima dele; o blindado rodopia e dá marcha a ré. Ao meu lado, mais uns dois ou três me acompanham na perseguição, com pedaços de pau nas mãos. Eu só paro de correr quando a fera desdentada some atrás das linhas de soldados, que disparam outra vez, descontrolados.

Então, me dou conta de que as minhas mãos estão feridas, e de que botamos o Caveirão para correr.

FLÁVIA

Na altura da Central do Brasil, uma cabine da PM é incendiada; o monumento a Caxias é apedrejado. A delegacia próxima teria idêntico destino, não fosse o policial civil que, da porta de entrada, dispara a sua arma.

Os focos de incêndio, os tiros e a escuridão crescente – alguns postes, sabe-se lá por qual razão, foram desligados – fazem com que isto pareça uma zona de guerra. Ao meu lado, a Pipa mal consegue respirar. Ela me puxa pelo braço e fala com dificuldades:

– Vamos embora, Venta! O bicho vai pegar.

Nessa hora, bombas caem sobre nós.

– Da onde essa merda está vindo? – Procuro, assustada.

– Lá de cima.

O Carlos aponta os policiais posicionados no teto da Biblioteca Estadual, do outro lado da rua. Um manifestante lança uma pedra contra eles e recebe um tiro de bala de borracha no rosto. Ele se debate no chão e o sangue mancha a via; alguns voluntários se aproximam para socorrê-lo, mas também são alvejados. Mais uma vez eu me vejo correndo, correndo, correndo, correndo na noite infinda, sabe-se lá para onde.

APÊ

Quando já não há mais uma batalha campal, senão apenas os seus rescaldos, está claro que é preciso desaparecer, circular entre a gente que percorre os labirintos de concreto como o sangue nas veias.

– Vamos para a FND! – grito para a Denise e para todos os desconhecidos que correm do meu lado.

– Eu não consigo, Apê, eu não consigo!

– Consegue, sim! Vamos.

Em frente ao campo de Santana, topamos com um comboio de caminhonetes do Choque vindo no sentido oposto. Já era. Se correr o bicho pega, se ficar o bicho come. A Denise está petrificada. Coloco-me na sua frente. Que sejam para mim as malditas balas.

O comboio se aproxima. O policial me encara e aponta a arma. Dele, eu só vejo os dois olhos esbugalhados. Fecho os olhos e espero o impacto. Se a sensação já é tão ruim, nem imagino como seja estar sob a mira de uma arma de fogo. O estouro não vem, contudo; o ranger do motor se afasta. Quando reabro os olhos, as viaturas contornam na avenida, e nós seguimos para o abrigo, ilesos.

NAVALHA

Na corrida contra o Caveirão o meu tênis direito se esfarelou. Não exagero: a sola se desmanchou no atrito contra o asfalto. Isso não poderia acontecer numa hora melhor? Claro que não. O tênis não se dissolveria sozinho se eu estivesse no sofá de casa. Descalço o par que resta, inútil, e o jogo no fogo da barricada. Está tranquilo. Não se pode ganhar todas as batalhas.

FLÁVIA

Encontro o Apê dentro da Faculdade Nacional de Direito. Bendita hora em que ele me enviou a localização do prédio, porque o cerco estava se apertando e não havia lugar seguro por onde escapar. Há uma longa escada, estátuas e lustres. Todos os espaços estão cheios de pessoas, que se entocam aqui como se estivessem num abrigo antiaéreo.

– Que bom que esse lugar está recebendo as pessoas – eu digo.

– Foi proposta do nosso Centro Acadêmico! – meu amigo responde, orgulhoso. E emenda: – Você viu o Caveirão na avenida?

Antes que eu responda, uma garota, branca como cera, fala, indignada:

– Eles começaram. Não estava acontecendo nada!

– De que mundo você veio? São sempre eles que começam – responde a Pipa, com sua amabilidade habitual.

O Apê, sem graça, faz as apresentações:

– Ah, sim, Denise, essa é a Flávia e a...

– Pipa.

– Pipa?

– Algo contra?

– Não, não, desculpa, é que...

– Não é nada – digo –, eu sou a Flávia, essa é minha parceira, a Pipa, e você, pelo visto, é a Denise. Prazer!

– O prazer é meu – responde a garota.

Nosso diálogo é interrompido com frequência pelos estouros das bombas, que ressoam cada vez mais próximas.

APÊ

Passa-se um longo tempo até que, por intermédio dos nossos professores – e os seus amigos e ex-alunos que hoje são juízes, desembargadores, delegados –, conseguimos sair do velho prédio da FND sem que haja novas prisões ou agressões.

– Nós vamos para a 5ª DP, acompanhar os presos. Você vem com a gente? – Indaga a Rita.

Minha irmã me encara e eu decifro a súplica inscrita nos seus olhos: vamos para casa.

– Me libera dessa hoje, vai, Rita? Eu fui na DP dia 13 e 17.

– Justo – ela me diz –, toma cuidado na saída, está bem?

– Pode deixar, eu estou bem acompanhado.

Na porta, os amigos da Flávia – incluindo a birrenta garota de cabelo azul – se despedem. Eles vão em direção à Central.

– Você vai para a Lapa? – a Flávia me pergunta.

– Não. Vou para casa.

– Ah, sim. Então, tchau.

– Mas você não deve ir andando sozinha. É perigoso.

– Não é nada.

– Claro que é. Nós vamos chamar um táxi. Vem conosco.

– Para onde?

– Lá para casa. Acho justo que você também saiba o que é dormir no sofá, de vez em quando.

– Não, Apê, obrigada, isso vai bagunçar a minha rotina.

– Amanhã você se levanta e vai.

Minha irmã intercede:

– Vem com a gente, Flávia. O Apê está certo, é perigoso andar por aí sozinha.

Ela hesita, mas vem conosco. Dentro do táxi, o motorista, um senhor calvo de meia-idade, ouve a estação de notícias. Manifestações em todo o Brasil; de Norte a Sul, contam-se às centenas os feridos e presos.

– Vocês participaram? – ele pergunta.

– Com certeza – eu respondo.

– Por que vocês não incluem na pauta da passagem a derrubada da PEC 37?

– O que é a PEC 37? – pergunta a Denise. Da janela, a Flávia observa as ruas.

– É um projeto de lei que limita o poder de investigação do Ministério Público. É o famoso Salva-Ladrão.

– Olha, por enquanto, nosso foco é a ampliação de direitos – respondo, sentindo-me quase um porta-voz do movimento.

– Eu entendo e apoio. Meu moleque mais novo estava por aí hoje. Mas é o que eu disse para ele outro dia: não adianta só reclamar de fora, se dentro da política só tem ladrão e vagabundo.

Lembro-me do "conselho" de me filiar a algum partido político e concluo que esse deve ser um diálogo bastante comum entre pais e filhos.

O carro submerge no mergulhão da praça XV.

Há algumas viaturas posicionadas, com cores e uniformes que eu nunca vi antes. O taxista reduz a velocidade. Com as pernas abertas e as mãos nas paredes, quatro jovens são revistados. O motorista diz, rápido:

– Se perguntarem, eu digo que peguei vocês numa festa na Tijuca, combinado?

Concordamos com monossílabos, mas o policial nem faz menção de nos deter. Ele está concentrado demais nos rapazes, que lhe parecem mais suspeitos do crime de protestar.

NAVALHA

Quando o cerco se aperta a única coisa a fazer é se meter em alguma toca até a poeira baixar. O prédio abandonado, fechado com tapumes, bem ao lado de uma escola, parece ser o esconderijo ideal.

– Anda logo! – uma voz fraca fala, quando eu entro. Percebo uma mão que protege os olhos da claridade.

Aqui dentro, completa escuridão e um forte cheiro de mijo.

Agora que o sangue esfriou, as minhas mãos doem horrivelmente.

– Você está sozinho? – pergunto para o estranho.

– Estou.

– Também está fugindo da polícia?

– Não, eu só caio aqui às vezes.

– Entendi.
– Eu cato latinha, garrafa pet, essas paradas.
– E dá dinheiro?
Ele ri como se eu fosse um doido.
– Não faz tanto barulho! – eu digo, aborrecido.
– Você estava no protesto? – ele pergunta.
– Não, eu estava passeando – respondo, feliz por poder revidar a sua gargalhada. Mas, pelo silêncio, ele parece acreditar nesta versão. – Amigo, é claro que eu estava no protesto.
– E deu gente?
– Muita coisa.
– Mais gente que no Bola Preta?
– Sei lá. Tanto quanto.
Ele assobia e pergunta:
– Vocês querem o quê?
– Derrubar o governo – essa é a primeira coisa que vem à minha cabeça. Não sei se as outras 999.999 pessoas presentes dariam a mesma resposta. Na verdade, é provável que elas dessem 999.999 respostas diferentes.
– O governo é ruim, né?
– Cara, olha para a tua situação. Com todo respeito. A minha também não é das melhores.
– O governo é uma merda igual o cheiro desse lugar.
– É isso aí. – Não posso deixar de achar engraçada a sua forma de colocar a questão. – Os negócios do governo cheiram como isso aqui.
– Com todo respeito, qual é o teu nome?
– Pode me chamar de Navalha. E o teu?
– Rafael.
– Satisfação.
– Valeu.
Lá fora, os sons das explosões estão mais distantes. Meu novo amigo pergunta:
– Será que já dá para sair?
– Acho melhor esperar mais um pouco.
A experiência da última semana me ensinou que, depois das explosões, começa a covardia contra os grupos menores que dispersam.
Depois de um minuto, ele pergunta de novo:
– Dá para sair?

Suspiro.

– Irmãozinho, melhor aqui do que no xadrez, você não acha?

A coisa se repete outras vezes e eu noto que ele está cada vez mais inquieto. Até que, por fim, se levanta:

– Vou me adiantar. A rua deve estar cheia de sucata. Vou antes que vagabundo cate tudo.

– Vai por mim, é melhor aguardar mais uma etapazinha.

– Se os canas me pegam, eu falo que só estou trabalhando. Não dá nada.

Não insisto. O Rafael se mexe na penumbra. Quando ele move o tapume na entrada, é a minha vez de proteger a vista da claridade. Noto a silhueta magra e preta, a mochila rasgada nas costas. Ele segura uma garrafa de plástico nas mãos. Depois, desaparece na noite.

Ainda se passa um tempão até que eu decida seguir o meu caminho. Evito a Central, porque tem até caminhão do Exército patrulhando as ruas. Mais uma vez, acho que vou pedir guarida na Ventania. Ela disse que eu podia ir lá sempre que precisasse.

Agora, o porteiro me reconhece e deixa eu subir. Quando eu toco a campainha, a Karen atende. Ela liga para a Flávia, que me chama para encontrá-la na casa do Apê. O problema é que eu não tenho dinheiro da passagem, nem um tênis.

– Por que você está desse jeito? – a Karen pergunta. Só agora ela repara que eu estou descalço.

– Perdi na correria.

– Mas você não pode sair por aí assim!

– É... – o que eu poderia fazer a não ser sair por aí "assim"?

– Eu não tenho nenhum tênis que te sirva. Mas talvez um chinelo.

– Não precisa.

– É claro que precisa. Eu não vou deixar você ir embora descalço. Vai acabar se machucando.

No fim, eu saio de lá com um chinelo de dedo florido – vários números menor do que o meu pé – e a mão direita enfaixada, porque ela também reparou nos cortes que eu ganhei. Em resumo, eu pareço ter acabado de fugir do hospício. Quanto à passagem, não é problema: quando um ônibus para, não sou só eu que entro pela porta traseira.

FLÁVIA

Na sala espaçosa – sem os móveis, seria possível jogar vôlei aqui dentro – me vejo envolta numa discussão político-familiar. (Não estou certa. Talvez o familiar devesse vir primeiro.)

O pai do Apê, sentado na mesa, bebe vinho e tem uma expressão simpática. Vê-se que ele assume a posição de um patriarca condescendente, desses que até admitem que outros falem, desde que seja sua a última palavra. Após um longo sermão sobre a democracia ("conquistada a duras penas"), o respeito às leis ("sem isso, meninos, é a barbárie") e ao patrimônio público ("não são vocês mesmos que reclamam do desperdício do erário?"), ele conclui:

– Sem embargo, não pode ser ruim para um país que a juventude se manifeste. Não, não pode ser ruim.

Ele fala como quem emite uma sentença. O Apê teve mesmo a quem puxar.

– Quem te viu, quem te vê – diz a Denise.

– É, realmente eu não esperava que você mudasse de posicionamento tão rápido – completa o Apê.

– Não distorçam as minhas palavras. Eu nunca disse que era contra os protestos. Eu só era, e continuo a ser, contrário ao vandalismo.

– Bom, mas o que deveríamos fazer? Deixar que passem por cima da gente? – Pergunto. Ele dá um suspiro, como se esta fosse uma pergunta tão estúpida, que nem sequer merecesse ser respondida.

Uma mulher esguia, metida numa camisola azul, aparece de repente:

– Está havendo uma festa na minha própria casa e eu não fui convidada?

– Eles acabaram de chegar do protesto – responde o dono da casa.

– Você também participou disso? – A mulher se vira para a Denise. Esta, só faz um gesto afirmativo com a cabeça. – Era só o que faltava! Eles te machucaram?

– Não, mãe, ninguém encostou em mim – responde a filha, enquanto a mãe vasculha os hematomas fictícios nos seus braços.

– Mas, afinal de contas, vocês brigam contra o quê? As coisas já estiveram bem pior.

O Apê responde, como se também estivesse saturado:

– Vai começar tudo de novo, mãe? A ditadura, a hiperinflação, essas coisas?

Seu pai responde, num tom grave:

– Essas coisas, Antônio Pedro, são a história do Brasil.

– Sim, o que aconteceu hoje também é a história do Brasil.

A Denise intervém:

– Será que podemos conversar outra hora? Nós só precisamos comer alguma coisa.

– Está certo, está certo – o homem diz e se levanta, tomando a mulher pelos braços –, vamos para o quarto, Celeste. Vamos deixar os jovens conversarem.

Embora esteja aqui há poucos minutos, eu já me sinto oprimida pela atmosfera da tradicional família de classe média.

APÊ

Minhas mãos doem, mas eu não comentei nada com minha mãe. Por sorte, foi apenas uma queimadura leve – eu devo ter ficado um segundo com a bomba na mão – e havia um tubo de Nebacetin no kit de primeiros socorros guardado num armário da cozinha. Enquanto isso, a Denise e a Flávia conversam na sala, e a minha irmã está animada de um jeito que eu não via desde o dia em que conversamos no meu quarto, ao som de Charlie Brown Jr.

Eis que, de repente, toca o interfone.

– Alô.

– Seu João?

– Não, é o Apê.

– Então, seu Apê, tem um rapaz aqui querendo subir.

– Quem é? – pergunta a Flávia, curiosa.

– Eu disse para ele que não poderia interfonar tão tarde, mas ele insistiu.

– E quem é, Damião?

– Roberto Carlos.

– Roberto Carlos?

– É o Navalha! – diz a Flávia.

– Ah, sim. Manda subir.

– Tem certeza? – pergunta o porteiro, contrariado.

– Que história é essa Damião? Manda subir.

– Sim, senhor.

Ao fundo, ouço a voz triunfante do meu amigo: "Não te falei?"

Depois de uns minutos, a campainha toca. A Flávia se atira para a porta e solta um grito de espanto:

– O que aconteceu com você?

Ao me aproximar, vejo um curativo enorme nas mãos do Navalha – há gaze suficiente ali para enfaixar um time de futebol inteiro – e um par de chinelos floridos, minúsculos, nos seus pés. Diante disso, só consigo repetir a pergunta da Flávia:

– O que aconteceu com você?

– Caramba, mas que droga. Só eu estava em um protesto? Onde vocês estavam?

– Deixem ele entrar logo – diz a minha irmã.

A Flávia pergunta:

– O que houve com a tua mão?

– Eu me cortei esmurrando o Caveirão.

– Você estava lá? – a Denise pergunta.

O Navalha olha para ela, como se não entendesse a indagação. Acho que, no seu modo de ver as coisas, não havia qualquer outra alternativa a não ser "estar lá." A Flávia insiste:

– Mas você está legal?

– Tirando a parte de cortar a mão, perder o único tênis e ser demitido, sim, eu estou legal.

– Coitado! – minha irmã diz, solidária. Apesar disso, o Navalha a encara como se essa não fosse a coisa certa a dizer.

– Apê, por acaso você não teria um par de tênis sobrando? – a Flávia pergunta.

Antes que eu responda, o Navalha fala:

– Não precisa!

– Claro que precisa – diz a Denise.

– É, claro que precisa – a Flávia repete.

No meu quarto, para onde vamos em comboio, o armário embutido ocupa toda uma parede. Nele, há uma seção só de calçados.

– Você calça quanto? – pergunto.

– 44.

– Não acredito, o mesmo que eu! E, hoje, nós também machucamos as mãos.

– Acho que as coincidências param por aí – ele responde, amargo.

– É. – O que mais eu poderia dizer?

Olho para o armário e vejo, ainda na caixa, o par de tênis que a minha mãe me deu há umas duas semanas. Do fundo da alma, fico feliz de ver alguma utilidade nesse consumismo desenfreado

– Obrigado – ele me diz, depois de calçar –, quando te vir de novo, eu devolvo.

– Não precisa. Pode ficar para você.

Agora, é ele quem parece sem jeito.

– Não, Apê, que isso.

– É só um tênis, Navalha.

Atrás de mim, a Flávia solta uma exclamação entusiasmada:

– Caramba, Apê, esse teu som parece ser muito potente. Olha só para essas caixas! – Ato contínuo, ela fuça, com voracidade, os meus CDs.

– É, mas ele só escuta as mesmas coisas sempre – responde a Denise, meio a sério, meio de brincadeira.

– Tipo o quê?

Ela aperta o play e sobe uma música cheia de distorções.

– Abaixa isso! – eu peço para a Flávia. Não queria que os meus pais reaparecessem agora.

– Que banda é essa?

– Você gostou?

– Não é a minha praia.

– Gostou ou não?

– Não é uma questão de gostar ou não. É diferente de tudo o que eu escuto.

– Isso é The Jesus and Mary Chain. Eles são precursores do *shoegaze*.

– *Shoe* o quê?

– *Shoegaze*. É uma alusão ao fato de eles serem tímidos e tocarem olhando para os próprios sapatos.

A Denise ri:

– Tímidos? Acho que o mais apropriado é: punheteiros. Um monte de adolescentes punheteiros.

A Flávia quase sufoca de rir. Eu tento seguir adiante, apesar de ficar chocado com o palavreado da minha irmã.

– Você já assistiu àquele filme *Lost in Translation*?

– Não – a Flávia me responde.

– Em português eles traduziram como *Encontros e Desencontros*.
– Aquele que se passa no Japão? Com a Scarlett Johansson?
– Esse mesmo.
– Esse é um dos meus filmes favoritos!
– Pois então – eu digo, orgulhoso pela minha carta na manga infalível. – Você se lembra da última cena, quando os dois se despedem e depois vai cada um para o seu lado, no meio da multidão?
– Claro que eu me lembro. Eu assisti essa parte um trilhão de vezes.
– A música que toca no fundo é do The Jesus and Mary Chain.
– Caramba! – ela parece surpresa – Só por isso eles já merecem uma chance. Você tem essa música aqui?
– Bom, eu tenho quase todos os discos deles, então, sim, com certeza eu tenho esta música.
Coloco Just Like Honey para tocar. A Denise faz cara de tédio, mas a Flávia gosta. Para mim, é o bastante. Quantas voltas o mundo teve que dar para que nós quatro estivéssemos às duas da manhã no meu quarto ouvindo esta maravilhosa banda pós-punk escocesa? Nessas horas, dá até para acreditar naquelas coisas de destino.
– Não é incrível? – pergunto, afinal.
– É. Bacana, Apê – a Flávia responde, mas eu sei que a sua má vontade é apenas para não dar o braço a torcer.
– Bacana? Isso é, sei lá, transcendente.
Minha irmã não se contém:
– Transcendente? Irmão, agora você deu uma exagerada.
– É, Apê. Transcendente ficou puxado – diz a Flávia e as duas riem da minha evidente expressão de contrariedade.
– Cara, eu juro que se ouvisse isso por mais de uma hora eu teria vontade de me matar – o Navalha diz, por fim, brutal.
Na hora, percebo que a Flávia lança-lhe um olhar de reprovação (ela meio que aperta os olhos e entreabre os lábios e é impossível não perceber que ela fica linda fazendo isso). Eu faço cara de idiota e a Denise ri, de modo que parece ser a única que acha graça de verdade.
– Desculpa, eu não queria ofender ninguém – o Navalha fala, igual os caras da banda, olhando para os seus próprios tênis.

NAVALHA

Depois que devoramos a comida, os três passam um tempo enorme conversando sobre músicas que eu nunca ouvi e filmes que eu nunca assisti. Conversa chata. Nem parece que aconteceu um combate, há algumas horas. Sem falar que a minha mão voltou a doer, agora que está passando o efeito do analgésico que a Karen me deu. Bom, pelo menos eu ganhei um tênis novo (que eu vou devolver, é claro, assim que comprar outro com meu próprio dinheiro).

Para variar, a Ventania dita o rumo da conversa. Nós estamos sentados no chão da sala, bebendo um vinho caro do pai do Apê (horrível; gosto amargo de remédio), quando ela pergunta:

– O que vocês acham que vai acontecer com o movimento depois de hoje?

A irmã do Apê é a primeira a responder:

– Eu acho que nós deveríamos mudar a forma como os políticos são eleitos. Andei lendo que há projetos, em certos países, para que qualquer pessoa normal possa ser sorteada para assumir cargos públicos, sem possibilidade de ser reconduzida.

O Apê discorda:

– Isso é utopia, Denise. Acho até que uma pessoa eleita dessa forma seria ainda mais manipulável do que as raposas velhas que governam hoje em dia.

A Ventania, então, fala:

– Eu acho que o foco agora deveria ser a educação. De que adianta lutar para melhorar uma coisa aqui, outra coisa ali, se os mais novos não aprenderem a defender os seus direitos?

A Denise complementa:

– Aos governantes, não interessa um povo instruído.

– É o que eu acho – replica a Ventania.

Então, eu tomo coragem e falo:

– Eu acho que nós temos que atacar a polícia.

Eles me olham, espantados.

– Não, não desse jeito. Eu quis dizer, colocar o foco nisso, entende? Pode botar a melhor escola do mundo, mas se a criança não conseguir chegar lá por causa do tiroteio, vai adiantar de quê? Um moleque que cresce tomando esculacho, tapa na cara, sendo chamado de vagabundo, vai acreditar em quê?

Eu gosto de conseguir falar. É a mesma sensação de esmurrar o Caveirão ou segurar a Tropa de Choque com escudos. Parece que dá um alívio.

Depois de um tempo em silêncio, o Apê fala:

– Bom, eu acho que são duas coisas diferentes. Os objetivos a longo prazo, como a educação dos mais novos, a reforma da polícia...

– Eu não falei que queria reformar a polícia. Não foi isso o que eu disse.

– Tudo bem, a, a, bem...

– O fim.

– Mas quem iria...? Certo, certo, que seja, o fim da polícia. Esses são focos a longo prazo. Mas a curto prazo eu acho que seria estratégico pensar na Copa. Essa coisa que as pessoas cantaram hoje, sabe? "Não vai ter Copa!" Acho que é pisar num calo bem importante.

– E por conta da Copa eles estão armando ainda mais a polícia – diz a Ventania –, e expulsando as pessoas das suas casas.

O Apê concorda:

– É isso mesmo o que eu estou dizendo.

A Denise não parece muito certa:

– Vocês acham que uma coisa dessas daria certo no Brasil? Nós não somos "o país do futebol", a "pátria de chuteiras"?

O Apê responde:

– Já deu certo, Denise. O assunto do Brasil não é o próximo jogo da seleção, mas a data do novo protesto.

Eu sou obrigado a concordar com o Apê. Quando fala a coisa certa, ele até que fala bem. A Ventania diz:

– Para ser honesta, ontem, quando anunciaram a redução das passagens, eu fiquei em dúvida se haveria um grande protesto. Mas, depois de hoje, eu desisti de duvidar do que quer que seja.

– Eu espero que continue – digo, e não sei se isso é uma vontade ou uma certeza.

– Eu também – diz a Ventania.

– Eu também – diz o Apê.

A irmã dele não diz nada, e logo a seguir vai se deitar, como se uma nuvem tivesse parado sobre ela, de repente. Vai ver, foi só sono, afinal, se aproximam as seis da manhã. Pela janela, o novo dia desponta aos poucos.

– Vamos ver o sol nascer na praia? – pergunta a Ventania, e dá um pulo.

– Endoidou, garota? – fala o Apê – Deve estar um frio desgraçado à beira mar.

– Quem liga para o frio? – eu digo, só para discordar dele (ou concordar com a Ventania).

Ela insiste:

– Dois contra um. Você não é um democrata? Tem que cumprir a vontade da maioria!

Na portaria, surpreendemos o tal Damião roncando de tanto dormir. Sem graça, ele dá bom-dia. Eu olho bem na sua cara e não respondo nada, para ele aprender a nunca mais tratar uma visita do jeito que me tratou.

Na beira da praia, bate um vento gelado, desses que racham até a alma de uma pessoa. Minha mão lateja de tanto doer. Mar e céu parecem uma única bolota cinza-esbranquiçada. A Ventania me pergunta:

– Você está tremendo?

– Eu avisei – diz o Apê.

Tento manter as aparências:

– Não é nada, está bonito aqui.

Além de nós, há um homem com uma prancha, que encara as ondas geladas.

– Uau – assobia o Apê –, É preciso coragem para isso.

– Navegar é preciso. Viver... – A Ventania cantarola. Reconheço que foi uma péssima ideia ter vindo. Não há sol nem nada para se ver. Vamos embora.

– É, não tem sol nenhum – concordo. Meus ossos doem.

O Apê exclama:

– Eu não consigo entender vocês. Eu não consigo mesmo!

No caminho, nos separamos: embora o Apê insista para irmos para a sua casa, a Ventania decide ir embora e eu a acompanho. Quando pego o ônibus, sinto a mesma sensação de vitória ao ver o preço antigo da passagem rasurado. Sentamo-nos lá atrás, no último banco. Alguém escreveu: "O povo acordou." A Ventania aponta e ri. Depois, tira da bolsa uma caneta-pilot (o que mais ela leva naquela bolsa?), e escreve mais palavras de ordem onde quer que haja espaço vazio. "Não vai ter Copa!", "+Educação -Caveirão!", "Revolução!" O cobrador cochila a maior parte do tempo, exceto quando o motorista quase capota o carro nas curvas. Quando se cansa de escrever, a pichadora se aproxima de mim e diz, de repente:

– Você é engraçado. Eu gosto de você.

Depois, recosta a cabeça no meu ombro. O que eu deveria responder? "Eu também gosto de você?" Isso seria muito meloso, não seria? Quando o ônibus destrambelhado sai do aterro e ganha a Lapa, minha amiga se levanta e, com esforço, se agarra nas barras. Eu não consigo deixar de olhar para ela.

– Você quer dormir lá no sofá?
– Não, essa hora já tem ônibus.
– Eu queria conhecer a tua casa.
– Não tem nada para se ver lá.
– Claro que tem! Se há gente, há algo para se ver.

O ônibus para e ela desce trocando as pernas. Eu a observo pela janela, até a próxima curva. Quando desço na Central, o dia já nasceu – um dia claro e frio. Hoje (eu ainda não dormi, então, o ontem ainda é hoje) aconteceram tantas coisas que eu vou precisar de um tempo para ajeitar tudo na minha cabeça. Coisas grandes – como o protesto, cujas marcas estão bem à minha frente –, coisas pequenas – como o sorriso da Ventania, ou o presente do Apê. O mundo deve ser feito disso mesmo: do grande e do pequeno, das partes e das coisas todas, como um quebra-cabeças gigante. Derrotas, vitórias. As mãos feridas, os pés secos.

Sexta-feira, 21/06/2013

FLÁVIA

Sou arrancada de um sono confuso – onde há explosões, bandeiras do Brasil e um Navalha – com o Biscoito arranhando a porta. Lá fora, alguém toca a campainha. Ao me levantar, sinto uma dor aguda na cabeça que é como se eu tivesse levado uma paulada. Maldito vinho.

A campainha está quase vindo abaixo.

– Já vai!

Espero que não seja a polícia! Brincadeira, acho que, apesar das agressões físicas, ainda não chegamos a esse ponto.

– Já vai, caramba!

Nem confiro o olho mágico. Só quero me livrar do barulho torturante. Antes que eu diga qualquer coisa, a sem noção da Pipa me fuzila:

– Quer dizer que só eu não posso me atrasar, é? Olha, se você impôs essa babaquice burguesa de horário, então tem que valer para as duas, está entendendo? Direitos e deveres iguais. Senão, vira privilégio.

– Pipa, que conversa de direitos e privilégio é essa, agora?

– Uma conversa muito séria.

– Olha, desculpa, eu só perdi a hora.

– Tem alguma coisa de comer aí?

Ela diz isso e vai entrando. É inacreditável.

Enquanto ela assalta a prateleira da Karen, eu me refaço embaixo do chuveiro. As cenas de ontem me atropelam, uma atrás da outra. Se tudo acabasse hoje, acho que até o gás lacrimogêneo faria falta e a monotonia seria ainda mais monótona.

No espelho, encaro duas olheiras enormes e uma vermelhidão na coxa, mas nem eles me chateiam: são as marcas da batalha. Também estou um pouco rouca, mas nada que me impeça de ganhar uns trocados. Sinto-me forte para encarar a parada e improvisar, se necessário.

Enquanto tomo o café horrível que a Pipa fez (a criatura colocou oito colheres de pó para nós duas, o que quase me provoca uma taquicardia), a TV exibe imagens dos protestos. Pergunto para a minha dupla:

– Será que ontem foi o maior de todos?

– Você está brincando? – ela bufa, como se a minha pergunta fosse imbecil a ponto de só merecer o desprezo – Teve mais de um milhão de pessoas na Presidente Vargas.

No seu celular, uma imagem mostra as quatro pistas da principal avenida do centro da cidade tomadas de gente, de uma ponta à outra. Uau. Lá de dentro, é difícil ter essa dimensão.

Lá fora, os muros pichados, as latas de lixo quebradas, os vidros dos bancos com tapumes, e, sobretudo, a conversa das pessoas que passam, tudo está impregnado da atmosfera do último ato. Como se houvesse ocorrido um terremoto, cujos efeitos se fazem sentir ainda bem longe do seu epicentro.

APÊ

No escritório, mato o tempo lendo notícias, vendo vídeos e conversando com o pessoal do CACO. Lá pelas tantas, a Rita me escreve, preocupada:

"Vc viu q em SP o Movimento Passe Livre se retirou das ruas"?

"Não!!! Como assim?!"

"Falaram q tem muita radicalização acontecendo, q a coisa saiu do controle".

"Será, Rita? Agora fiquei confuso".

"Confuso? Isto é um erro!!!"

Sinto um calafrio. Há pouquíssimo tempo, eu supunha que a adesão aos protestos era inquestionável, exceto para os peemes e os funcionários do governo. Eis que, agora, na sólida estrutura, percebo rachaduras. O que aconteceria se tudo acabasse agora? Seria possível voltar ao que era antes?

É esse o tema da acalorada discussão no CACO, razão pela qual eu mato a aula de hoje. O Cauê está convencido pelos argumentos contrários à continuidade:

– Eu acho que já deu. Conseguimos derrubar o aumento, não conseguimos? É melhor sair por cima.

A Rita discorda, com veemência:

– Como sair por cima? Até ontem o slogan mais usado era de que não são só os vinte centavos que importam.

– Mas a coisa está saindo do controle, Rita. Tem muita gente se aproveitando. Até na grande mídia agora eles dizem que 'apoiam os protestos contra a corrupção'.

Neste ponto, eu sou obrigado a me intrometer:

– Mas você por acaso é a favor da corrupção?

Dentre as pessoas que enchem a sala, algumas parecem concordar com a minha afirmação, enquanto outras fazem cara de nojo. O Cauê responde, irritado:

– É claro que eu não sou a favor da corrupção. Ninguém é a favor da corrupção!

– Espera aí! – diz um outro que eu nunca vi por aqui antes – Acho que, desde a época do Cabral, tem bastante gente a favor da corrupção nesse país. E isso não é apenas um trocadilho.

A maior parte das pessoas riem.

– É, mas é preciso atenção para não perder o foco – diz o Anselmo.

A Rita perde a paciência de vez:

– Perder o foco? Você nem era a favor dos protestos no começo, agora vem falar de foco?

– Agora você me ofendeu, sua babaca!

– Foda-se, seu pelego!

Antes que eles saiam na mão, o Cauê, eu e os demais nos metemos no meio. De repente, alguém aumenta o som da televisão, onde começará o pronunciamento da Dilma, o primeiro oficial desde o começo dos protestos. Enquanto ele dura – e dura bastante – há um completo silêncio. Mas, depois, nenhuma posição anterior se modifica: a Rita discorda de forma categórica ("só sendo muito cara de pau para dizer que não há dinheiro público financiando a Copa!"), o Anselmo concorda de forma entusiasmada ("ela falou como uma estadista!") e o Cauê não acha nada disso, muito pelo contrário ("é, ela não falou um 'ai' da violência policial, nem das remoções, mas, pelo menos, reconheceu a necessidade de reformar o sistema político"). E eu, o que acho?

– Nós não podemos mais ser ignorados – digo-penso, num desabafo. Essa é a maneira que eu encontro para expressar meu posicionamento a favor da continuidade dos protestos.

NAVALHA

Ao chegar em casa eu tenho a impressão de que fui atropelado por um trem. Acho que é a soma de cansaço, os pés e as mãos feridos, a noite em claro, a friagem daquela praia. Não consigo dormir: tremo de febre. Delirante, eu me vejo descendo do ônibus atrás da Ventania, durante um protesto.

Minha mãe fala comigo mas eu só escuto ecos longínquos. Só por causa da sua insistência, eu me levanto do sofá, desfeito num suor pesado, e me despenco, aos trancos e barrancos, para a UPA de Manguinhos.

Na triagem, a atendente pergunta:
– O que você sente?
– Febre.
– Só isso?
– Eu machuquei a minha mão ontem.
– Deixa eu ver.
Eu estico.
– É. Bem inchada.
Ela pensa um segundo e coloca uma pulseira amarela nos meus punhos.
– Vai demorar muito?
Ela aponta uma placa onde há a descrição das cores:
Vermelho – atendimento imediato.
Laranja – atendimento em até 10 minutos.
Amarela – atendimento em até 50 minutos.
Verde – atendimento em até 120 minutos.
Sento-me no banco azul. Pela quantidade de gente que aguarda atendimento, seria melhor se eu pudesse esperar deitado. A dor de cabeça até diminuiu, mas o falatório de mulheres, crianças e idosos não me ajuda muito.

– Três horas esperando, já! – reclama um senhor com a barba grisalha do meu lado. Reparo que ele tem uma pulseira amarela, como a minha.
– O que o senhor tem?
– É o terceiro dia que eu venho aqui e não tem médico.
Ele fala alto e cada uma das suas sílabas martela lá dentro do meu cérebro.

– O que o senhor tem?

– Antigamente eu ia ao hospital dos servidores. Agora, acabaram com tudo. Para os pobres, só promessa.

Desisto da pergunta.

Uma senhora de meia-idade, sentada do outro lado, aponta para o velho e faz sinal de louco. Eu apenas olho para ele e concordo.

– Tem que quebrar tudo mesmo! Ah, se eu fosse mais novo!

– Eu estava lá – digo, com orgulho, mas o velho nem dá bola.

– Tem que jogar uma bomba em Brasília!

– O senhor viu o que aconteceu ontem no centro?

– Não voto, nem em João, nem em Pedro, nem em Francisco, nenhum deles. Tudo picareta, safado.

Acho que ele não me ouve. Sim, o pobre velho é surdo como uma porta. Encolho-me no banco e fecho os olhos, até que uma gritaria infernal interrompe meu repouso:

– Vocês têm que atender ele! Agora, se não eu quebro tudo isso aqui dentro! – diz uma mulher grávida, que segura uma menina pequena pelas mãos.

Na entrada da UPA, um homem ensanguentado, estirado sobre um lençol, é carregado por outros dois rapazes.

– Vocês tem que botar ele numa ambulância! Ele vai morrer, pelo amor de Deus!

Do meio para o fim da frase, não é possível dizer se a mulher chora ou grita de desespero. A atendente coloca as mãos na cabeça:

– Senhora, ele tem que ir para o Salgado Filho, nós não temos como socorrer um caso dessa gravidade!

– Então chama a ambulância!

– Estamos sem ambulância no momento!

– Você sabe que trabalha em uma comunidade, não sabe?

– Isso é uma ameaça?

Nessa hora, um homem novo surge de dentro de uma sala. Deve ser o médico.

– O que houve aqui?

Várias vozes respondem ao mesmo tempo, e a gritaria redobra de intensidade.

– Três horas esperando atendimento! Uma vergonha! – grita o senhor ao meu lado. Acho que ele não ouviu um nem um pio sequer do fuzuê que se instalou por aqui.

Enquanto o doutor faz uma ligação, o homem é colocado numa maca e lavado às pressas para dentro. Bom, pelo menos ele conseguiu uma pulseira vermelha. Na confusão, quem chega nem é mais atendido, porque a recepcionista deixou o posto. É, por que eu fui ouvir a dona Maria? Levanto-me, aceno para o meu vizinho de cadeira, que agora cochila na paz de Deus, jogo a pulseira amarela no lixo e saio. Chego em casa, tomo outro remédio para dor e pesquiso no Google: Sintoma de infecção nas mãos. Na terceira matéria, desisto de ler qualquer coisa a respeito.

Sábado, 22/06/2013

FLÁVIA

Por intermédio do Carlos, que conheceu na loja o gerente de um bar que abriu há pouco aqui na Lapa, eu descolei um convite para tocar amanhã. Não é preciso dizer que eu estou super feliz, embora seja difícil suportar a rabugice da Pipa: ela cismou que tocar nesses barzinhos é uma "forma de prostituição" (palavras dela), que não é boba da corte para fazer a alegria de playboys de classe média e outras baboseiras que traduzem menos a sua opinião política que o seu estado de espírito neste momento. Apenas digo, como se não desse a mínima:

– Se isso te ofende, tudo bem. Arranjo outra pessoa.
– Esta é a tua forma de resolver as divergências?
– Não há divergência nenhuma. Você está irredutível, só me resta respeitar a tua posição.
– Então, é isso. Para você as pessoas são descartáveis, não é? Igual um saco plástico.
– Claro que não. Mas o que você quer que eu faça?
– Sei lá. Tenta me convencer.
– É o que eu estou fazendo há uma hora.
– Sério que dinheiro é o teu único argumento?
– Não, não é o meu único argumento. Só é muito importante.

Ela me olha com desdém. Certo, certo, agora que ela está quase mordendo a isca, não há porque eu soltar antes do tempo. Continuo:

– Olha por esse ângulo: foi o Carlos quem arrumou a agenda, então, eu imagino que ele e a Mari sejam presença garantida. E, junto deles, o restante do coletivo.
– É. Isso já é alguma coisa.
– Pelo amor de Deus, Pipa! Vamos, vai ser legal.
– Tudo bem. Eu te faço esta concessão.

Concessão!

Depois do "sim" da noiva, nós ensaiamos algumas canções. Levamos "Samurai", do Djavan, que ela abomina, mas é impossível não tocar num barzinho, sob risco ao cachê e à integridade física. Ao vê-la tocar, admito que fico admirada. É incrível, porque se você repara na forma como ela fala, na cor dos seus cabelos, na sua petulância e em todo o resto, não dirá que ela é uma musicista de mão-cheia, que executa cada uma daquelas notas com disciplina e correção irretocáveis. Além do violão, ela também toca piano, cavaquinho e canta razoavelmente bem, embora deteste fazer o vocal. O Magrão, que aprendeu tudo de ouvido, a partir dos acordes do Nirvana ou da Legião Urbana, não passa de um bárbaro perto dela. Eu mesma, me esforço para conseguir acompanhar o que ela faz sem qualquer dificuldade aparente.

– Onde você aprendeu a tocar?
– Meu pai é músico. Também teve a coisa do Villa-Lobos.
– Jura que você estudou no Villa-Lobos? – Esta é uma escola de música lendária. Bem, ao menos ela soava lendária quando eu morava em Vassouras e fazia planos de vir estudar no Rio, aos quatorze anos.
– Flávia, as coisas não são mais como antes. O Villa-Lobos não é mais o Villa-Lobos.

Meu Deus, o que a junção de talento e preparo não é capaz de fazer? Eu sou consciente de que a minha pura paixão e autodidatismo não preenchem todas as lacunas de que eu necessito para seguir em frente. E ela, que teve suporte desde cedo, dá de ombros como se isso fosse um mero detalhe insignificante! Acho que esse é um mal que assola as pessoas das capitais.

Depois do ensaio, quando a noite cai, ela começa a andar de um lado para o outro no estreito corredor que há entre a cama e o criado-mudo, em meio a roupas e caixas.

– Você não está entediada?
– Ah, não sei, Pipa. Amanhã vamos tocar...
– Nós vamos tocar amanhã de noite!
– Mas é que eu fico pregada, essa semana foi pauleira. Acho que vou descansar.
– Cara, você parece mesmo uma mamãezinha falando.
– Mas eu sou uma mamãezinha!
– Olha, você insistiu para eu ir com você naquele bar fuleiro dos diabos, agora eu quero que você saia dessa caixa de sapato num sábado à noite. Não é um grande sacrifício, é?
– Obrigada por chamar a minha casa de caixa de sapato.
– Cara, sem ofensas, mas eu já vi casas de cachorro maiores.
– Não ofendeu, imagina.

– Há quanto tempo você não sai para dançar?
– Sei lá. Acho que desde a minha formatura no colégio.

Ela me olha como se eu merecesse internação compulsória imediata. Sou obrigada a reparar:

– Estou brincando!
– Sério, você só sai à noite para tocar. Como viver de música se não consegue se divertir com ela?
– Essa é uma observação inteligente.
– Eu li na biografia de um músico, mas esqueci quem foi.

No fim, vamos para uma festa em Copacabana, com uns amigos de uns amigos dela. Ligo para o Apê e ele se anima. Quanto ao Navalha, que não tem celular, eu deixo uma mensagem no Inbox do seu Facebook, mas não tenho muitas esperanças de que ele abra.

APÊ

Como lidar com a Flávia? Quando ela não está por perto, e eu não estou concentrado demais na política, eu sinto saudade de conversarmos e morro de vontade de poder tocá-la. Não obstante, ela agora está aqui, a dois ou três passos de mim, sorrindo e dançando, e eu estou aflito demais para saber o que fazer. Mal respiro, mal me mexo. Já me arrependo de ter desmarcado o encontro com o pessoal do CACO, principalmente com a Rita, que já estava a caminho, de modo que eu tive que mentir para ela (disse que a minha irmã teve uma crise). Eu não sei como agir com ela. É claro que eu gosto de filmes e de músicas, como todo mundo, mas essas coisas para mim são como suco de caixinha: eu as compro embaladas e industrializadas, sem me preocupar em como elas foram parar lá dentro. Na escola, eu não frequentava as rodas de violão ou os grupos de teatro, já que, no contraturno, eu estava ocupado demais fazendo aulas de natação, inglês ou preparatórios. As garotas com quem eu fiquei eram iguais a mim, como a Alice – garotas de óculos, com sérias ambições profissionais. O mundo sempre girou em torno de problemas lógicos e equações previsíveis ou, ao menos, solucionáveis. Com a Flávia e os seus amigos essas coisas parecem não ter a menor importância. Para piorar, ela é mais velha (embora quatro anos não sejam grande coisa, vai), é bonita (de um jeito peculiar, acho que por conta das sardas), e está sempre no centro das atenções (é claro que o seu enorme chapéu vermelho contribui para isso). Em suma, é uma luta desigual. Quando a noite acaba, e nada acontece – eu nunca alimentei nenhuma expectativa realista de que acontecesse, o que não significa que não houvesse alguma esperança lá no fundo –, a não ser o fato de termos que sair às pressas da pista de dança porque a Pipa brigou com um cara que tinha quatro vezes o seu tamanho, eu prometo ir vê-la cantar amanhã, mas não sei se terei forças para isso. Sinto-me angustiado, como se morasse dentro de uma música do My Bloody Valentine (legal de se ouvir, péssima para sentir). Se ela me desse pelo menos algum sinal, mas não há nada. Nada, exceto a maquiagem borrada no seu rosto, o passo incerto e delicado, os olhos de um castanho doce, a sensibilidade, a insegurança, a bota enorme nos seus pés pequenos, o rosto expressivo, os passos, os olhos, a cintura, a arte, o todo.

NAVALHA

Passo um sábado de merda tremendo no sofá, mas à noite me sinto melhor. Pelo menos, ao me ver de cama, minha mãe não desconfia que deu ruim no emprego novo (que já virou velho). Assim, eu ganho tempo para pensar no que dizer segunda-feira. O computador não liga, então, eu não consigo saber nada sobre os próximos protestos. Depois de tudo aquilo, parece que o tempo também pifou. Sinto tédio. Não, mais que isso: desespero.

Domingo, 23/06/2013

FLÁVIA

"Hoje eu terei uma apresentação séria, com cachê sério e equipamento sério." Meu dia começa e transcorre ao redor dessa constatação, ao mesmo tempo aflitiva e deliciosa. Como quase sempre acontece em situações assim, eu sinto vontade de conversar com o Júnior. Ele me dá a mesma sensação de estabilidade que sentimos ao nos deitarmos encostados numa árvore – a *minha* arvorezinha falante.

– Mãe, é verdade que você participa da confusão?
– Que confusão, Júnior? Que conversa é essa?
– Meu vô me mostrou a confusão na TV e disse que você estava no meio.
– Eu não falei que era confusão, Vítor – ouço meu pai, ao fundo –, eu te expliquei que era uma manifestação. Quem falou confusão foi a jornalista.
– Ahh, é verdade! Como que é nesse lugar? É muito grande?
– Júnior, a manifestação não é um lugar. É um evento que reúne muitas pessoas.

Ele fica em silêncio e posso sentir que ele medita sobre o significado de cada uma daquelas palavras.

– O que é um evento?

Ai, meu Deus, os oito anos!

– É um acontecimento. Mas não qualquer acontecimento. Um acontecimento importante.
– Mãe, um dia você me leva?
– Claro que eu te levo.
– Promete?
– Prometo.
– Está bom, beijo!

E me despacha, sem cerimônias, pelos seus próprios eventos importantes.

* * *

A apresentação é ótima. Pudera: a forma como a Pipa devora o violão (uma forma acelerada, que faz MPB soar quase como punk rock) me obriga a abrir a garganta e cantar com toda a força do meu peito; me força a explorar regiões que eu nem supunha serem possíveis de alcançar com a minha voz. Mas, na quarta ou quinta canção, peço para ela deixar eu cantar "Na hora do almoço" sozinha. Levo suave, com menos mostarda e mais açúcar, e aproveito para respirar. Ela me olha com cara de desdém, mas a plateia gosta do arranjo. Depois, ela se vinga, e toca as outras canções ainda mais alto.

Na descida do tablado, ao fundo do bar, esbarro com a Amanda:

– Flávia, você estava ótima!

– Ah, que bom que você estava aí. Obrigada.

Na verdade, eu a havia avistado do palco, mas, como a sua presença me gera irritação e insegurança (não necessariamente nesta ordem), preferi ignorar o fato.

– Eu acompanhei a tua performance no protesto. Aquilo foi incrível!

– Olha, tacar um violão na cabeça de um cara da tropa de choque não foi uma performance.

– Eu sei, eu sei, é claro. Mas, afinal, acabou sendo uma baita divulgação, não? O nosso show no Rival viralizou depois daquilo!

A Pipa está do meu lado e, sem que ela diga nada, eu sei que a Amanda corre perigo.

– Amanda, eu fui em cana por causa daquilo.

– E por que você não fez barulho nas tuas redes?

Eu desisto.

– Olha, tem uns amigos me esperando. Foi bom te rever!

– Não, espera, só um minuto. Eu posso falar contigo a sós?

Pelo visto, ela também notou a hostilidade de um metro e meio que emana da garota ao lado. Caminhamos para a porta dos banheiros. Ela continua:

– Amiga, é o seguinte. A Fernanda Moura, uma produtora importante, está reunindo alguns artistas para gravar canções de protesto, como uma forma de incentivar o movimento. Uma coisa assim, super politizada, – ela baixa o tom de voz, como se me confiasse um segredo – eu meio que estou ajudando no processo.

– A ideia é incentivar o movimento ou a carreira de alguns artistas?

Ela me olha, incrédula:

– O que botaram na tua cabeça? Nós cantamos; não podemos ajudar as causas fazendo o nosso trabalho?

– Eu defendo causas todos os dias nos vagões do metrô.

– Sim, Flávia, e eu respeito isso. Mas você fala com quantas pessoas nos vagões do metrô? Com centenas? Cantando de um modo profissional, gravando um clipe, você pode mandar esta mensagem para milhares, para milhões.

Antes que eu tenha tempo de amassar e descartar essa ideia na minha cabeça (uma ideia sedutora, que faz sentido), ela prossegue:

– Eu fiquei de boca aberta com a tua interpretação do Belchior. Ele é um artista super atual, e o repertório está aí, esperando quem o defenda.

– Ele está vivo, não precisa ser relembrado.

– Olha, ele está há vários anos sem fazer nenhuma apresentação. Há um espaço a ser ocupado.

– Pode ser. Mas, nesse caso, haveria uma multidão de pessoas melhores para fazê-lo.

– Ninguém como você! Não só a voz, mas a coisa do engajamento.

– Eu não faço nada para aparecer.

– Por isso é que é bom: é autêntico. Por favor, Flávia, diz para mim que vai aparecer lá? Haverá uma audição na quinta-feira, na casa da Fernanda.

– Não sei se eu posso na quinta.

– É claro que pode. (Ela rabisca num guardanapo um local na Gávea.) Não vá despreparada: por mais que digam que é só uma palhinha, essas coisas não são inofensivas. E vê se dá uma arrumada no cabelo.

Devo ter feito uma careta, porque ela complementa:

– Não posso mais brincar? – ela ri, com doçura, depois me abraça – Também é uma forma de eu me desculpar por aquele dia. Eu pisei na bola e não vai dizendo que não foi nada, porque foi.

Na verdade, eu não diria que "não foi nada." Eu quase peguei o primeiro ônibus de volta para Vassouras depois daquilo!

Depois que ela se vai, a Pipa me pergunta "quem é aquela patricinha escrota", e condena o fato de eu ter "amigos assim".

Entre o pessoal do coletivo, encontro o Presidente, que me pergunta, apertando os seus olhinhos maliciosos e inteligentes:

– Você acredita que tinha um babaca no fundo reclamando?

— Sério? Do quê?
— Ele disse que não sabia que esse bar agora tinha virado um antro de puta, viado e comunista.
— E a Lapa algum dia já foi outra coisa? – pergunto, fazendo blague.
— Onde está esse cretino? – indaga a Pipa, com outra pegada.
— Não se preocupa, eu já cuidei dele.
— Vocês brigaram?
— Melhor do que isso. Eu fingi que estava escutando, daí perguntei por que ele pensava aquilo. Deixei ele falar bastante. Depois, disse bem alto para todo mundo ouvir: 'Foooda-se!' Bem assim, na cara dele. Quando percebeu que eu estava acompanhado, saiu de fininho, o comédia.

Depois, feliz pela música, pelos amigos e pelo cachê, mergulho numa Lapa cheia de gente. Gostaria de poder apenas me divertir sem me preocupar com mais nada, mas não consigo. Desde já, lateja a quinta-feira.

APÊ

Ao abrir os olhos, vejo um domingo esbranquiçado pela janela e dúzias de chamadas da Alice ao telefone.

Será esse aquele caso clássico de um porre seguido de uma chamada constrangedora para o ex? Será remorso por ter me largado daquele jeito estúpido? Como ela não retornou nenhuma das minhas chamadas nas últimas semanas, sinto-me no direito de fazer o mesmo.

Na mesa da sala, meus pais tomam o café e leem o jornal. Minha irmã mexe no celular, sentada no sofá.

Meu pai me dá um bom-dia e fala, com um sorriso malicioso no canto da boca:

— Olha só. Vocês ganharam a capa de domingo.

Debruço-me sobre o jornal, cuja capa estampa: **"Juventude desiludida"**. Dois jovens, brancos e louros, enrolados na bandeira verde-amarelo, ilustram a semana de protestos no Brasil (eles acham mesmo que esta é a imagem mais representativa?). Aquilo que, durante a semana, não passava de um despropósito de meia dúzia de arruaceiros, surge agora como um evento patriótico (sempre ressalvada a minoria de vândalos, é claro). Constato, entretanto, que o jornal ainda funciona, ao menos para um público específico: tenho certeza de que o meu pai nos considera um pouco mais dignos do seu respeito após essa capa.

– Acho que vocês deveriam fundar um partido político – intervém minha mãe.

– Eu sei que você acha isso.

– Seria mais inteligente.

– Quem sabe? – Não estou disposto a embarcar numa discussão dessas, agora.

A campainha toca.

– Você está esperando alguém? – pergunta a minha mãe.

– Não – responde meu pai.

– Também não – diz minha irmã.

Novo toque, seguido de outro.

– Eu abro – levanto-me, num pulo. Giro a chave e me deparo com a Alice, o que quase me acarreta um infarto.

– Podemos conversar lá embaixo?

– Por que você não avisou?

Maldição, com certeza esta não é a coisa certa a dizer.

– Eu te liguei dezenas de vezes.

– Desculpa. Claro. Vamos. Descer.

Há um silêncio de pedra na sala quando eu desço. Há um silêncio de pedra no elevador. Há um silêncio de pedra nas calçadas de Copacabana, porque o barulho do ambiente não conta, se não repercute aqui dentro. A Alice está séria, como se a sua alma tivesse secado. No café em que nos sentamos, um casal de turistas japoneses come (sei que são japoneses porque o homem usa a camiseta 4 da seleção, do meio-campista Keisuke Honda) enquanto um senhor com boné camuflado preenche as palavras cruzadas do jornal. Depois que a atendente coloca as xícaras sobre a mesa, a Alice me pergunta, de supetão:

– Você não vai falar nada?

Essa é boa! Se foi ela que me trouxe até aqui! Tento qualquer coisa:

– Está tudo bem?

Ela respira fundo. Eu sinto um vento gelado no peito. Talvez eu tenha um ataque cardíaco de verdade se ela prolongar isto por mais tempo.

– Você não tem nenhum palpite?

– Como assim palpite, Alice? Que tal deixarmos de adivinhação e você me falar logo de uma vez o que houve?

Bebo o café e sinto o maldito gosto de ferrugem de novo.

– Tá bom, eu estou grávida.

Eu me engasgo; a Alice se levanta para me ajudar, mas derruba a xícara e depois vomita na mesa toda. O casal de japoneses nos olha e a mulher lança um sorriso solidário para a Alice.

– Indefectível, porra! – o homem de boné camuflado grita e dá um murro na mesa. Um dia eu quero ser como ele, e ter como única preocupação de um domingo de manhã o acerto das palavras cruzadas.

Logo, uma atendente solícita aparece com pano.

– Desculpa – fala a Alice.

– Imagina, quem não passou por isso, vai passar – ela diz e pisca o olho para mim, com simpatia. Pergunta para nós:

– Mais um café?

– Não, obrigada – diz a Alice.

– Eu quero uma água tônica, por favor. – Esse é o sabor mais compatível com meu estado de espírito no momento.

Depois, a Alice me olha à espera de uma palavra. Eu desvio meu olhar para o casal de japoneses, que se delicia comendo uma tapioca, com o homem das palavras cruzadas, com os transeuntes lá fora. Imagino a Flávia sentada na minha frente, com dezesseis anos, dizendo que será mãe. Será que ela comunicou isso em um café? Duvido. É mais provável uma praça cheia de árvores e alguns bancos velhos, uma pista de skate perto do colégio, um lance de escadas onde adolescentes fumam ou algo assim.

– Você não vai falar nada?

– Você quer que eu diga o quê?

Ela bufa. Mas eu não queria ofendê-la. Eu perguntei com a intenção sincera de responder o que fosse bom para ela escutar. Sei lá, ela está grávida, acho que devo ser solidário, como as outras mulheres do recinto.

– Você poderia dizer se acha que nós devemos ter o bebê ou não, por exemplo.

Essa é a questão. Não se trata de solidariedade. Uma coisa do tipo: "Olha, que legal, você vai ser mãe, desejo toda sorte." Se esse diálogo ocorresse daqui a um ano, na fila do supermercado, aí se trataria sem dúvida de solidariedade. Mas não. "Nós" significa ela e eu – a menos que o cara das palavras cruzadas tivesse algo a ver com isso –, o que significa que eu sou o pai, o que significa que a Alice, se quiser, mudará a minha vida para sempre a partir de...agora.

– Eu não sei o que dizer.
– Uma dica: não diga isso.
– Já disse.
– Então, vá pensando numa coisa melhor.
– Os exames de farmácia podem errar.

Ela fecha a cara como se eu a tivesse insultado.

– Eles tem 99% de acerto e eu fiz três.
– Os três deram positivo?
– Ponto pra você!
– Você já pensou a respeito?
– Você está brincando? Eu não penso em outra coisa; eu nem durmo, se você quer saber.
– Isso eu percebi.

Ela me fuzila com os olhos.

– Desculpa.

Não me vejo conseguindo dormir pelos próximos meses. Vem à minha mente eu com a barba e a barriga crescidas, pegando pilhas e pilhas de processos, lendo o jornal igual o meu pai, todos os dias de manhã pelas próximas décadas.

– Você não parece contente e saiba que eu também não estou. Ainda mais agora, na reta final para conseguir o intercâmbio.
– E eu... bom, eu... – Como falar da Flávia, da política, das dúvidas sobre a faculdade e a carreira que começaram a me atormentar nas últimas semanas? – Eu também tenho as minhas coisas.

Ela arregala os olhos e indaga:

– Você tem alguém?
– Não, quer dizer, não.
– Tem ou não tem?
– Não, não é isso, Alice. É sobre a coisa dos protestos.
– Eu acho legal que você se envolva. Te ajuda a sair da bolha.
– Obrigado.
– Deixar de ser o menino do papai e da mamãe.
– Obrigado.
– Cair na real.

Penso em dizer que ela deveria considerar a hipótese de entrar para a Magistratura, dada a desenvoltura com que me sentencia, mas prefiro o silêncio. Ela muda o prumo:

– Eu já vi uma clínica segura para tirar. Mas achei que você tinha o direito de saber.

– Obrigado.

– Meu Deus, Antônio Pedro, para de falar obrigado!

– Você quer que eu diga o quê?

– Já seria suficiente se você demonstrasse algum sentimento.

– Qual sentimento?

– Não sei! Qualquer um!

– Eu não sei o que dizer. Não sei mesmo. Talvez isso seja um sentimento.

– Isso é puro egoísmo, nada mais.

– Alice, eu não te entendo. Você termina comigo, sem nenhum motivo sério aparente, agora bate na minha porta e vem cobrar sentimentos.

– É que lá no fundo eu achei que você pudesse querer ter a criança. Sei lá, reservei 1% de chance de isso acontecer.

– Isso mudaria a tua decisão?

– Não sei. Acho que não.

– Eu acho que a coisa certa a ser feita é o que nós faremos.

– Para você é fácil falar.

– Então faça o que você quiser, só não queira que eu minta, Alice. Nós nem estamos mais juntos. Eu não poderia simplesmente sair por aí soltando fogos.

Ela se cala. Nos seus olhos, há uma indagação.

– Será que nós poderíamos tentar de novo? Com ou sem bebê?

– Não – a minha resposta sai seca e brutal, mas não era a intenção. É que eu não consigo dizer mais nada, como se uma rolha bloqueasse a minha garganta.

Novo silêncio. Ela se ergue e eu percebo que as lágrimas secaram.

– Precisarei de 3 mil reais para o a...procedimento.

– Eu darei um jeito.

– Está certo.

Ela dá meia-volta e se vai. Nessa hora, apenas nessa hora, eu sucumbo: tenho vontade de abraçá-la e de dizer que ficará tudo bem, mas ela se afasta antes que eu me decida. Se ela pudesse ler mentes, saberia que bastaria voltar para que eu capitulasse. Felizmente, não pode.

NAVALHA

Acordo com o Golpe me gritando do lado de fora. Calço a bermuda e os chinelos correndo, igual quando éramos crianças e ele me chamava para jogar bola, e quase me esqueço que nós estamos brigados. Do lado de fora, ele está mais magro e sorridente, e veste uma touca vermelho-amarela horrorosa na cabeça.

– Fala, tu, Golpe.
– Vamos descer lá para casa, que o coroa vai queimar uma carne e perguntou de tu.
– Sei, não.
– Para de neurose, Navalha.
– Neurose? Você perdeu a linha aquele dia, passou dos limites.
– Você também passou, e aí? Vai ficar nessa para sempre? Vim aqui numa boa.

Qual a outra opção que eu tenho? Passar mais um dia enfurnado entre o sofá e a cozinha?

– Já é.

Amizade verdadeira é assim mesmo: briga, mas depois volta, até brigar de novo. As postiças é que acabam no primeiro desentendimento.

Enquanto o seu pai queima a carne, ele me desfia as suas novas histórias, entre um e outro trago:

– Quase rodamos na Linha Vermelha. Abordamos a moto, mas o cara era guarda municipal. Quando ele sacou o revólver, o Menor Dé largou o aço no braço dele, tinha que ver, abriu o maior bocetão.
– Qualquer dia o Menor Dé não vai ser tão rápido.
– Qual foi, Navalha? Vira essa boca pra lá.

Do que ele fala, quantos por cento são verdade e quantos por cento são mentira? Pescador é fichinha, perto de estória de bandido. Qualquer zé ruela, ladrão de marmita, é herói de guerra. Só que, nessa vida, medalha no peito só se for curativo de bala.

Ficamos assim de bobeira, toda a tarde. Ao anoitecer, fico surpreso quando o Golpe me pergunta se eu vou querer alguma roupa emprestada para ir pro baile.

– Que baile? Não está proibido?
– Estão arrumando umas caixas de som lá na quadra do Brizolão, deram o papo que vão fazer na tora.
– Se der polícia, o pessoal não vai gostar.
– Nada, já foi desenrolado, o patrão disse para mandar ver.

Quando chegamos, lá pelas nove, a quadra já está abarrotada de gente. As pessoas foram com toda sede ao pote matar a sua vontade de baile.

No microfone, alguém grita:
– A UPP vai cair!
A plateia vai ao delírio e responde:
– Vai cair, vai cair, a UPP vai cair!

Quem ouvisse poderia até pensar que se trata de um protesto – mas um protesto em que as pessoas também dançam. O Golpe fica num canto, conversando com os seus novos amigos. Entre uma batida e outra, a letra fala em meter bala na Dilma, no Sérgio Cabral e no Caveirão. O ápice é quando o DJ manda:

Na faixa de Gaza é só homem-bomba, na guerra é tudo ou nada
Várias titânio no pente, colete à prova de bala
Nós planta humildade pra colher poder
A recompensa vem logo após
Não somos fora da lei porque a lei quem faz é nós
Nós é o certo pelo certo, não aceita covardia
Não é qualquer um que chega e ganha moral de cria

Essa é das antigas, quase um hino, desses que todo mundo canta. Num jogo de futebol, uma torcida não fala que vai bater e arrebentar a outra? Aqui, é igual. 99% dos presentes estudam e trabalham, pagam as contas e andam na linha. No baile, podem esquecer da rotina, fingir que fazem e acontecem.

Do nada, estoura a primeira bomba. A batida ainda continua alguns segundos, depois a microfonia quase nos deixa surdos. Agora, sem as batidas, persiste o grito:
– Vai cair, vai cair, a UPP vai cair!

Ao fundo, barulho seco de tiro, que é diferente de bala de borracha. Até parece mesmo a Faixa de Gaza.

Na saída do Brizolão, algumas pessoas já botaram camisas na cara e jogam pedras na direção das viaturas. Um ônibus que passa também é apedrejado. Pela avenida, vem vindo mais polícia. Não é preciso ninguém combinar nada para que a gente comece a jogar lixo e entulho na rua, para fechar a passagem. Quando boto as mãos numas caixas de papelão, largadas na calçada, ouço uma voz que grita:

– Tira a mão das minhas coisas!

– Foi mal.

Acendemos um foguinho de nada, mas logo temos que sair fora, porque os canas nos cercam dos dois lados e, por aqui, não há vidraça de banco para quebrar ou prédio para ocupar. Também não há imprensa, holofotes, advogados, artistas, enfim, tirando nós mesmos, não há nada. Caio num beco, onde o único barulho que escuto é o som das televisões ligadas. Por sorte, moro perto. Quando entro em casa, minha mãe se espanta:

– O que aconteceu?

– Baile – respondo, e ela já entende. Ao seu lado, reparo as sacolas de compras cheias, no chão.

– O que aconteceu? – devolvo a pergunta, apontando com os olhos a sucata.

– Lá na Água Santa, o guarda implicou com uma menina, ela revidou, teve bate-boca e cancelaram a visita. Aí, meu filho, o povo se revoltou. Isso lá é coisa que se faça? Teve bomba e gás de pimenta, deu polícia e tudo, igual lá no teu protesto.

Meu protesto? Essa é boa.

Segunda-feira, 24/06/2013

FLÁVIA

Acordo e, embaixo da porta, há um bilhete. Reconheço a letra da Vivian:
"Nossa casa virou motel?"
Como assim, "nossa casa virou motel"? Quando chego na sala, entendo o recado: a Pipa dorme nua, no sofá, abraçada a uma garota que eu desconheço.
– Pipa!
Sacudo-a:
– Pipa, acorda!
– Que foi? Ainda é cedo!
– Não é cedo, já passam das dez!
– Me chama daqui a meia hora.
– Acorda, Pipa! Minha casa agora virou motel?
– Deixa de ser chata!
É inacreditável como a noção de bom senso e respeito pode variar tanto de pessoa para pessoa.
– Não sou chata, só não quero encontrar uma estranha dormindo pelada no sofá da minha casa!
Nesse momento, a amiga, parceira, namorada ou seja lá o que for dela, abre os olhos, me encara por uns segundos e pergunta:
– Já é de manhã?
– Pelo amor de Deus! Olha Pipa, eu vou tomar um banho, quando sair quero tudo isso aqui arrumado e vocês duas vestidas. Ainda que eu morasse sozinha...
– Assim você vai deixar a Suelen constrangida.
– Constrangida estou eu! Não sei se você percebeu, mas nesta casa moram outras pessoas.
– Não fode, Flávia.
– Não fode, você!
– Agora é tarde.
Ambas riem, enquanto eu tenho vontade de matá-las.
É claro que eu deveria expulsá-las, mas eu me tranco no banheiro e, quando a água cai sobre a minha pele, eu já conto três dias para

a quinta-feira. Durante os exercícios vocais, elenco um repertório possível. *"A minha alucinação é suportar o dia a dia e meu delírio é a experiência com coisas reais"*. A Amanda é tola sob muitos aspectos, mas entende das coisas.

Na sala, a tal Suelen já se foi e a Pipa bebe um copo de leite (que meu não é) sentada no sofá, com a maior cara de pau. No telefone, uma mensagem do Apê: *"Desculpe por não ter aparecido ontem, aconteceu uma confusão aqui em casa, depois te conto. Foi tudo bem?"* Que tipo de confusão pode acontecer na casa do Apê? O pai dele comprar um carro da marca errada? Apesar disso, ele consegue ser um cara legal. *"Sim, foi ótimo lá, obrigada. Bjs"*.

O dia não rende muito em termos de grana, o que é normal quando se trata do fim do mês. Tento encarar as coisas pelo lado positivo: eu já estive mais longe de completar a parte do aluguel à essa altura.

Ao entardecer, nos reunimos, como de hábito, nas escadarias da Câmara. Por aqui, cada dia há uma novidade. Um jovem com os cabelos louros encaracolados diz que um grupo de "guerreiros" está acampado, desde ontem, em frente à casa do governador e nos convida a ir para lá:

– Convite não, convocação, melhor dizendo. Depois da passagem, temos que focar no Cabral agora.

É claro que não se chega a nenhum consenso. O André, um professor com cara de estudante que volta e meia aparece por aqui, contesta:

– De que adianta acampar no Leblon? Vocês vão dialogar com quem? Com a alta burguesia carioca? Nosso foco é manter as mobilizações nas ruas, falar com o povo.

– Concordo, mas a mídia também é importante. Fazer ações simbólicas.

– Simbólicas? Não te parece que é mais importante fazer ações efetivas?

Ele fala de um modo convincente. O garoto dos cabelos encaracolados titubeia:

– Mas os vizinhos do Cabral têm apoiado o acampamento com comidas, buzinaços...

– Experimente levar um grupo de jovens da favela para o acampamento de vocês, para ver se o bom burguês mantém o apoio.

O Presidente, que acompanha a conversa com atenção, solta uma gargalhada cortante, que vale por frases inteiras. A Pipa cospe no chão:

— Pau no cu do bom burguês!

Por que ela precisa falar como uma adolescente? Bem, na verdade, ela é uma adolescente.

O Cláudio, o senhor que segura todos os dias a faixa exigindo justiça para as vítimas do morro do Bumba, dá a sua opinião:

— Pois eu acho que nós deveríamos fazer um movimento de ocupação bem aqui no centro.

Bem, já é o que ele faz, há tempos, sozinho.

Um secundarista complementa:

— Acho que deveríamos apoiar a CPI dos transportes...

— CPI? Isso não dá em nada — corta-o a Pipa, com a sutileza que lhe é característica.

Eu digo, meio que de brincadeira:

— Na prática, nós já acampamos aqui, não é?

Ninguém ri: as pessoas pensam a sério no que eu falei.

O estudante parece animado:

— Amanhã nós poderíamos defender esta proposta na assembleia.

O André pondera:

— Amigo, este é o tipo de coisa que primeiro se faz, depois se anuncia. Até porque, está cheio de P2 por aqui.

Com os olhos, ele aponta dois homens fortes, com os cabelos raspados, sentados no bar Amarelinho, com câmeras de celulares apontadas na direção da escadaria. Será que a polícia não tem nada mais importante para fazer do que nos vigiar? É sério que há quem considere este grupo aqui reunido como uma ameaça à ordem pública?

Atrás de mim, reconheço a voz do Navalha:

— Vamos lá ver qual é a desses caras!

— Melhor deixar quieto... — digo, mas logo a Pipa me interrompe:

— É isso aí!

Como todos vão para o bar, eu os sigo. Há um princípio de bate-boca enquanto cresce a aglomeração em volta da mesa. Os dois homens balançam a cabeça, mas se recusam a mostrar as imagens do celular. Ao mesmo tempo, dezenas de flashes gravam os seus rostos.

O mais velho deles insiste:

– Que polícia? A gente só está aqui conversando.

Ao seu lado, o mais novo ergue o celular e volta a nos filmar, com uma risada cínica no canto da boca. O que dura só um minuto, porque o Navalha dá um tapa na sua mão e derruba o seu celular. O homem tenta reagir e começa o empurra-empurra, até que o mais velho saca a pistola para o alto e manda todos se afastarem:

– Sou polícia, quem encostar leva um tiro!

Nessa hora, o gerente do bar se aproxima, seguido de outros seguranças. Ele negocia com os dois homens, que saem, por fim, escoltados, sob vaias e latas de cerveja dos transeuntes e dos próprios clientes do Amarelinho. Eles eram mesmo policiais à paisana.

APÊ

A Alice está grudada à minha cabeça, desde a hora em que eu acordo (se é que a inquieta sucessão de pesadelos pode ser considerada sono). Entro no escritório e o cheiro de lavanda, café e ar-condicionado me enjoa. O fato de pensar que talvez eu não tenha outra alternativa senão passar o resto da vida metido neste ambiente aumenta a minha angústia. Coloco o fone de ouvido e chuto o balde: não falo com ninguém e nem faço questão de esconder que não dou a mínima para o serviço. Ainda há a coisa da continuidade ou não do movimento, que vai ser decidida amanhã numa enorme plenária, pelo que a Rita me disse. Se as coisas parassem, agora, eu não saberia o que fazer. Se alguém propuser, amanhã, o fim do movimento, eu vou pedir a palavra e falar: "Pessoal, isso não é justo. Eu não consigo voltar a trabalhar no escritório do meu pai, porque ele assessora o Eike Batista (indiretamente, é verdade), e, para ser sincero, nem sei se quero continuar a fazer faculdade de Direito, porque em todas as partes o que menos vejo são as leis serem cumpridas. Vocês não podem virar a vida das pessoas de ponta-cabeça e, em seguida, pedir para que elas voltem para casa." É, vá lá, talvez eu não ajudasse muito a causa colocando as coisas em termos assim tão pessoais. É provável que rolassem até um dedos em riste e xingamentos.

No meio da tarde, me vejo olhando a grade de disciplinas do curso de Ciências Sociais da UFRJ:

Antropologia Cultural
Introdução à Sociologia

Metodologia das Ciências Sociais
Filosofia I
Introdução à Ciência Política
Psicologia I

Olha para esse fluxograma: ele parece uma grande assembleia permanente, que te dá um diploma no final. Interessante.

A porta se abre e meu pai me olha com cara de poucos amigos. Ao menos, eu estava em frente do computador, com um semblante compenetrado. Ele aproveita que a Núbia e o Cléber tomam café e fecha a porta atrás de si. Depois, se senta numa cadeira à minha frente.

– O que houve? – pergunto.

– Até agora, o grupo X não nos pagou um centavo.

– E o que eles dizem?

– Dizem que acertam depois.

– No jornal tem saído que eles estão com dificuldades.

– Porra, Apê, dificuldades? – É muito raro vê-lo falar nestes termos, ao menos quando está sóbrio. – Eles comeram licitações que estão na casa dos bilhões! Em que mundo você vive?

– Nós já gastamos muito?

– Encomendamos relatório de impactos ambientais, contratamos técnicos, nomeamos representantes em Brasília, porque parte do terreno é federal. Uma baba. E a tua mãe... outro dia ela tentou dar entrada numa CASA no cartão de crédito.

– Entrada numa casa?

– É, numa casa. O banco me ligou e eu bloqueei, claro. Mas com isso você pode imaginar o pé em que as coisas estão.

À minha frente, de um lado, a grade de Ciências Sociais aberta no computador, e, de outro, o velho advogado imerso nos seus próprios problemas (com certeza, na sua lista mental, eu também entro sob a coluna: "problemas." Ele ainda não sabe que a gravidez da Alice, que é em teoria um problema meu, poderá vir a engrossar a sua lista). Digo, para demonstrar solidariedade:

– Há algo que eu possa fazer?

– Sim. Dedique-se ao trabalho. É por vocês que eu não deixo tudo desmoronar – ele se levanta, com visível esforço – desculpe pelo desabafo.

Depois sai, fechando a porta devagar atrás de si. De tudo o que ele poderia me pedir, talvez seja esta a coisa mais difícil.

Na Faculdade, por mais que tente, eu não consigo me concentrar na aula de Direito Comercial. "Duas partes iguais entram em acordo." Em que lugar do mundo acontece isso de "partes iguais" entrarem em acordo? A regra não é que duas partes desiguais – uma forte, outra fraca – estabeleçam relações que se mantêm nos estritos limites dessa desigualdade? Depois da aula, me enfurno no centro acadêmico, vazio hoje. Ocupo as minhas horas sentado no sofá e até fumo. É tarde quando caminho para a Cinelândia. De longe, olho para a escadaria e não vejo a Flávia. No metrô, lembro da Alice, e volto a sentir enjoo.

NAVALHA

O lado bom de ficar sem trabalho é que eu posso acordar meio-dia e passar a tarde toda vendo as notícias. Agora, os programas policiais só falam de política, sem deixarem de ser programas de polícia. Em São Paulo, um grupo de trezentas pessoas tenta invadir a prefeitura pela milésima vez, mas não passa da portaria. Esses caras nunca ouviram falar em pé de cabra?

Uma imagem do Rio mostra os funcionários do Barra Shopping fechando as portas, às pressas, devido a um protesto dos moradores da Cidade de Deus. Numa metade da tela, a repórter lourinha, com o rosto pálido; na outra metade, o trânsito parado, com alguns carrões importados escapando pelo acostamento. A mulher diz: "É a primeira vez desde a inauguração que isso acontece." "Como está a situação do trânsito, Talita?", pergunta o âncora, com cara de contraventor aposentado. "A avenida das Américas está totalmente engarrafada." Depois, eles mudam de assunto, sem dizer qual era a pauta do protesto.

Passa das cinco quando eu vou para o centro – vamos ver até onde minha mãe pode acreditar que eu ainda tenho um trabalho. Na estação, à margem dos trilhos, um pastor e duas assistentes distribuem pão, café com leite e a palavra divina para os desgraçados que dormem e acordam fumando crack. Estes, fazem fila, dizem "amém" e voltam para as suas tocas assim que pegam a comida. O locutor anuncia: *"Devido a problemas na rede elétrica, informamos que houve interrupção na circulação dos trens na altura da estação Agostinho Porto*". Ramal Belford Roxo, sempre ele. Por causa do atraso, eu vou em pé. Do meu lado, um rapaz com bigodes ralos, camiseta do Flamengo, reclama:

– O povo é esculachado de todo jeito, mesmo!

– É por isso que a gente tem que protestar – respondo.

Ele me olha, pensa um pouco e responde:

– Protestar? Protestar é pouco. Tinha era que começar tudo de novo.

Na Cinelândia, sem que ninguém tenha combinado nada, o pessoal está em peso. Tem até uma confusão com uns X9 no Amarelinho (por aqui eles se chamam P2, mas a função e o cheiro são os mesmos). Apesar das diferenças, eu gosto daqui, gosto da Ventania e desse povo todo. Antes dos protestos, o meu mundo era limitado pelo rio Jacaré, de um lado, e pelos muros da fábrica abandonada, de outro. É um mundão cheio de problemas e histórias, mas ainda é pequeno. Aqui, ele é só mais um dentre outros, que afunda como uma concha dentro d'água. Por isso, eu mais observo do que falo, e estou sempre atento.

Terça-feira, 25/06/2013

FLÁVIA

Faltam dois dias para a quinta-feira. É nisso que eu penso enquanto tomo café, enquanto me arrumo, enquanto desço as escadas, enquanto checo o telefone a cada dois minutos para ver se chegou algum recado da Amanda desmarcando o compromisso, enquanto espero a Pipa, que não aparece antes das duas da tarde, pedindo desculpas, mas acrescentando que "você não deveria ser tão quadrada." Eu a olho, pensando em responder que talvez ela pudesse ser menos insolente ou egoísta, mas não tenho ânimo para discutir, afinal, faltam só dois dias para a quinta-feira.

À noite, encontro todos no Largo São Francisco, na assembleia popular contra o aumento das passagens. Aquilo que há uma semana era uma reunião dentro de um salão, com centenas de militantes, hoje ocupa toda a praça e é assistido por milhares de pessoas.

Nós ficamos no fundo da praça, bem longe da mesa principal, debatendo maneiras de contribuir.

– Nós podíamos fazer um festival de cultura na rua – sugere o Elias, um dançarino de Mariópolis (não tenho a menor ideia de onde fica isso).

Eu o apoio com todas as minhas forças:

– Essa ideia é genial!

O Carlos sugere:

– Vocês não acham que nós deveríamos propor isso lá na mesa, para que todos pudessem se envolver?

– Seria ótimo. Mas precisaríamos conseguir chegar até lá – responde a Camila.

O próprio Carlos me pergunta:

– Aquele teu amigo não pode nos ajudar?

– O Apê?

– É, ele mesmo. Afinal, ele está sempre metido lá no meio.

Olho para a mesa da assembleia, um pequenino ponto de referência ao longe, cercado de gente. Os debates ainda não começaram, porque as pessoas ainda não conseguiram decidir como serão organizados os debates.

– Ai, não sei – respondo, desanimada –, precisamos mesmo disso? Por que não organizar o festival e ponto?
– Também acho – concorda a Pipa –, ninguém precisa de licença para fazer revolução.

A frase de efeito é boa, mas na boca dela soa prepotente e por isso desisto de insistir na recusa. Por fim, vou com o Carlos para perto da mesa, tentar encontrar o Apê.

À medida que me aproximo, aumenta o tom das vozes e as divergências. Eu não entendo como gente que está do mesmo lado pode ser tão raivosa entre si. Quando subo as escadas que dão acesso ao velho prédio histórico – a mesa da assembleia está posicionada na entrada – uma garota me puxa com violência pelo braço:
– Hei, você não pode entrar assim aqui!

Antes que eu revide, uma outra garota xinga a que me puxa:
– Sua burocrata, quem você pensa que é para impedir alguém de assistir a assembleia?

Sem que me dê conta, acabo sendo o estopim de uma gritaria que quase termina em briga. Atrás de mim, ouço vaias, vindas dos que aguardam que os debates comecem. Não sei o que fazer. Devo seguir adiante? Retornar? Todos falam ao mesmo tempo e ninguém parece se entender; há gritos, mãos subindo e descendo, loucas. Olha, não é por nada não, mas o nosso coletivo é um primor de organização perto disso. Viro-me para o Carlos:
– Deixa para lá.
– É, não precisamos deles para nada.

APÊ

Não piso no escritório, embora tenha voltado a sentir remorsos, depois da conversa de ontem com o meu pai (e, talvez como uma autojustificativa, penso que o seu desabafo "espontâneo" bem pode ter sido calculado para produzir este efeito mesmo). Vou direto para o caco, onde há uma reunião tensa sobre a nossa participação na plenária de logo mais. O Cauê está irredutível:
– Nós temos que fechar posição pelo encerramento das manifestações. Isso está saindo do controle.

Ele é apoiado pelo Anselmo, o seu (nosso) antigo arquirrival:

– Exatamente. Temos que acompanhar os sindicatos, que convocaram uma data de lutas no próximo dia 11.

– Vocês estão brincando? – diz a Rita – As maiores manifestações da nossa história recente são um "descontrole"? Dia 11, no atual contexto, é daqui a um século.

– No meio disso tem a final da Copa das Confederações – pontua o Lucas.

– Isso é irresponsável! – insiste o Anselmo.

Eu retruco, irritado:

– Irresponsável é passar anos dizendo que as pessoas têm que lutar e mandá-las voltar para casa quando isso enfim acontece!

O Cauê me alfineta:

– Falou o representante do proletariado.

– O que você quer dizer com isso?

– Injuriar não é argumentar – intervém a Rita, fechando os olhos com raiva.

A reunião termina sem acordo, de modo que vamos divididos para a assembleia no Largo de São Francisco. Lá, a briga continua, mas numa escala bem maior.

A praça está abarrotada de gente. Há quem fale em cinco mil pessoas. Como alguém pode cogitar parar o movimento logo agora? Não, meu amigo, ninguém poderá me convencer que esta é a coisa certa. Por isso, disputo os rumos da pauta, brigo pelo assento na mesa – o Cauê, com o apoio do Anselmo, queria representar o CACO, mas conseguimos colocar a Rita –, me vejo articulando com estranhos sobre os próximos passos. Antes, eu não entendia nada dessa briga, que me parecia mera picuinha de universitários. Agora, eu me afundo nela até o último fio de cabelo. Com frequência as pessoas se aproximam de mim e perguntam:

– Companheiro, você é de qual corrente?

– Sou independente.

– Ah.

Já não estranho boinas e barbas, nem a linguagem e os gestos teatrais.

As falas se sucedem e, de vez em quando, a ordem dos nomes na lista, ou a prioridade da pauta, suscitam insultos e empurrões. Nesse momento, não há Alice, problemas familiares, dúvidas, não há nem mesmo a Flávia, que eu avisto muito rapidamente, antes de ela voltar a desaparecer na praça. De repente, o Navalha surge à minha frente. Na verdade, ele vai direto para a mesa, onde gesticula e discute sobre algo. Coloco a mão no seu ombro:

– O que houve, Navalha?

– Solta ele! – gritam atrás de mim. Ele se vira, e parece que vai me devorar, mas me reconhece e fala:

– Apê, vocês precisam pautar a manifestação na Maré!

– O que aconteceu na Maré? – eu grito, tentando tirá-lo da frente da assembleia. Estamos no meio da discussão e tudo que os sabotadores querem é que a pauta termine pela metade.

– Ela pode te explicar melhor – ele me aponta para uma jovem.

– Teve uma chacina na Maré, hoje – ela grita nos meus ouvidos.

– Uma chacina?

A jovem fala, rápida como uma metralhadora:

– Estava tendo uma manifestação na avenida Brasil, na altura de Bonsucesso. O pessoal fechou a pista, o Choque apareceu, e todo mundo buscou abrigo na comunidade. Mas a polícia invadiu e largou o aço. Mais de dez irmãos foram mortos.

Eu não sei o que pensar, muito menos o que dizer. Para variar, pergunto algo estúpido:

– Teus irmãos foram assassinados hoje?

– Irmão é um modo de dizer. Considero todos os que moram na favela meus irmãos.

– Entendo. É claro que devemos colocar isso em votação.

– Então, ajuda a gente. Esses cuzões não querem nem colocar o tema na pauta.

Olho nos olhos da jovem, de quem não sei o nome. Por que ela pede a minha ajuda? A assembleia é pública, aberta, de modo que ela, tanto quanto eu, pode inserir o que quiser na pauta. Ato contínuo, observo a mesa congestionada de gente ao seu redor, a disputa acalorada que prossegue pela ordem das inscrições, e me dou conta de que um campo de força invisível parece bloquear a participação da maioria das pessoas.

Decidido, atravesso o emaranhado e explico a situação ao pé do ouvido da Rita. Ela hesita:

– Apê, é difícil tomar essa decisão, a gente arrisca a queimar cartucho antes da hora.

– Rita, nós não podemos deixar essas pessoas sem resposta.

Ela me olha, depois cutuca uma mulher sentada ao seu lado, com quem cochicha. Por fim, me diz:

– Está bom. Mas traz o pessoal aqui para fazer pressão.

Penso no Navalha: fazer pressão não será o problema.

Por fim, com muito custo, encaminha-se a proposta. O que gera uma nova polêmica: um homem de meia-idade, que veste uma camiseta do Malcolm X, dizendo-se representante de um tal "Fórum de Comunidades" (do qual nem o Navalha nem nenhuma das pessoas que estão com ele ouviram falar antes) pede para que não se vote naqueles termos:

– Não temos que levar a manifestação para a favela. Isso vai atrair polícia.

– Como atrair polícia? – diz a jovem, que eu já descobri que se chama Sheila – A polícia já entrou lá e fez o que fez.

– Minha filha, não é assim que funciona. De que vai adiantar levar um monte de gente para a entrada do Parque União? Já está sendo organizado um ato ecumênico para amanhã.

– A questão não é o ato ecumênico – diz um homem de cerca de trinta anos, com voz calma – e sim marcar posição de repúdio pelo que aconteceu. Levar o movimento das ruas para a favela.

– Deixa a favela em paz, moleque – responde o representante do Fórum. O outro responde, com firmeza:

– Acho que o homem estampado na tua camisa não defenderia isso.

– Você não sabe de nada!

– Me mostra quem te deu a procuração para falar pelo povo favelado! – ele replica, apoiado pela Sheila, o Navalha e outros.

No fim, vota-se, e vence, por estreita margem, a proposta de não convocar a próxima manifestação para a avenida Brasil. A Rita me olha, preocupada. Como ela temia, antecipamos uma polêmica e perdemos.

O Navalha protesta:

– Dane-se esta merda! A gente não precisa desses caras para nada.

Eu o puxo pelo braço e falo para os demais:

– Ainda não acabou. Nós pautamos a manifestação, não pautamos?

Por fim, eles ficam para nos apoiar. O último ponto de pauta é a realização, ou não, de um protesto no Maracanã, no próximo domingo, dia 30, final da Copa das Confederações. Após horas de divergência sobre divergência, manobra sobre manobra e costura sobre costura – e quando a assistência da assembleia já se reduziu de um modo considerável –, um homem com cabelos e barbas compridos, levanta o braço:

– Questão de ordem!

– Não tem questão de ordem – diz a Rita e bate na mesa.

– Eu exijo questão de ordem!

– Não caia em provocação – a mulher ao lado sopra para a Rita, que coloca a mão na testa e diz:

– Diga tua questão de ordem.

– Eu sou do Observatório da Copa e acho que essa votação não faz sentido. Nós já marcamos um ato no domingo pela manhã.

Da plenária sobem gritos de protestos:

– Isso é golpe, a assembleia é soberana!

– Coloca logo em votação!

– Respeitem o Observatório!

– As ruas não têm dono!

Começa um empurra-empurra sério. O representante do tal Observatório avança na direção da Rita para tomar o microfone, mas o Navalha dá-lhe um encontrão; alguém tenta revidar, mas sou eu quem agora empurro de volta. A verdade é que estão quase conseguindo implodir a assembleia. Neste momento crítico, a Rita trepa em cima da mesa e, com o microfone nas mãos, berra:

– Em estágio de votação... Quem defende que a assembleia se incorpore ao ato pela manhã, levante as mãos.

Ao meu lado, quase todos parecem levantar as mãos. "Droga, perdemos de novo", penso, com amargura. Lá se vai o nosso grande dia.

– Quem defende realizar a manifestação no Maracanã, na hora do jogo...

Antes de ela completar a frase, uma esmagadora maiorira de braços se ergue nos quatro cantos da praça.

– Ganhamos, ganhamos! – Um estranho me abraça e eu o abraço de volta.

– Por contraste visual, está aprovada a segunda proposta. Está encerrada a assembleia.

Eu não sei bem ao certo as implicações que isso terá, a não ser que, aqui no Rio de Janeiro, as coisas continuarão acontecendo por mais algum tempo. Desde a praça, as vozes gritam *"Não vai ter Copa!"*, seguido de xingamentos contra o Sérgio Cabral.

O Navalha está bem aqui, com a cara fechada e os braços cruzados. Eu digo:

– Quero sempre estar do teu lado.

Ele parece não entender a minha emoção. O fato é que sem ele teria sido mais difícil assegurar a votação como foi, no braço. A Rita, sem voz, me abraça:

– Acho que nos metemos na maior confusão das nossas vidas.

– Pelo visto, o CACO rachou – aponto com os olhos o Cauê saindo insatisfeito, com o Anselmo, sem nos cumprimentar.

– Que se exploda o CACO.

Nesse momento, eu também a amo.

– Vamos emendar na Cinelândia? – pergunto.

Ela franze o cenho:

– Hoje não vai dar. Eu tenho uma reunião.

– Reunião à meia-noite? – digo, com espanto.

– Pois é.

E sai ao lado de pessoas que eu conheço apenas de vista. Ao vê-la se afastar, confesso que sinto uma pontada de ciúme, por não ter sido convidado para a tal reunião.

NAVALHA

A plenária termina depois da meia-noite. Não entendo por que toda esta perda de tempo. Nós não estamos aqui para acertar sobre os protestos? Marca-se a data e pronto. Aposto que, por causa disso, um monte de gente que veio hoje não voltará na próxima. O pessoal da Maré, por exemplo, com quem eu me encontrei na descida da Central. Nove pessoas morreram e uma outra está em estado grave, vai-não-vai, no hospital. Isso acontece todo dia. Todo dia. Poderia ter acontecido domingo, no Jacarezinho. Poderá acontecer na semana que vem. Será que as pessoas não percebem que nós corremos contra o tempo?

Ao meu lado, ouço uma voz simpática:

– Você vai em qual rumo?

Reconheço o André, um professor com o jeito tranquilo, que às vezes para na Cinelândia. Hoje ele foi um dos que ficaram do nosso lado durante a reunião.

– Não sei... – Tento encontrar a Ventania no meio da praça que se esvazia depressa, mas acho que ela saiu mais cedo. – Acho que eu vou para a Central.

– Então, vamos juntos. É melhor evitar sair sozinho depois de uma atividade.

– Não tenho nada para perder.

Ele ri:

– Tua vida não é nada?

Dou de ombros, como quem diz: "Pois é." Ele discorda:

– Bobagem. Nós não somos muitos na luta; cada um vale ouro.

– Verdade – concordo por concordar, só para não ser chato.

Na praça Tiradentes, desabrigados estendem seus papelões no chão, enquanto estudantes tomam a saideira nos bares. O André me pergunta:

– Absurda essa situação, não?

– Absurda é pouco.

– Você viu o argumento para não fazer a manifestação na avenida Brasil? "Isso vai atrair a atenção da Polícia." Como se a Polícia precisasse de um protesto para entrar atirando na favela! – Fico surpreso ao notar que a sua voz calma se infla de raiva.

– Pois é. A pessoa que diz isso acho que nunca entrou numa favela.

– Não sei se é isso. Acho que tem muita gente com medo de ver o povo nas ruas. Medo de que as coisas mudem.

– Alguém olha para esta merda e acha que está tudo bem?

– Muita gente, Navalha. Muita gente trabalha para manter tudo como está.

– A polícia, por exemplo.

– Sim, a polícia, por exemplo. Mas não só. O PM que te esculacha... você é do Jacarezinho, não é? – Faço "positivo" com a cabeça. Nem me lembrava de ter dito isso a ele. – Então, o PM que te esculacha no Jacarezinho só aperta o gatilho. Ele mesmo não se beneficia tanto assim daquilo que defende.

– Não se beneficia? Professor, os caras entram de soldado e depois de uns meses estão comprando carrão novo.

– Me chama de André.

– Desculpa, André.

– Certo, certo. Mas quanto vale tudo que envolve a Copa? Quanto vale o mercado imobiliário com os preços dos imóveis nas alturas? Quanto os empreiteiros lucram com essa farra de obra para todo lado? Quantos lucram com os nossos salários baixos? Hein?

– Isso tudo deve valer uma grana.

– Muita grana, Navalha! Muita grana! O PM que aperta o gatilho na favela, ou desce o porrete na avenida, é só uma peça numa engrenagem muito maior. Como é que disseram outro dia? Capitão do mato. Capitão, à serviço de um senhor.

Vislumbro um matagal perdido no tempo, com pretos acorrentados. Ele continua:

– Essa engrenagem também precisa das pessoas que não atiram, mas nos convencem por a+b que é inútil lutar contra ela, ou que sempre será assim, ou que nós devemos nos contentar com o que temos, porque poderia ser pior.

– Pior do que isso? Duvido.

– Isso depende. Sempre pode piorar um pouco mais. A questão é que também pode ser muito melhor.

– Nós deveríamos colocar estas pessoas para fora do movimento.

– Quais pessoas?

– Essas, que só sabem puxar a gente para trás. Que só falam que o povo deve esperar e obedecer.

– Esperar e obedecer é ótimo, é um bom resumo do programa político de certa gente, mesmo. Mas não é assim tão simples. Temos que saber lutar e convencer ao mesmo tempo.

Ele fala de um jeito simples, mas eu sinto que há muito mais coisas nas suas palavras do que eu consigo digerir de uma só vez. No campo de Santana, embaixo do vento frio, pessoas alugam seus corpos descobertos.

– Mas você acha que isso tem jeito? – Por "isso" eu quero dizer: o Brasil, quem sabe, o mundo. Ele entende.

– Se não achasse, não estaria aqui.

– No dia 20, eu olhava aquela multidão e pensava comigo mesmo: se eu pudesse, pegaria um por um pelo braço e falaria para nunca mais voltar para casa. Acho que se nós fizéssemos aquilo todo dia, a gente conseguiria tudo que quisesse.

Ele balança a cabeça, numa negativa:

– Isso é impossível, Navalha. As pessoas têm que levantar cedo para trabalhar, cuidar dos filhos. E outra: tudo bem, ainda que ficássemos semanas e semanas acampados nas ruas, como fizeram no Egito, o que viria depois? O que faríamos quando os tanques viessem?

– Bom, eu sei o que eu faria!

Ele toca no meu ombro, com camaradagem.

– Eu sei o que você faria; eu também sei o que eu faria. Mas o ponto principal é que precisamos de organização, Navalha. Organização. Um martelo, ao invés de vários pregos soltos. Os protestos não duram para sempre. Mas aquilo que se organiza, eis o que fica.

– Você não acha que os protestos vão continuar?

– Vão continuar, por muitos anos ainda. Enquanto houver motivos para insatisfação, eles vão continuar.

– Mas tão grandes como agora?

– Às vezes sim, às vezes não. Mas é certo que daqui para a frente o Brasil não será mais o mesmo.

Na Central, ainda há movimento (na Central, sempre há movimento). Os rodoviários bebem latas de cerveja, depois do expediente; garotos de chinelos e bermudas anunciam o itinerário das vans. No ponto mais afastado, penam os que aguardam condução para a zona oeste. Aperto a mão do meu amigo e entro na kombi clandestina, com a luz azulada. Quando o cobrador me pede para adiantar o dinheiro da passagem, vejo a tornozeleira presa na sua perna. Ou é ele que está preso à tornozeleira? *"É preciso lutar e convencer ao mesmo tempo." "O Brasil não será mais o mesmo."* Muito tempo depois de ter chegado em casa, de ter tomado banho, arrematado o pedaço de frango frio na panela, deitado no sofá, eu ainda estou de olhos abertos, pensando em palavras e em martelos.

Quarta-feira, 26/06/2013

FLÁVIA

A audição será na quinta-feira, hoje é quarta, logo, a audição será... amanhã!

Enfio a cabeça no travesseiro e tento voltar a dormir, em vão. Eu quero que o teste chegue e passe logo, seja qual for o resultado; mas a sua proximidade, ao mesmo tempo, me apavora.

Na sala, a Vivian está sentada à mesa, com um caderno cheio de anotações aberto diante de si.

– Bom dia – digo, mas ela não me responde. A caminho do banheiro, deixo escapar um palavrão-desabafo em voz alta.

– Ainda acha que está certa – ela diz.

Dou meia-volta:

– O que foi que você disse?

– Disse que você transforma essa casa num motel, deixa o banheiro parecer o de uma rodoviária e ainda acha que está certa.

Droga, eu esqueci da minha parte na faxina esta semana.

– Eu vou limpar o banheiro. Mas isso não é motivo para você falar comigo desse jeito.

– O que seria motivo?

– Não sei. Acho que nada justifica a falta de educação.

– Falta de educação? – ela ri, debochada – Ontem eu me deparei com duas estranhas nuas no sofá e você me vem falar em educação?

– Isso só aconteceu uma vez e eu falei com a Pipa.

– Uma vez já é mais do que suficiente, você não acha?

– Garota, acho que você precisa pegar um pouco de sol. A ausência de vida social está mofando o seu cérebro.

Tranco a porta do banheiro (depois da discussão, ele me parece realmente imundo). Saio, pego balde, um pano, vassoura, água sanitária e começo a faxina. Meu Deus do céu, quando eu terei condições de morar apenas com a minha cria, numa casa só nossa? Será que a música algum dia me proporcionará isso?

Nas escadarias, a novidade da vez é a possibilidade de a Câmara Municipal instalar uma CPI dos transportes. A Mari fala:

– Só no ano passado, os empresários lucraram quase setenta milhões de reais.

– Uau – digo, por dizer. Não tenho a menor noção prática do que sejam setenta milhões de reais.

O Carlos, diz, cético:

– Duvido que essa CPI dê em alguma coisa. Se a história dos 70 milhões for verdadeira, é claro que uma parte disso se destina a financiar campanhas de vereadores 'amigos'.

A Pipa dispara:

– Seria uma boa oportunidade para nós ocuparmos o prédio, vocês não acham?

Um silêncio cheio de planos se instala na roda. Eu também fico em silêncio, mas por outros motivos. Confesso que, hoje, não presto muita atenção a toda essa conversa política. Diante do demônio que me devora por dentro, e da difícil escolha da música certeira, até esta praça, cheia de cores e de gente, empalidece. Afinal – uma vez mais eu me espanto – amanhã já é quinta-feira.

APÊ

A Rita me liga às sete da manhã. Atendo, porque é claro que só pode ser uma desgraça. Ela vai direto ao ponto:

– É o seguinte: você pode cuidar do evento de domingo? Sabe como é, se a gente não demarcar logo território, o povo pode acabar sendo arrastado para o ato da manhã.

– Calma aí, Rita. Como assim cuidar do evento?

– Como assim 'como assim'? É preciso escrever uma convocação, bolar uma arte, criar o evento no Facebook, pedir para as pessoas compartilharem, essas coisas.

– Ah, com certeza alguém já deve estar pensando nisso.

– Sim, por isso eu te liguei: porque eu estou pensando nisso. Agora, com você, somos dois.

Ela não desiste até me arrancar um "sim" aturdido. Meu Deus, onde eu me meti? Gostaria de voltar à época em que as coisas apenas aconteciam e eu decidia se ia ao seu encontro ou não. Era uma época mais monótona, mas havia menos preocupações. Isso foi há quantos séculos? Bem, há duas semanas.

Ao sair de casa, quase derrubo um embrulho de uma TV nova de 43 polegadas. Lembro da história da tentativa da minha mãe de dar entrada numa casa e das complicações para o escritório receber os pagamentos. Também não esqueço – como poderia? – que preciso arranjar três paus emprestados com o meu pai, embora não faça a menor ideia de como abordar o assunto com ele (não sei se "pai, você me empresta uma grana para a Alice fazer um aborto?", seria uma maneira demasiado direta).

Às quatro da tarde, eu finjo que trabalho no computador do escritório, mas meu pensamento se alterna entre as grades curriculares de Antropologia, Ciências Sociais e Comunicação Social em diferentes faculdades e a possível convocatória do evento. *"Você já se manifestou hoje?"*. Ridículo, mesmo porque o ato é domingo, não hoje. *"Não fique parado!"* Parece slogan de carnaval. *"A luta continua."* Além de um clichê, soa um pouco para baixo, não? Se se deve dizer que continua, é porque há dúvidas a respeito.

O Cléber liga a TV no jogo entre Brasil e Uruguai, que disputam a semifinal da Copa das Confederações.

– O Fred vai arrebentar hoje. E escreve aí: vai ser o artilheiro da Copa do Mundo.

– Não sabia que você era tricolor – respondo.

– Tricolor? Deus me livre. Mas hoje não é questão de time, é o Brasil.

A Núbia, que parecia concentrada em seu trabalho com fones de ouvido, resmunga:

– Bobagem! O Brasil não é um time de futebol.

O Cléber responde, com seu típico sorriso zombeteiro:

– Jurava que você não escutava as nossas conversas quando estava com esses fones.

– É só música ambiente.

– Droga, então você ouviu todas as nossas conversas durante os últimos meses?

– Sim, eu sei de cor todas as mulheres que vocês acham mais gostosas nos cartórios do Fórum.

Do lado de fora do estádio, os repórteres mostram "focos de confusão" no Mineirão, lugar da partida. Milhares de manifestantes tentam chegar aos portões do estádio, mas a Tropa de Choque não parece estar de acordo. É como se, dentro e fora de campo, houvesse duas partidas simultâneas.

— E aí, vai torcer para o Brasil? – o Cléber pergunta.

— É estranho saber tudo o que acontece nos bastidores dessa Copa e torcer assim mesmo.

— Isso é bobagem. O dinheiro já foi pelo ralo, mesmo.

— Eu acho que faz sentido – a Núbia diz, conciliadora.

De qualquer jeito, acompanho com interesse a partida. Acho que se o Brasil passar nós seremos imprensados como carne de hambúrguer no domingo. Por isso, acabo torcendo mais contra que a favor, por mero instinto de sobrevivência. O que não faz a menor diferença, porque ganhamos de 2 a 0, com gols de Paulinho e Fred. Quer dizer, eles ganharam. Enfim... entende-se. Do lado de fora, a partida continua além do apito final, numa renhida prorrogação que dura até a noite. É na sala do CACO, cercado de fumaça de cigarro, onde eu assisto os últimos lances. Este jogo é bastante desequilibrado, mas tem lá os seus momentos. A Cavalaria da PM recua diante de uma carga de fogos de artifício, numa imagem que já nasce viral. Ao meu lado, as pessoas, com os olhos grudados na TV, vibram. Esse é um daqueles dias em que, ausente a técnica, vai na raça mesmo. Respiro fundo: domingo será a nossa vez de engolir toda esta fumaça.

Durante a aula de Direito Tributário, termino a publicação do evento de domingo. Escrevo: *"Não vai ter Copa, o povo resolveu jogar"*. Gostei do resultado final, que eu bolei enquanto assistia às duas partidas de Belo Horizonte. Quem sabe eu levo jeito para a coisa? Perguntei a opinião da Rita e ela respondeu: "Esculachou".

Passa das dez quando eu chego em casa. Na mesa da sala, meu pai toma uma taça de vinho enquanto a minha mãe mexe no telefone. Ele diz:

— Antônio Pedro, nós precisamos conversar.

— Outra vez?

— Quantas forem necessárias. A menos que eu me canse e desista de você.

Minha mãe ergue os olhos e me encara com preocupação, tristeza, decepção, mania e solidariedade ao mesmo tempo. Sento-me na cadeira e meu pai começa:

– Você não entrega mais nada no escritório. Zero comprometimento, zero. Não creio que na faculdade as coisas estejam melhores. Os ingressos que eu comprei, como combinamos, para assistir aos jogos, foram jogados fora, porque você não está nem aí.

– Nem aí? Acho que não estar nem aí seria fazer o que você me pede.

Minha mãe adota um tom mais moderado:

– Nós não convivemos e nem conversamos mais.

– Desde quando há conversa dentro dessa casa? Há as escolhas de vocês, os problemas de vocês, as férias e as compras e os planos de vocês.

O meu pai se irrita:

– Você fala como um adolescente mimado! Nós sempre te demos bons colégios, uma vida confortável, você tem um emprego, e essa é a tua gratidão?

– A vida é muito mais do que isso.

– Ah, é? Pergunta para aquele teu amigo, o favelado, quanto ele daria para estar no teu lugar.

– Quando foi que você se tornou tão preconceituoso? Isso foi depois das Diretas, eu imagino.

Minha mãe intervém:

– Teu pai não é preconceituoso!

– Na frente da Flávia ele não foi, mesmo.

– Que conversa é essa, hein, seu moleque?

– Parem com isso! – a minha mãe grita – Isso é uma conversa de família, não baixaria.

– Desde quando estas coisas caminham separadas, Celeste? – responde meu pai.

Após um breve silêncio, mais calmo, ele retoma:

– Eu preciso do teu empenho, Antônio Pedro. Já te expliquei sobre a nossa situação.

– Você pede o que eu não posso dar.

– Como assim não pode dar?

Minha mãe força um compromisso:

– Teu pai nunca irá demitir o próprio filho. Ele só quer um pouco mais de engajamento.

– Não seja por isso. Eu me demito.

É como se ambos estivessem diante de uma abdução por extraterrestres, dada a sua ausência absoluta de reação. Depois de uns segundos, meu pai insiste, como se não tivesse me escutado:
– Você pode trabalhar mais de casa, se quiser.
– Eu não disse que quero trabalhar menos. Disse que não quero mais esse trabalho.
Meu pai balbucia:
– Você não quer mais trabalhar no escritório?
– Eu não quero mais trabalhar como advogado.
Minha mãe está em estado de choque. Meu pai fala, com grande esforço:
– O que isso significa?
– Isso quer dizer que eu vou abandonar a Faculdade de Direito. Não é a carreira que eu quero seguir.
Engraçado, há uma hora atrás eu não diria as coisas nestes termos. Se alguém me perguntasse se eu queria abandonar a faculdade/profissão, eu diria: "não sei." Mas a discussão me provou que eu não consigo levar isso adiante, de nenhum jeito, nem mais um minuto.
– E você vai fazer o quê?
– Não sei. Jornalismo ou Ciências Sociais.
– E vai trabalhar onde?
– Eu posso dar aulas.
– Morrer de fome! – diz a minha mãe, estarrecida.
Sinto que eu dei um passo sem volta. Eu não irei mais ao escritório; eu nunca mais assistirei a uma aula de Contratos. Sim, nunca antes na minha vida eu estive tão decidido.

NAVALHA

De manhã, minha mãe me sacode tanto para eu levantar que perco a paciência e falo na lata que saí daquela porcaria daquele trabalho. Depois, a cena de sempre se repete: eu já tenho vinte e dois anos, não paro em lugar nenhum, só vivo na casa "daquele Marcelo" e por aí vai. De tanto ouvir essa ladainha, eu já nem reparo, só viro para o lado e continuo dormindo.

Reabro os olhos quando o relógio da cozinha marca 12h15. Eu queria acordar mais cedo, ter um horário a cumprir. Mas o que eu posso fazer? Semana que vem já vai ser outro mês, eu recomeço a colocar currículos, embora isso não adiante de nada. No final das contas, minha mãe vai conseguir outro bico com alguma amiga da igreja, na base da única qualificação infalível, que é o QI (Quem Indica).

Ao encontrar o Golpe, quase não o reconheço: ele agora está com o cabelo amarelo. Racho o bico de rir. Ele responde, sem achar tanta graça:

– É que o bonde fez isso, para todo mundo ficar igual. É tipo um pacto.

– Só se for pacto com o demônio – diz o seu Otávio, da cozinha –, quer dizer que se eles pularem do precipício você vai junto?

Bem, na verdade, é mais ou menos assim que funciona mesmo. Mas não falo nada, que não quero criar discórdia na casa dos outros.

No quarto, o meu amigo me oferece um baseado.

– Valeu, Golpe, mas hoje vou ficar de cara.

Ele nem insiste:

– É bom que sobra mais. Eu ando muito estressado.

– Essa é boa! Estressado com quê? Com a carne mal passada do teu pai?

– Nada, papo reto. Oh, não comenta com ninguém. Amanhã, se Deus quiser, nós vamos para a pista, meter uma carga. Negócio grande. Isso de roubar moto não dá futuro para ninguém.

– Sai dessa rua enquanto dá tempo, Golpe! Sabe como é, você chegou agora, os mais velhos te botam de bucha e aí já viu.

– Você não sabe de nada, Navalha. Um ajuda o outro, é uma família. Por isso o negócio do pacto.

– Não sei de nada? Você está de sacanagem?

– Sabe de nada, não. Se soubesse, não estava aí, ferrado.

Eu já ouvi isso antes. Hoje, prefiro respirar e contar até dez.

– Deixa quieto, Golpe. Cada um com seu cada um. Se você quer fazer isso da tua vida, a bronca é tua.

– Agora que eu já entrei, não posso fraquejar. Virou questão de honra.

– Você não é obrigado a fazer o que não quer.

– Quem disse que eu não quero? Também tenho direito a ter as minhas coisas. Vários aí conseguiram, nem rodaram, nem morreram.

– Vários? Golpe, quem consegue chegar aos quarenta vira chefe, de tão raro que é isso.

– Vai ver, eu sou um deles.

Melhor deixar para lá. Talvez o professor conseguisse usar as palavras certas para entrar na mente dele. Quem sabe?

Assistimos a Brasil e Uruguai com o pai dele. Acho até bom que a seleção se classifique. Assim, as pessoas prestam mais atenção no protesto de domingo. Penso em chamar o Golpe, mas reparo nele, com os olhos pequeninos, cheio de outros planos, e desisto.

Quinta-feira, 27/06/2013

FLÁVIA

Hoje é o dia da audição, na casa da Fernanda, na rua dos Oitis, Gávea.

Hoje é o dia da audição, na casa da Fernanda, na rua dos Oitis, Gávea.

Hoje é o dia da audição, na casa da Fernanda, na rua dos Oitis, Gávea.

Meu Deus! Ainda são sete horas da manhã e eu fui dormir às quatro, ensaiando (na verdade: mais rolando indecisa na cama do que ensaiando). Eu preciso dormir mais um pouco. O que é difícil, uma vez que:

Hoje é o dia da audição, na casa da Fernanda, na rua dos Oitis, Gávea.

Hoje é o dia da audição, na casa da Fernanda, na rua dos Oitis, Gávea.

Hoje é o dia da audição, na casa da Fernanda, na rua dos Oitis, Gávea.

8h. Levanto. Minha cabeça pesa uma tonelada. Olho o telefone torcendo para encontrar uma mensagem da Amanda desmarcando o encontro. "Está chovendo muito, tudo alagado." É claro que se ela dissesse isso de verdade eu ficaria frustrada, triste e irritada. Não, não está chovendo muito; nem sequer está chovendo.

Durante os exercícios vocais, uma e outra vez eu me desconcentro. Uma voz metálica sopra nos meus ouvidos: "Loucura, isso de supor que tu possas cantar profissionalmente".

Vou ligar para a Amanda e dizer que quero que a audição na casa da Fernanda, na rua dos Oitis, Gávea, se exploda. "Desculpe-me, Amanda, mas eu tenho que sair com a Pipa, gastar minhas cordas vocais gritando, nas calçadas e nos vagões, para ganhar a grana do aluguel. Como eu poderia esperar algo além disso? Você? Você não conta, se eu tivesse os teus cabelos louros esvoaçantes e a tua disponibilidade para fazer aulas de canto e performance corporal seria outra história. Todos os artistas que cantarolamos nos melhores e nos piores momentos da nossa vida? Eles também não contam, são personagens de ficção, não gente de verdade. Eles nunca duvidaram, nunca desanimaram, nunca estremeceram. Quanto a mim, mera mortal, ordinária e comum, contento-me em ir levando essa vida à toa, até beliscar um casamento ou um empreguinho público".

Que babaquice! Eu preferiria morrer queimada a me curvar a quem pensasse desse jeito. Lembro-me do Júnior. Abandonar tudo seria ter perdido algumas das coisas mais extraordinárias da vida dele (da minha vida) em vão. Não, não. Agora eu vou até o final. Hoje não há Pipa, aluguel ou Cinelândia. Hoje só há a audição na casa da Fernanda, na rua dos Oitis, Gávea: você irá e cantará direito.

O Biscoito me encara enquanto encaro o espelho. Chapéu ou cabelos soltos? Cabelos soltos. Botinha ou sandália? Botinha. Blusa ou vestido? Vestido. Cabelos soltos mesmo ou chapéu? Lógico que o meu chapéu *floppy* vermelho de todas as horas não poderia ficar de fora. Olho para o gato e invejo a sua vida com menos contradições.

Cantarei "A Palo Seco". Quantas vezes eu já a ensaiei, entre ontem e hoje? Dez, vinte, cinquenta vezes? Isso não significa nada. O erro fatal pode vir na milésima primeira vez. É preciso estar atenta... e forte. Engraçado, parece que o Belchior não gostava de "Divino Maravilhoso". Eu poderia cantá-la também, e, para mim, seria o mesmo.

Tudo bem. As coisas se acalmam depois da primeira nota.

São 10h. Eu preciso estar lá às onze. Não entendo essa agenda, manhã sem ser cedo, não sendo ainda tarde. Um horário péssimo.

No elevador, um homem de meia-idade, com barba mal-feita, me dá um sorriso simpático.

– Bom dia – ele diz.

– Bom dia – eu respondo.

– Qual é o teu violão?

– É um Giannini de segunda mão. Quer dizer, de terceira.

– Um bom instrumento.

– É verdade.

Ficamos em silêncio. Para meu desespero, o elevador para no terceiro andar, mas ninguém entra. Aponto para a perna engessada do estranho:

– É chato não é?

– Não me diga. O pior é que isso me impede de fazer exercício. Aí já viu.

Dou um sorriso sem tecer comentários. Ele prossegue:

– Eu pulo corda. É uma atividade excelente.
– Deve ser.
– Você mora em qual apartamento?
– 408. E você?
– Jura? Eu moro no 508. Somos vizinhos de teto.

O elevador chega no térreo. Ele me dá passagem. Agradeço e saio do prédio. Então, ele é o homem que me atormenta? Bom, acho que agora terei uma trégua. É cruel, mas não deixo de pensar, com ironia, que o gesso na perna dele talvez seja um sinal de sorte.

Para a minha aflição, o ônibus demora uma eternidade e vai parando em todos os sinais e em todos os pontos. A Gávea é um bairro estranho: perto da praia, da Lagoa e do Leblon consegue ser contramão ao mesmo tempo. Com alívio e aflição eu desço na praça Santos Dumont. Ao menos, é bem arborizado por aqui. Na esquina da rua, paro em frente a um carro com vidros escuros e me olho no espelho. Esse chapéu não está bom; descubro a cabeça, mas os cabelos, agora, estão desarrumados. Jogo para o lado e eles saem ainda mais do lugar. Ah, deixa para lá. Droga, eu esqueci de passar batom. Procuro na bolsa, pego o que eu tenho sempre comigo, para ocasiões como essa. Olho para o vidro do carro: sim, ficou melhor.

O meu coração parece querer saltar pela boca diante do interfone. Ok, Flávia, só respira mais uma vez e aperta o botão com força. Diabos, não fez nenhum barulho. Será que esta merda está quebrada? Espero um pouco e toco de novo e de novo. Um disparo (que me assusta) e a porta se destrava. Não há ninguém no pequeno escritório cá embaixo. À esquerda, um lance de escadas. Em cima, ouço o burburinho de vozes.

Subo, como se estivesse a caminho de uma viagem sem volta para algum lugar desconhecido. Nesse momento, não há ninguém que eu gostaria de ver mais do que a Amanda.

Ao chegar no salão do segundo andar, uma mulher vestida de branco, com brincos dourados e olhar de lince, segurando uma taça de vinho verde, se aproxima. Pelo jeito como caminha, não há dúvidas de que ela é a Fernanda Moura, a dona da casa, a produtora importante, a detentora das chaves que eu venho buscando há tanto tempo. Ela não fala nada: abre um sorriso e espera.

– Eu sou a Flávia.
– Bom dia, Flávia.

Estúpida, eu nem dei bom-dia. Minhas bochechas se ruborizam.
– Bom dia.
A mulher se cala de novo. Eu gostaria de entrar debaixo do tapete. Nesse momento, a Amanda chega e me pega pelos braços:
– Que bom que você veio!
– Vocês são amigas?
– Fê, ela é a Flávia de que te falei. A que cantou comigo no Rival.
– A do vídeo?
– Sim, a do vídeo.
É um pouco estranho quando pessoas perguntam sobre você para uma terceira pessoa, no lugar de te indagarem diretamente. Pela janela, adentra um sol tímido.
– Flávia, eu sou a Fernanda. É um prazer recebê-la.
Eu puxo o ar para responder mas ela continua sem me dar tempo:
– Vamos para o estúdio, o pessoal já começou a passar um som.
No final de um corredor cheio de portas trancadas há uma antessala onde um grupo de pessoas (cinco, seis) papeia em torno de uma mesa de café. Pelos cabelos longos, ou meticulosamente desalinhados, e os instrumentos a tiracolo, percebe-se que são todos músicos. A Fernanda se afasta e eu sigo a Amanda para todos os lados como se fosse a sua sombra. Uma jovem com os cabelos ruivos, linda como uma ninfa, me indaga:
– Você é a garota que deu com o violão na cabeça do policial?
Confesso que eu não aguento mais esta história.
– Pois é.
– Eu estava lá naquele dia – diz um homem, com a camisa branca de mangas compridas, as barbas alinhadas, óculos que realçam um par de olhos verdes. (O típico felino perigoso, de fala mansa, que está sempre pronto a dar o bote.)
Eu fico por ali, distribuindo sorrisos corteses e monossílabos, com a ansiedade ardendo cá dentro. Depois do que me parece uma eternidade, a Fernanda pergunta (para a Amanda) se eu estou pronta. Enquanto caminho, ouço meus novos amigos gritarem "Boa sorte!", "Merda!", "Arrebenta", atrás de mim.
Do lado de dentro, um microfone posicionado, uma cabine de mixagem, um silêncio gelado. A Amanda entra e senta no chão, encostada na parede. A Fernanda entra na cabine, coloca fones de ouvidos. Ao lado dela, um homem mexe na parafernália eletrônica.

A Fernanda me aponta os fones. Faço um gesto afirmativo com a cabeça e os coloco também.

Respiro.

– Pode – diz a Fernanda.

A Amanda me olha e fala, solidária:

– Manda brasa!

Haja o que houver, o seu apoio, agora, nesse instante, me ajuda de uma forma que eu jamais poderei esquecer pelo resto da vida.

Confiro a afinação do violão. Cantarolo qualquer coisa. Respiro de novo. O importante é acertar a primeira nota e a primeira palavra. Também preciso me concentrar para não berrar, porque aqui há isolamento acústico e um microfone decente; não há a gritaria habitual das ruas. Penso no sol entrando pela janela lá fora. Sim, tudo nesta música depende de acertar bem o tom de Sol Maior, e na minha cabeça se desenha um G bem grande, belo, delicado, imenso, que flui e se desdobra até os dedos. Abro a boca com vontade, os olhos apenas entreabertos:

Se você vier me perguntar por onde andei

Venci o começo.

No tempo em que você sonhava
De olhos abertos, lhe direi
Amigo, eu me desesperava

Agora, a própria execução me acalma, como ocorre com qualquer trabalhador que conheça bem a sua ferramenta. Bastou um pouco, e eu já sei que conseguirei fazer isso. Concentrada, delicio-me com a canção, deixo-me levar pelo ritmo da sua poesia, ao mesmo tempo delicada e tensa, como quem faz amor.

Mas ando mesmo descontente
Desesperadamente, eu grito em português

Isso traduz à perfeição tudo o que eu tenho vivido. Sim, aqui-agora esta canção é toda minha. Eu poderia tê-la feito, porque ela versa sobre mim.

Troca rápida de acordes, compasso, movimento:

E eu quero é que esse canto torto
Feito faca, corte a carne de vocês

Termino sem querer terminar; eu poderia morar dentro dessa música, até concluir a minha troca de pele.

É estranho não haver aplausos ou burburinho. Só há silêncio.

Na Amanda, reconheço seus olhos marejados.

A Fernanda sai da cabine e, dessa vez, não se dirige à minha fiadora, mas a mim, com os seus grandes olhos cravados nos meus:

– Parabéns, Flávia. Fique certa de que eu vou te procurar. – E sai da sala, para chamar o próximo.

O que isso significa? É bom? É ruim? É apenas protocolar?

Desejo boa sorte para a ruiva bela como uma ninfa, que é a próxima. Nem lembro se me despedi dos demais. A Amanda me segue, quando desço as escadas:

– Flávia, você arrasou! Você acertou em cheio, garota!

– Você acha?

– Se eu acho? Você está louca!

– A Fernanda não pareceu tão entusiasmada assim.

Ela ri:

– Amiga, deixa eu te contar um segredo. Se ela desse um tapinha nos teus ombros e dissesse "parabéns querida, boa sorte", aí sim, estaria tudo acabado.

– Ela não disse nada de concreto.

– Mais concreto do que 'com certeza eu vou te procurar'?

– Ela não disse 'com certeza'.

– Disse algo que significa a mesma coisa que isso.

– Ela disse "fique certa." Não sei se é a mesma coisa. Pode ser pura educação.

– Você não reparou na reação dela enquanto você cantava?

– Bom, eu estava concentrada demais na música.

De fato, enquanto cantava, eu enxergava clarões, imagens desconexas, como filmes fotográficos antigos, fragmentos de sonhos.

– Ela ficou impressionada. Eu conheço bem a peça.

Chegamos até a praça.

– Você não quer ficar para tomar um chopp, depois que tudo acabar? – Ela pergunta.

– Não, Amanda, desculpa, é que eu tenho compromisso.

De fato, há vários motivos para eu não ficar: combinei de encontrar a Pipa no centro e eu não poderia torrar a grana que não tenho do aluguel bebendo no Baixo Gávea. Mas o principal é que, após esse esforço excepcional de concentração, eu me sinto esgotada.

Caminho e, antes de atravessar a rua, dou meia-volta. Percebo o quanto estou sendo estúpida.

– Amanda!
– Oi – ela se vira.
– Obrigada. Muito, muito obrigada mesmo. Eu nunca vou esquecer a força que você está me dando.

Ela vem até mim, me dá um abraço e fala:
– Coloca na tua cabeça que você é uma cantora.

E se afasta.

O que ela quer ao me ajudar? Talvez nada, simplesmente nada; talvez seja eu a menina tola, cheia de autocomplacência e preconceitos. De tanto me prevenir contra os que julgam a minha arte, posso ser a mais errada no julgamento das outras pessoas. Ao subir no ônibus, admiro os parques e os viventes desta tarde ensolarada.

APÊ

É engraçado, mas hoje no CACO a Rita tem a mesma reação de choque que os meus pais, quando lhe conto que pretendo abandonar o Direito.

– Como assim sair do curso?
– Não sei, Rita. Quero contribuir de outro jeito.
– Mas há muitas maneiras de um advogado contribuir com a luta!
– Com certeza. Eu não proponho a extinção da advocacia. Só não quero isso para mim. E, no meu caso, ainda há as coisas envolvendo o escritório, família e tudo mais.

Ela não se entusiasma, mas ao menos não me condena. Sinto-me aliviado em poder dizer isso para alguém. No final, antes dela sair para uma das suas reuniões misteriosas, combinamos de nos encontrar amanhã às 9h, na estação do Maracanã, em frente à Uerj. Fico entediado, sozinho, e me pergunto o que será das minhas tardes sem o escritório; ou da minha vida, após o ato do dia 30.

No telefone, uma chamada do meu pai. Aposto que é algo sobre escritório, por isso, não atendo. Depois de uns dois minutos, a Denise me liga. Só pode ser algo sério.

– Apê? Onde você está?
– Na Faculdade. Por quê?
– Aconteceu um problema com a nossa mãe.
– O que houve?
– Fica calmo, não é nenhum acidente nem nada.

– Fala logo, Denise!
– Ela foi presa. Nosso pai está com ela e gostaria que você fosse lá.
– Como assim a nossa mãe foi presa?

Isso soa tão absurdo como se ela me dissesse que a casa pegou fogo.

– Na verdade, detida, numa loja. Nosso pai pediu para você encontrá-los.
– Já estou indo!

Desesperado, tomo o primeiro táxi que passa. Um senhor de cabelos brancos indaga:

– Vai para onde, amigo?

Desnorteado pela notícia, esqueci de perguntar o básico.

– Ainda não sei.

Ele suspira.

– Não consigo dirigir para esse lugar.
– Me dá um minuto, por favor. Vai no rumo do aterro.
– Você que sabe.

Ligo para o meu pai e ele não atende. Maldição! Para que servem esses malditos celulares? Ele retorna, finalmente:

– Onde vocês estão?
– No shopping do Leblon. Você vem?
– Já estou indo. Vamos para o Leblon.
– Eu já estou aqui!
– Estou falando com o taxista.
– Ah.
– O que houve com a minha mãe? Que história é essa dela ter sido presa?

O taxista me encara pelo retrovisor. Incrível, esta macabra curiosidade pela desgraça alheia. Se eu dissesse que minha mãe acaba de ganhar uma promoção no emprego, o mais provável é que o motorista mantivesse a concentração nos semáforos e na estação de notícias.

– Não, ela não foi presa. No momento, ela está detida na sala da segurança da loja e eu estou tentando resolver a coisa aqui mesmo.
– O que houve?
– Em resumo, ela foi pega furtando acessórios na loja da Zara.
– Nós não temos dinheiro nem para uma loja de departamento?

– No momento os nossos cartões estão estourados, mas não é esse o problema... Nós temos reservas. O problema não é grana, Apê. O problema é a cabeça da tua mãe.

– Claro. Desculpe. Mas os caras querem colocar a polícia no meio?

– Eles estão se fazendo de durões. Falaram que não é a primeira vez.

Depois que ele desliga, eu falo com o motorista:
– O senhor poderia dirigir mais depressa?
– Estou fazendo o máximo que eu posso.

Na chegada ao Leblon, paramos num engarrafamento. "Por causa da arruaça", ele me explica. Coloco a cabeça para fora da janela e vejo, no fim da rua, faixas e pessoas que se manifestam.

– Não é arruaça não, amigo. É uma manifestação.
– As pessoas que estão no trânsito não têm nada a ver com isso.

Dos carros e das calçadas sobem gritos e buzinas, apoios misturados a xingamentos. O taxímetro já marca cinquenta e dois reais. Dou cinquenta, que é tudo o que eu tenho, e desço do carro, com o resmungo do motorista nos meus ouvidos. Caminho pela calçada, porque não quero que ninguém da manifestação me reconheça. A polícia apenas acompanha o protesto, a uma distância segura.

Em frente ao shopping, reconheço o meu pai abraçado à minha mãe. Ela está embrulhada no seu paletó. Por esse ângulo, eles parecem mais frágeis; parece que envelheceram.

– Filho! – Minha mãe acena, ao me ver.

Eu corro na sua direção e a abraço. Ela afunda o rosto no meu peito.

– Que vergonha!
– Bobagem, mãe. Já passou.

Meu pai tem a expressão cansada. Pergunto-lhe:
– E então, doutor, você conseguiu dobrar os funcionários?
– Sim, mas isso não teve nada a ver com a minha lábia de advogado. – E ergue uma bolsa da loja, cheia de compras. Ele tenta rir, mas de um jeito que seria menos triste se chorasse. Minha mãe me diz:

– Apê, promete para mim que você irá repensar a questão da faculdade.

Meu pai a corta:

– Não faça isso, Celeste. – depois, se vira para mim – Se você desistisse dos teus planos por causa disso, eu seria o primeiro a me opor, com todas as minhas forças.

– Tudo bem, mãe – digo, como quem mente para uma criança –, eu prometo que vou refletir. Agora, não pensa mais em problemas.

Nesse instante, a manifestação passa em frente ao shopping. Palavras de ordem contra os governos, os gastos da Copa, a repressão. Um grupo de jovens toca uma fanfarra; há gente com camisas na cara e outros com maquiagens circenses. Era tola a minha preocupação, porque eu não reconheço ninguém. Nas manifestações que tomam conta do país, eu sou apenas uma fração de uma fração de uma fração de uma fração de uma potência infinita de acontecimentos. Vai ver, há uns vinte mil Apês vendo seu mundinho ruir por aí, neste exato instante. Proponho:

– Melhor nós pegarmos um táxi em outro ponto.

– Você tem razão – diz o meu pai.

À medida que andamos, ficam para trás o ruído e o calor dos acontecimentos.

NAVALHA

Às seis da manhã minha mãe acende a luz da cozinha bem na minha cara, faz barulho com as panelas, liga o rádio na oração etc. O pior é que ela acaba me fazendo sentir o pior vagabundo. Hoje, o Golpe vai para a pista, seguir o seu caminho. Se desse certo, tudo mudava de figura. Eu não teria que morar com mãe, estragar as costas nesse sofá-cama duro, que me deixa moído. Acordaria a hora que quisesse, faria o que bem entendesse, e essas ideias até que são sedutoras. Espera aí, estou falando de mim ou do Golpe?

"Não nos deixeis cair em tentação, mas livrai-nos do mal, amém."

Qual tentação? A de não passar os anos assim, todos iguais, tirando o número no calendário? Se o bem, que ninguém define o que é, for apenas aprender a apanhar calado, eu prefiro o mal, que deve ser o seu contrário.

Por que não organizam protestos todos os dias? Assim, eu tenho onde gastar minhas forças, não preciso ficar pensando. Mas, organizam quem? Quem organizam? Nós organizamos. Certo, mas quem somos nós? Nós, o povo, dizem toda hora nas reuniões. Mas nós, o povo, ainda é muito vago. O Apê é povo, o Presidente é povo, o Golpe é povo e o pai do Golpe é povo, aqueles que queriam que tudo terminasse agora mesmo também são povo. Polícia, é povo? Não, polícia é polícia. Governo é povo? Não, governo é governo. Fascista é povo? Não, fascista é fascista. Talvez seja isso. Povo é o oposto de quem massacra o povo. Povo é quem combate os que combatem o povo.

Que confusão danada. Mesmo depois que a minha mãe sai e bate a porta, minha mente não desliga como o rádio. Fecho os olhos e vejo pentes de balas, crianças barrigudas, cartazes, panfletos e protestos. Ventania. Dois mundos diferentes, uma mesma vida. Eu queria aprender a me expressar melhor. Esse tanto de ideia, preso assim na cabeça, é como o ar na panela de pressão; como dois moleques desarmados, encurralados num beco.

E se eu nunca mais consigo trabalho? E se os protestos acabam? E se esse tal de povo desaparece do mesmo jeito como veio? O que eu faço?

Nesse caso, procuro o Golpe, "aí, irmão, teu bonde aceita currículo?" Para isso, não me faltam qualidades: nascido e criado no morro, irmão de um cara respeitado, forte o bastante para não desmanchar na primeira briga. A firma sempre tem vaga: sabe como é, nesse ramo a rotatividade é alta. Essa não é a minha primeira opção, mas eu já não sei se é uma não-opção. São coisas diferentes. Se eu só tivesse essas duas opções, qual escolheria: cair atirando ou arrastar o focinho no fracasso a vida toda, a bunda grudada no sofá, chamado de vagabundo? Enquanto tenho vinte e poucos, não tendo nada, tenho ao menos saúde. E depois? Depois pode ser tarde até para fazer besteira. Uma vida cadela dessas, na prática, já seria uma cadeia. Até pior. Desde que o meu irmão foi em cana eu sempre mantive distância dessa opção, até em pensamento. Agora, pela primeira vez, há uma brecha. Uma brecha bem pequena, minúscula, ridícula, é verdade, mas uma brecha já é alguma coisa.

Que papo é esse? Ficou maluco? O Brasil vai mudar, você não está vendo? Já mudou. Os protestos vão continuar. A humilhação, o esculacho, o racismo: vão cair, podres. Daqui a dez anos, tudo o que nós fazemos hoje vai estar nos livros de história. Não vamos ser perfeitos, mas pelo menos a saúde, a educação e o emprego terão melhorado. Isso é o básico, mas já seria alguma coisa. Nós poderemos opinar. Opinar não, governar. Não é isso o que significa gritar que o poder deve ser do povo? Não só comer ou comprar. Mandar. Isso. Nesse meio-tempo, o meu irmão vai sair detrás das grades e, se bobear, faz até faculdade. O Golpe, daqui a um tempo, depois de tomar umas pancadas (porque a ilusão só acaba depois das pancadas), é que vai me pedir para passar para a frente o seu currículo. Nós vamos celebrar nossa vitória num churrasco, porque vitória de verdade não se ganha, nem se comemora, sozinho.

 Estou sonhando? Mas se o pesadelo existe, por que o sonho não pode existir também? Raiva vira sonho que vira luta que vira força que vira a vida.

 Levanto. Não aguento mais ficar enfurnado dentro de casa, pensando e pensando. Boto os pés na rua e posso ver e ouvir o helicóptero da polícia, que suja o céu como se fosse um gafanhoto de aço. Eu não costumo ligar para isso, porque acontece quase todo dia. Mas, hoje, o meu coração se aperta, como acontece quando temos um mau presságio.

FLÁVIA

É bem tarde quando chego em casa, ainda sem o dinheiro do aluguel e, quiçá, com a parceria desfeita, porque a Pipa e eu brigamos feio. Quando eu tentei contar sobre a audição, ela fechou a cara, xingou a mim e às pessoas que não conhece ("aquela gente pedante e esnobe"), implicou com a minha afinação ("você não está nem um pingo concentrada") e outras grosserias do gênero. Eu respondi dizendo que ela só liga para as próprias opiniões, não se dá ao trabalho de escutar as pessoas ao seu redor, nem dá a mínima para o sentimento alheio, ao que ela replicou com outros insultos, que eu retribuí na mesma moeda, de modo que nos separamos sem ficar muito claro se voltaremos a tocar juntas algum dia. Depois, na Cinelândia, não conversamos, embora ela tenha dito em voz alta, para me provocar, que é preciso tomar cuidado "com as pessoas que só querem usar o movimento para aparecer." Isso não me atinge, em primeiro lugar, porque eu não participo das coisas para aparecer (não fui eu que gravei a imagem do policial, e na verdade eu só estava tentando ajudar o Navalha) e, em segundo lugar, porque a música existe na minha vida antes do "movimento", se ela quer saber.

Jogo-me na cama, exausta, e checo o celular pela milésima vez: ainda não há nenhuma mensagem da Amanda ou da Fernanda (a Fernanda nem pegou meu telefone, aliás). Não, a tola da Amanda é que estava sendo protocolar. Não houve mesmo nada de concreto. Essa coisa de "eu te procuro...." Como assim "eu te procuro"? Será que as pessoas que dizem esta frase imaginam a tortura que infligem a quem espera? Eu te procuro quando, cara pálida? Agora mesmo? Daqui a uma hora? A um mês? Como eu vivo nesse meio-tempo? Para ser franca, eu preferiria tudo, menos a abertura de um novo prazo (só que não). Na minha vida, a única certeza sólida que existe é o Júnior. Por isso, eu ligo para ele em seguida. Não deveria, porque é uma da manhã e ele tem escola cedo, mas ligo assim mesmo. Em vão: ninguém atende. Que bom que ninguém atende, porque tem a escola etc. Olho para as paredes nuas, a pilha de CDs. A Pipa é insuportável, mas tem talento de sobra, se quisesse viver dele. E eu, que tanto quero, talvez não o tenha. Quando dou por mim, as lágrimas rolam abundantes e eu enfio a cara no travesseiro para abafar os soluços, como quem estanca uma hemorragia. Será melhor desistir? Não, nunca será melhor desistir. Estas não são lágrimas de renúncia. Choro como quem vai em frente, até vencer ou se machucar.

Sexta-feira, 28/06/2013

APÊ

Hoje cedo eu me despenco para o Maracanã. É bem melhor do que ficar em casa, encarando as sacolas de compras e os problemas. A partir de hoje, nós iremos gravar uma série de vídeos de divulgação das manifestações, com o tema: "Os atingidos pela Copa." Assim, recolheremos depoimentos de pessoas que tiveram suas vidas afetadas pelos megaeventos, a começar, por aquelas que foram expulsas das suas casas. Ideia genial, não? Ela foi dada pelo Wiliam, um fotojornalista desempregado, amigo da Rita, que não gosta de ir às reuniões nem aos protestos, mas mexe os cordões – ou os cartões de memória, melhor dizendo – atrás das lentes.

É ele quem me espera na rampa do metrô (a Rita desmarcou em cima da hora, devido a "assuntos urgentes"). O Wiliam tem a barba cheia, óculos grossos e uma barriga compatível com seus quarenta anos. Também fuma como uma chaminé e não para de falar nem um minuto, com um sotaque baiano misturado ao carioquês (ele me diz que é de Salvador, que já foi casado com a filha de um juiz local, antes de se divorciar, cair em depressão e perder o emprego, não necessariamente nessa ordem, o que eu já sei com menos de dez minutos de conversa).

– E a profissão, como está?

– Duro, Apê, muito duro. Aqui no Rio eu já trabalhei no *Globo*, no *Dia*, na *Rádio Paradiso*, na *Folha de Copacabana*, onde eu escrevia notas de divulgação de comércios em formato de crônicas. Um lixo. Por vergonha, eu assinava com pseudônimo. O meu último emprego formal foi no *Jornal do Brasil*, antes de ele falir de novo. Até hoje, não pagaram os meus direitos.

– Caramba, que barra! Com teu currículo, era de se imaginar que não fosse difícil arranjar trabalho.

– Hoje em dia, qualquer pessoa com um celular virou um fotojornalista. Por que um jornal pagaria os direitos de um profissional fixo se ele pode apenas comprar uma imagem avulsa, ou nem isso, pegá-la de graça nas redes?

Mentalmente, risco a faculdade de jornalismo das minhas possibilidades. O Wiliam não sabe, mas ele acaba sendo uma espécie de orientador vocacional.

Espremida entre a avenida Radial Oeste, de um lado, e a linha férrea, de outro, fica a pequena favela do Metrô Mangueira. Na entrada, num corredor repleto de botequins "pés-sujos" e oficinas mecânicas, uma mulher forte, com a pele negra retinta e dois belos olhos castanhos, nos aguarda. O Wiliam a cumprimenta:

– Bom dia, Madalena.
– Bom dia, Wil.
– Esse é o Apê, um companheiro.
– Prazer.

O Wiliam se vira e me diz:

– A Madalena não mora mais aqui, mas ela estava presente na primeira onda de remoções, que começou em 2011. Não foi isso, Madalena?

– Na verdade, 2010 – ela corrige.

Eu pergunto, mais para puxar conversa:

– E onde você mora agora?

– Do outro lado da estação, num conjunto Minha Casa, Minha Vida.

O Wiliam me explica:

– A Madalena só conseguiu ficar aqui por perto porque não aceitou o primeiro acordo. Mas as pessoas que ficaram com medo de perder as casas, foram mandadas para os rincões da zona oeste.

Ela complementa:

– Inhoaíba, Cosmos, Urucânia.

– Caramba – eu demonstro surpresa, mas a verdade é que nunca ouvi falar nesses bairros antes.

– As pessoas moravam aqui para ficar perto do trabalho – o Wiliam prossegue –, de um dia para o outro, foram mandadas para 40 ou 50 quilômetros de distância.

– E olha que essa nem foi a primeira proposta – ela diz –, no comecinho mesmo, eles chegaram falando que a gente tinha que sair e que garantiriam três aluguéis sociais.

– Quanto de aluguel social? – indago.

– Quatrocentos reais, no máximo. Aí eu te pergunto: onde é que alguém mora com esse dinheiro?

– Que absurdo.

Na verdade, isso para mim é tão abstrato quanto os nomes dos bairros, porque eu também não tenho a menor noção sobre valores de aluguéis. Mas sei que quatrocentos reais é, fácil, a conta de um almoço de domingo.

Entramos por uma viela estreita e chegamos num terreno mais amplo, onde há muito entulho, lixo acumulado e casas em ruínas. O Wil registra tudo freneticamente.

– Ali era uma padaria, do lado era o bar do Evandro, tinha até karaokê às sextas-feiras – a Madalena aponta –, do outro lado, ficava a igreja.

Dos lugares que ela assinala, só a igreja seria reconhecível: as paredes verdes descascadas, uma cruz pintada acima da entrada. Os outros prédios são apenas montões de escombros, em cujas paredes funcionários da prefeitura inscreveram: smh e um número. O cenário é desolador. Pergunto à Madalena:

– A prefeitura não recolhe o lixo e os entulhos?

– Nós tínhamos um gari comunitário, o seu Aluísio, que organizava a coleta. Mas, depois que a prefeitura começou a remover o pessoal, cortaram o salário dele.

O Wil completa:

– A Secretaria demolia as casas das pessoas que iam embora, mas deixava os entulhos de propósito, para forçar os outros a sair.

– Foi assim mesmo – a Madalena assente –, um verdadeiro terror desse prefeito.

No muro colado à via férrea, uma pichação: foda-se a copa!

A Madalena aponta uma outra construção, tão precária quanto as demais:

– Ali era a sede da associação. Correu muita briga ali dentro. A prefeitura comprou o antigo presidente, tivemos que trocar, comprou o segundo, derrubamos de novo.

– Como assim comprou? – pergunto. Imagino malas de dinheiro, cargos comissionados. Ela me esclarece:

– Eles prometiam um ou dois apartamentos a mais, entendeu? Para família, agregados. Assim, num dia, a pessoa era contra a remoção, no dia seguinte, assinava qualquer coisa. Foi uma luta.

O Wil intervém, entre um clique e outro:

– A Madalena foi eleita por unanimidade depois.

– É, mas eu não consegui fazer muita coisa.

– Como não, Madalena? Os prédios na Mangueira foram resultado da luta de vocês. Senão, eles iam ficar só para quem era base eleitoral do deputado.

– Isso, é – ela concorda, sem muito entusiasmo.

Seguimos. Na parte interna, mesmo nas casas das quais só restam quase pedras, é possível avistar roupas que secam nos varais; ouve-se barulho de rádio e televisão. No meio da viela, crianças com uniformes de escola passam correndo, no meio de uma poça d'água estagnada. Pergunto:

– Essas pessoas decidiram ficar?

– Elas não moravam aqui antes – a Madalena responde –, só que, depois que todo mundo foi colocado para fora, outras pessoas ocuparam. Gente que morava na rua, não tinha para onde ir.

– Mas elas estão vivendo no meio de ruínas! – digo, num assombro.

A Madalena põe termo à caminhada:

– Melhor a gente voltar. Daqui para a frente, a coisa fica esquisita.

Nos fundos, avisto um viaduto. O Wil sussurra nos meus ouvidos:

– Ali, se formou uma cracolândia.

Volto em silêncio, estarrecido com o que vi.

A Madalena, mais à vontade, diz, enquanto o Wil grava o seu depoimento:

– Antigamente não era assim. Não tinha toda essa sujeira, nem tinha boca de fumo. Você pode não acreditar, mas aqui era um lugar bom para se viver.

– E o que a prefeitura vai fazer? Por que eles tiraram vocês daqui?

– Falaram que iam construir um estacionamento para o Maracanã, mas até agora não fizeram nada.

– A gente desconfia – diz o Wil – que a única intenção era varrer a pobreza para debaixo do tapete.

Despedimo-nos à beira da avenida. Daqui, avista-se o teto do Maracanã, que também não é mais o mesmo, depois de tantas reformas.

Por puro hábito, pego o metrô para o centro, mas, na verdade, não há nada para eu fazer lá. Eu não irei mais ao escritório, para felicidade do Cléber, que pode reinar à vontade como o estagiário número um. Se ele soubesse a quantas anda a situação financeira da banca, talvez freasse um pouco o seu entusiasmo. O mais provável é que, vencida essa etapa do trabalho barato, ele seja dispensado com uma boa recomendação no currículo e um "até logo".

Na avenida Rio Branco, sento-me num banco e começo a rabiscar algumas coisas no papel, de modo impensado, por uma instantânea e brusca necessidade. Um senhor em andrajos se senta do meu lado e puxa assunto. Eu concordo com tudo sem prestar atenção em nada, enquanto escrevo. O telefone toca: é a Alice. A cobrar, claro.

– Oi, tudo bem?

– Olha, vamos direto ao ponto. Você já conseguiu o dinheiro da clínica?

– Já.

Mentira. Não consegui e não sei como conversar com o meu pai a respeito, ainda mais agora.

– Deixa isso pra lá. Não precisa.

Um calor sobe pelo meu pescoço.

– Como assim não precisa? Você já conseguiu?

– Não! Você não entendeu... Eu não quero mais tirar.

Garras apertam minha garganta e me impedem de falar. Ela continua:

– Você não tem nada a dizer?

– O quê?

– Você não aprende, não é mesmo?

– Alice, dá um minuto, eu estou chocado.

– É só você que importa, não é? Sabe o que você é? Um filho da puta! Um grande filho da puta!

– Vai se ferrar, Alice! Que direito você acha que tem de falar assim comigo? Você quer que eu diga: olha, querida, estou super feliz de ter um filho com você? Não, não estou, eu não tenho um emprego, não tenho dinheiro, não te amo e não quero ser pai!

Pronto. Saiu tudo rápido e de uma vez, amargo e violento, como um vômito.

Ela dá uma gargalhada forçada do outro lado da linha:

– Você, o filhinho da mamãe, não tem emprego nem dinheiro? Deixa de inventar desculpa para a tua covardia, moleque!

Como explicar para outros o que eu não consigo explicar nem para mim mesmo? Resta o lugar comum:

– Eu não te devo satisfações!

– Você é um monstro! – ela berra e desliga.

Droga! Droga! Droga! Sinto raiva; raiva não, ódio, inclusive de mim mesmo. O homem do meu lado, que parece ter prestado atenção à conversa, me oferece a sua cachaça num recipiente de plástico:

– Quer um gole, amigo?

– Quero!

Dou uma golada com força. Nunca, em toda a minha vida, bebi algo tão horrível.

O homem diz, brincalhão:

– Vai com calma, garoto. Mulher é assim: ou você a conquista ou ela te mata.

Bela filosofia. Dou outra golada. O homem me olha, espantado. Por essa ele não esperava.

– Obrigado! – digo ao me levantar. Sinto-me melhor. Por gratidão, dou-lhe uma nota de dez, que deve dar para comprar duas garrafas dessas.

O telefone toca de novo, de um número desconhecido. Deve ser algum truque da Alice. Desligo. O "número desconhecido" insiste e, dessa vez, eu desligo o telefone. Vamos ver como ela vai se sair disso.

NAVALHA

Às duas da tarde, escuto, na rua, uma gritaria dos diabos. Ao ver o que acontece, reparo que, para os lados do Brizolão, está tampado de polícia. A dona Cleide observa ao meu lado, com as mãos na cintura.

– O que está acontecendo? – pergunto.

– Parece que a polícia levou dois meninos para dentro daquela casa – ela aponta um barraco –, e estão torturando eles.

Covardia das grandes, isso. É bandido? Fez coisa errada? Leva preso. Mas isso é pouco para os bebedores de sangue.

– Vou lá ver se posso ajudar – digo, enquanto volto para apanhar uma blusa.

– Pelo amor de Deus, Roberto Carlos, não vai se meter em confusão! Um filho preso já é muito para uma mãe.

– Fica tranquila, tia Cleide.

Diante das viaturas, dez mulheres protestam, algumas das quais carregam bebês de colo. Elas gritam:

– Vocês têm que levar eles para o hospital! Tem gente ferida aí dentro!

Uma outra se desespera:

– Meu filho está ferido, não adianta negar, eu tenho a mensagem dele aqui comigo!

Ela parece ter no máximo trinta anos, mas o seu filho já tem idade para ser morto pela polícia.

– Se acalma, Dandara – diz uma das presentes. A mãe parece se aquietar por uns dez segundos, mas, depois volta a berrar, com força redobrada:

– Covardes!

Ela avança contra a linha de policiais, que revidam com spray de pimenta.

– Para trás! – ordena um policial, que saca a pistola.

– Pelo amor de Deus, levem o meu filho para o hospital!

– Senhora, não tem ninguém aqui – diz o soldado, que mantém a arma empunhada.

De repente, de dentro da casa, escapa um grito de dor. As mulheres avançam um passo, entre gritos e gestos; os policiais, recuam outro, preocupados.

Alguém toca nos meus ombros. Ao me virar, reconheço a Estéfani, esposa do Zero-Bala, com o seu mais novo aninhado no peito.

– Navalha, você sabe quem está aí dentro, não sabe?

– Quem?

– Além do filho da Dandara – ela aponta a mulher que chora desesperada –, eles agarraram o Golpe.

Sinto como se levasse um tiro à queima-roupa. Não é que eu não me importe com os outros; se não me importasse, não estaria aqui. Mas o Golpe é como se fosse eu mesmo, lá dentro.

À medida que os minutos passam, mais gente chega, mas isso não altera nada. "Navalha, você precisa fazer alguma coisa." É claro que eu preciso. Mas o quê? A impotência é a pior forma de humilhação que existe. Lá no centro, na frente das câmeras, não seria tão fácil para eles. A Estéfani me conta o rolo:

– Um passarinho me contou que os dois meteram uma carga, ontem, na Dutra. Conseguiram sair fora, mas hoje os polícias vieram atrás do dinheiro. Coisa armada. Como não acharam nada, trouxeram eles para cá, para ver se caguetam os outros. Sorte que o Julinho ainda conseguiu mandar uma mensagem para a mãe.

Encaro os policiais que me encaram de volta. Ficar aqui, só os gatos pingados, é perder tempo. Saio pela vizinhança, como um louco, a gritar e a gritar:

– Morador, vem ajudar! Estão torturando dois rapazes aqui!

Mais algumas pessoas chegam, mas, e aí? Qual a diferença? Aos olhos do Estado, somos uma soma de zeros, que vezes mil, ou dez mil vezes mil, continuam a ser zero. Nos becos, os meninos armados se esconde, para evitar problemas.

– Para trás! Para trás! – os policiais mandam. Noto que eles não desgrudam os olhos de mim.

A Estéfani me puxa pelo braço:

– Navalha, não fica de bobeira. Eles estão te marcando.

– Eu não vou embora enquanto os dois não saírem da casa!

– Olha, faz o seguinte, avisa o pai do Golpe. Não tem ninguém melhor para fazer isso do que você.

Saio correndo, aflito. Ao passar em frente ao portão de casa, tenho a ideia de ligar para o Apê. Ele não é advogado? Mesmo sem ser formado, é o único que eu conheço. Ainda tenho o número anotado com a letra dele num panfleto, do dia em que nos conhecemos.

Nos fundos, chamo a dona Cleide. Ela me pergunta, espantada:

– Que foi, Roberto Carlos? Viu assombração?

– Não dona, Cleide. A senhora pode me emprestar o celular para fazer uma ligação?

A mulher pensa um pouco, vai para a sala e busca o seu aparelho velho:

– Não sei se ainda tem crédito.

– Não tem problema, eu ligo a cobrar.

Disco o 9090 e o número do Apê, mas ele desliga. Merda! Tento de novo e nem chama. O da Ventania eu sei de cabeça. Talvez ela consiga falar com ele. Sinto um alívio quando chama e ela atende:

– Alô.

– Venta, liga para o Apê, urgente.

– O que houve?

– Estão torturando o Golpe aqui na favela. Vão matar ele.

– O quê??

– Eu não tenho tempo! Liga para o Apê!

– Navalha, você está bem?

– Você está de brincadeira!

– Onde você está?

– Por favor, liga para o Apê!

– Eu vou ligar! Onde você está?

– Na Beira Rio, no Jacaré, é onde eu moro.

– Tá.

Com a cabeça a mil, eu volto para a frente da casa e me esqueço de falar com o pai do Golpe. Mas, também, por que fazer isso com o coroa? Melhor resolver tudo antes, sem que ele tenha que passar esse sufoco.

Agora, diante dos policiais, já há uns cinquenta moradores, que gesticulam e protestam. Noto que um dos policiais, com cara de recém-formado, está tremendo. Há uma chance de passar por ali. Eu me aproximo pelo lado, calculando o bote. É arriscado? É, mas se trata de vida ou morte. Quando eu estou prestes a avançar, começam a chover pedradas e garrafadas contra os canas: as mulheres agiram primeiro. Entre elas, alguns moleques, de doze ou treze anos, com camisas de escola na cara. As vozes misturadas protestam:

– Larga os rapazes!

– Leva para o Hospital!

Os policiais recuam, mas mantêm sempre os fuzis apontados. Agora, eles estão com as costas quase grudadas nas paredes da casa. Um deles diz em voz alta, se referindo às mulheres:

– Tudo marmita de vagabundo!

Cego de ódio, eu falo com ele:

– Você é homem? Vem na mão, então, seu pela-saco!

– Seu crioulo abusado!

– Seu cuzão!

Se ele vier... meus punhos já estão fechados.

– Para trás, Navalha! – grita a Estéfani – Ficou maluco?

Um outro policial cochicha nos ouvidos do provocador, que para de responder. Entre gritos e palavras de ordem improvisadas, nós avançamos e espremos a linha de policiais contra o muro da casa. Mais um pouco, e nós vamos tirar os nossos à unha lá de dentro.

Nessa hora, ouvimos o cantar dos pneus: pela avenida, chegam as viaturas pretas da Tropa de Choque.

– Para trás, senhoras! Para trás! – diz um homem, saltando da caçamba. Seu rosto não está coberto, mas o sobrenome e a patente, sim. Agora, os policiais da UPP protegem a casa e os homens do Choque os protegem.

A mãe do Julinho suplica ao homem que parece estar no comando agora:

— Por favor, policial, os meninos estão lá dentro!

— Os meninos? Quais meninos? — ele indaga, como se não soubesse de nada.

A Estéfani responde:

— Os dois rapazes. Um deles é o filho dela.

O homem a olha, com um ar de desprezo:

— Só viemos cumprir a lei. Não precisa dar chilique.

— Chilique? Estão matando os rapazes! — diz a Dandara e avança contra o oficial da Tropa de Choque, que lhe dá um empurrão. A diplomacia não durou nem dois minutos. As vozes voltam a se levantar, numa indignação crescente. O alvoroço recomeça. Da casa, ressoam tiros. Há gritos e desmaios.

— Assassinos! Assassinos!

— Para trás, para trás! — diz o comandante. Logo, estouram bombas de efeito moral e tiros.

— Tem uma pessoa ferida!

Do meu lado, uma senhora leva a mão à perna, da onde jorra sangue:

— Meu Deus, eu levei um tiro!

Seus olhos estão vidrados de medo.

— Vamos acabar logo com essa merda! — ouço o policial gritar. Depois, apesar da névoa de fumaça, tenho a impressão de ver dois corpos enrolados em panos serem jogados na caçamba de uma das viaturas, que sai em disparada.

FLÁVIA

Ao acordar, encontro um bilhete embaixo da porta:

"Oi amiga, tudo bem? É difícil nos encontrarmos hein... Por favor, deixe o dinheiro do aluguel embaixo da porta do meu quarto, quero ver se acerto isso quando voltar da faculdade, de tarde.

Beijos,

K.

PS: Domingo você vai estar lá?"

Outro fim de mês e, de novo, eu não tenho a grana do aluguel. Escrevo no próprio verso do bilhete da Karen:

"Amiga, eu já levantei quase todo o dinheiro, até segunda estará tudo resolvido, tá? Claro que eu estarei lá no domingo. Beijos".

Saio com o violão a tiracolo. Detesto ter que tocar sozinha. No metrô, linha 1, posso notar a quantidade enorme de turistas, que devem estar no Rio para assistir a final de domingo. No primeiro acorde que dou no vagão, dois seguranças me abordam. Desta vez, não há ninguém que me ajude.

Desço na Cinelândia e encontro a Pipa papeando com uma garota que tem um cabelo vermelho moicano e coturnos pretos que parecem ter o triplo do tamanho dos seus pés. Sem refletir, lhe pergunto, não sei se a fim de reatar ou armar uma briga:

– Você por acaso vai manter essa tua banca?

– Não sou pessoa de ter duas palavras.

– Sabe o que eu acho? Eu acho que você bem que merece levar umas porradas!

– Então tenta para você ver!

– O que é isso? – o Presidente interrompe nosso diálogo fraterno – Vocês não deveriam brigar.

– Ela que começou! – diz a Pipa.

– Era só o que faltava – respondo, não sei exatamente contra quem ou o quê.

Sento na escadaria e ponho a cabeça entre as mãos. Não aguento não ter uma resposta, não ter um emprego certo e nem ter dinheiro. Percebo que a Pipa me olha com o rabo de olho. Não era minha intenção jogar sujo desse jeito, mas, se isso funcionar, eu topo. Meio degrau abaixo na escala do cinismo não fará assim tanta diferença, e, de qualquer modo, que atire a primeira pedra quem nunca lançou esse ás na hora do desespero. Concentro-me em meu sofrimento.

– Você está legal? – Ela pergunta. Eu não respondo. – É sério, aconteceu alguma coisa?

– Não é nada.

– Olha, não é porque a gente brigou que eu não me importo. Você segue pertencendo à espécie humana.

– Obrigada.

Depois de um minuto em silêncio:

– Diz para mim, Ventania, o que houve?

– Houve que eu não tenho dinheiro nem para pagar o aluguel, Pipa. Mas isso não é o tipo de coisa com a qual você tenha que se importar, mesmo.
– Eu também tenho os meus problemas, sabia?
– Eu sei, eu sei. Desculpa.

Juro que, neste momento, eu estou sendo 100% sincera. Depois de um novo silêncio, ela capitula:

– Desculpa, também. Eu falei um monte de barbaridades ontem.
– Está desculpada.
– Eu também te desculpo pelas grosserias.
– Nossa, me sinto canonizada.
– Ok, dona da razão...
– Desculpa, desculpa, não está mais aqui quem falou. Da minha parte, estamos zeradas. Agora, podemos fazer algum dinheiro?
– Você é uma vaca interesseira!
– Há uma grande distância entre ser interesseira e lutar para sobreviver!

Quando nos preparamos para sair, o telefone toca. Um número desconhecido. Atendo, porque sempre pode ser o Júnior numa situação de emergência (nunca aconteceu, mas pode ser que aconteça). Dali a um minuto, eu estou correndo, com a Pipa ao meu lado, embora nem ela nem eu saibamos bem ao certo para onde.

NAVALHA

Seu Otávio passou mal quando soube do acontecido e, por isso, não fomos até o hospital Salgado Filho. Pelo menos, a dona Marinete, que é madrinha do Julinho, está bem: o tiro na sua perna pegou de raspão.

Uma hora depois, chegava o telefonema, confirmando o que todos já sabíamos.

Diante de mim, o senhor bonachão, com a camisa sempre aberta no peito, o cordão dourado à vista, envelhece dez anos num minuto. Se antes alguém me dissesse que isso era possível, eu ia dizer: "mironga, papo de maluco, caô." Mas, para gente como nós, a desgraça é a própria máquina do tempo. Uma máquina do tempo empenada, que só se mexe para a frente. O Golpe foi a última vítima desse defeito de fábrica. Filha da puta desgraçado, eu te avisei. O pior é que todo

mundo avisa, mas os cabeças de bagre tentam de novo e de novo. Apesar da história ser sempre a mesma, a cada vez que ela se repete, você percebe que nada te prepara para passar por isso.
Vontade de gritar.

FLÁVIA

Entardece quando a Pipa e eu chegamos na entrada do Jacarezinho, sem ter conseguido de jeito nenhum falar com o Apê. Vendo a naturalidade com que as pessoas caminham, ninguém diria que acontece uma guerra silenciosa aqui perto. A Pipa me pergunta:
– Você está com medo?
– Eu? Imagina. É claro que com esse teu cabelo azul nós passamos completamente despercebidas.
– O teu chapéu vermelho é super discreto, não é mesmo?
– Meu Deus, você está certa! Será que eu posso usar essa cor aqui?
Ela ri, como se a pergunta fosse estúpida:
– Aqui, pode.
Eu nunca pisei em uma favela antes. É impactante olhar o contraste entre as barracas de frutas; a feira de roupas em frente à escola de samba – um prédio rosa, feliz e chamativo; as crianças voltando da escola, contentes pela sexta-feira; a barulheira das kombis, onde cobradores de chinelos e pochetes anunciam: "Mercadão de Madureira direto", "Norte Shopping", "Feira de São Cristóvão"; com as pessoas magras como pedaços de papel sentadas nas calçadas, pele e ossos; os barracos de papelão; o lixo; o esgoto a céu aberto.
Dentro de um quiosque, onde há sacos de bala, latas de cerveja, salgadinhos e maços de cigarro pendurados até o teto, vejo uma moça com o rosto redondo, um lenço no cabelo. Aposto que ela irá nos ajudar:
– Oi, boa-tarde, estamos procurando um amigo nosso, o Navalha. A senhora por acaso o conhece?
Ela parece refletir no apelido, antes de me devolver a pergunta:
– Onde ele mora?
– No Jacarezinho.
A mulher ri:
– O Jacarezinho é tudo isso.
– Na Beira Rio – diz a Pipa.

– Olha, a direção é esta – ela aponta –, lá no final, vocês dobram à esquerda. Vai ter uns bequinhos no caminho, é só vocês irem se informando. Vocês também podem pegar um mototáxi.

– Obrigada.

– Não precisa pegar a moto – diz a Pipa. É perto. Flávia, você realmente achou que qualquer pessoa aqui ia conhecer o Navalha? Ele é um MC ou um jogador de futebol, por acaso?

– Não. Quer dizer, sei lá. Achei que todos da comunidade se conheciam.

– Você tem ideia de quantas pessoas moram aqui?

Abano a cabeça numa negativa. Pouco depois, os breves minutos de caminhada me convencem de que há muito mais gente amontoada do que eu poderia imaginar. Tijolos sobre tijolos, fios sobre fios, emaranhados, encimados por caixas d'água azuis bem visíveis. Há também biroscas, padarias, oficinas mecânicas, barbeiros.

Mais à frente, sentados sob uma tenda branca, homens com radinhos. Uma boca de fumo. Baixo os olhos, por instinto. Mas o movimento é tão intenso que eles, se nos veem, não dão bola. Após mais alguns minutos, durante os quais atravessamos mais casas – algumas das quais abrigam pequenas igrejas –, comércios e barracas (sempre com música, qualquer música, ao fundo), a densa floresta de concreto se abre, e vejo o que parece ser a margem de um rio, embora pouco corra a água suja, coberta de lixo.

De um lado do rio, há mais casas, nas janelas das quais se vê roupas penduradas ou sabonetes nos basculantes. Do outro lado, na calçada, abrigos improvisados com papelão disputam espaço junto ao muro abandonado. No meio, a avenida. Aqui, a epidemia de crack não é o tema dos noticiários. Ela é aquela mulher, magérrima, quase sem um corpo que caiba numa roupa; o homem de barbas espessas, sentado de cócoras, fazendo fogo. Um jovem caminha de muletas, e vejo que ele não tem uma perna. Uma daquelas imagens comuns em países em guerra. Ao meu lado, a Pipa pergunta:

– Certo, estamos na Beira Rio. Agora, como encontraremos o Navalha?

– Está aí: como encontraremos o Navalha?

Só neste momento, eu me dou conta de que, além da vontade de ajudar, eram necessários um endereço e uma indicação mais concretos

— Flávia, você é inacreditável — a minha parceira diz e atravessa a rua, em meio aos carros.

— Hei, me espera!

NAVALHA

A pressão do seu Otávio subiu às alturas e ele teve que ser medicado. Enquanto isso, a casa vai se enchendo de gente.

Minha mãe chega esbaforida, acompanhada do seu Josias, pastor da igreja, um homem negro atarracado, com óculos grossos e terno bege gasto. Ao me ver, ela me abraça com força — como se não me visse há anos — e diz:

— Meu filho!

Depois, mudando pelo avesso, diz, brava:

— Eu não disse? Quantas vezes eu te avisei!

— Não é hora disso, Angélica — intercede o Josias, com a voz calma. — A hora pede abraço e conforto.

— Está certo, pastor.

Na cozinha, a dona Fátima, uma tia do Golpe, chora enquanto frita salgadinhos e assa um bolo para as visitas. Minha mãe a abraça e lhe diz palavras ao ouvido. A mulher responde:

— É preciso ir lá reconhecer o corpo. Mas o meu irmão não tem a menor condição.

— Eu posso ir — diz minha mãe —, fica aqui e cuida do Otávio.

Enquanto isso, na sala, o pastor me questiona:

— Eu gostaria de te ver na igreja, Roberto Carlos. Lá é o teu lugar.

— Qualquer hora eu dou as caras.

— Tua mãe me falou dessa coisa dos protestos. Isso é tempo desperdiçado, rapaz. Peça e sirva com fervor a Ele, que diante Dele todas as injustiças não são nada.

Concordo com a cabeça. Ele prossegue:

— Esse rapaz, o Marcelo. Tão novo! Tivesse me escutado, estava aqui, montando a família dele, empregado.

— Não precisa ser da igreja para não ser assassinado.

O homem levanta os olhos surpresos para mim. Minha mãe retorna:

— Pastor, eu vou no hospital fazer o reconhecimento. Deus me socorra.

– Eu te levo de carro.

Antes de sair, o homem me fala:

– Roberto, eu entendo a tua revolta, ainda mais hoje. Só te peço uma coisa: tente manter teu coração aberto para a palavra do Senhor.

Minha mãe baixa a cabeça enquanto ele fala, como quem ouve um grande sábio. Eu olho para o chão e respondo:

– Valeu.

Minha mãe resmunga "malcriado", entredentes, e eles saem. Depois, chega a Estéfani e o Zero Bala: o homem batalhador, pai de família, desaba num choro de criança quando o abraço.

– Mais um amigo nosso que se vai desse jeito.

Só agora percebo que eu não chorei. Logo eu, tão próximo, e que vi quase tudo de perto. Vai ver, meu coração virou pedra.

A Estéfani assume a direção da cozinha, para que a dona Fátima possa tomar banho e dar atenção ao irmão.

Depois, chega a dona Elaine, representante da associação de moradores, acompanhada da dona Lúcia, líder de um grupo de mães que tiveram seus filhos assassinados pela polícia. Elas tomam as providências do enterro, o que não é difícil, porque já têm o orçamento e os contatos prontos. Vêm, também, os vizinhos da rua, outros amigos da época de escola, senhores de cabelos brancos com as cores verde e rosa da Unidos do Jacarezinho. Imagino que na casa da outra família atingida pela desgraça ocorra o mesmo. Cópias, círculo vicioso, viciado em carne preta. Na sala, na laje, nos corredores, lamenta-se, contam-se casos semelhantes, fala-se em Cristo ou das manifestações, come-se e bebe-se. Sussurrado, o acontecido é recontado milhares de vezes, mas mais cheio de detalhes a cada rodada. Ouço cochichos: "É, mas ele tinha envolvimento." Tudo certo, mas quantas cargas valem uma vida? Dez ou vinte TV's de plasma em troca de várias décadas pareceria uma troca justa? Hein? Quem é que estabelece a macabra medida?

De repente, a silhueta do seu Otávio aponta no corredor. Encurvado, os olhos distantes, ele se apoia na parede para se equilibrar, por causa dos remédios. Pouco antes, o Adriano, um dos roncas da hierarquia no Jacaré, apareceu acompanhado de dois soldados. Na mão, um envelope com dinheiro, "para pagar as despesas." O Adriano é um velho conhecido de todos ali: rara peça envelhecida no crime, já ajudou quase todas as famílias presentes com dinheiro para pagar botijão de gás ou remédios, e já mandou matar pelo menos algum membro de cada uma delas também. Diz com a fala calma, respeitosa, da qual a autoridade brota com naturalidade:

– O teu filho morreu como homem, Otávio. O coletivo reconhece.

Ao redor, todos de cabeças baixas esperam a resposta do pai enlutado, que fala com grande esforço:

– Não precisa.

– Fazemos questão, mais velho.

– Eu também. Guarda para uma família que precise.

– O senhor que sabe.

O homem espera um pouco, cofiando o bigode à moda antiga. Ele não parece acostumado a ouvir "não." Ainda diz, como que por hábito de dar a última palavra:

– Se mudar de ideia, é só mandar me chamar.

Depois, dá meia-volta, cumprimenta os presentes (que lhe dão passagem) e sai na direção da sua toca.

Seu Otávio permanece de pé, em silêncio, um pouco encurvado. As pessoas sussurram, outras apresentam seus pêsames. Ele age como quem recebe um panfleto na rua por educação, para jogá-lo fora logo em seguida. De repente, como se se lembrasse da notícia cruel, solta um urro medonho de dor:

– Meu filho!

Ademir, seu compadre, o apoia para que não desabe no chão. Nessa hora, algumas pessoas que há pouco riam, choram. Os meus olhos continuam secos. Vai ver, a secura é o meu jeito de sentir tristeza.

Mergulho em pensamentos aleatórios, e, por isso, custo a acreditar que a Ventania e a Pipa estão aqui mesmo, e não apenas na minha imaginação.

FLÁVIA

O Navalha abre o portão e fica lá, me olhando com cara de idiota. Digo:

– Caramba, como foi difícil te encontrar!

– Eu não sabia... sei lá, não esperava que vocês viessem.

– Eu disse que viria, lembra?

— Flávia, dá um tempo – interrompe a Pipa –, você acha que ele teve cabeça para se lembrar disso?

Quando entramos na casa – uma sala pequena, cheia de pôsteres de futebol – a presença da minha amiga (ou melhor, dos seus cabelos azuis) causa cochichos numa metade dos presentes e choque na outra metade. Eu também admito que, com este chapéu vermelho, o vestido que mal combina com a bota, o violão a tiracolo, me destaco. Bem, também deve pesar o fato de que somos as únicas pessoas brancas no recinto.

Sobre a cômoda que suporta a TV, há o retrato antigo de um homem – deve ser o dono da casa – desfilando no Sambódromo; outro, de um adolescente, na formatura da escola.

Pergunto ao Navalha:

— Este é o teu amigo?

— Era.

Eu não sei definir o tom dele. Se é amargo, frio, triste ou raivoso. Deve ser tudo isso ao mesmo tempo.

Um senhor simpático se aproxima e fala como se já nos conhecêssemos:

— O Marcelo era um bom garoto. Quando era criança, queria ser jogador de futebol.

— Como todas as crianças, não é mesmo?

— É, coitado, mas ele era perna de pau.

Não sei por que, mas eu acho graça de toda esta sinceridade e depois fico constrangida. Ele me cutuca no ombro, como se falasse a um velho camarada, e diz:

— Não se preocupe, o Otávio sabe disso. O garoto era esforçado, mas ruim de dar dó – o homem suspira –, parece que foi ontem. Que Deus o guarde! E você, toca?

— É, eu toco. Quer dizer, meu foco é mais o canto.

— O que você canta?

— No momento, qualquer coisa que pague o aluguel.

— Qualquer coisa?

— Acho que sim, tirando ópera e sertanejo.

Ele ri, com vontade:

— Qualquer dia você tem que ir até a quadra com a gente. Depois que o samba te pega de jeito, vocês só se desgrudam no caixão.

– Igual a tua esposa, não é, César? – diz uma senhora com óculos, um largo vestido.

– Claro, meu amor.

– Até parece. – ela se vira para mim, e pisca os olhos com malícia – Você sabe qual é a única coisa capaz de fazer um homem sério e casado virar a cabeça?

– Não.

– O pescoço!

Preciso abafar a risada com as mãos. Nunca diria, vindo para cá, que precisaria me preocupar com uma coisa dessas, em meio a tanta desgraça. Mas há, além do luto, um forte sentimento de comunidade e mesmo alegria por aqui, tão palpável quanto um copo ou um prato. Quando os dois se afastam, noto um bebê no colo de uma moça bem jovem, que me olha. Eu faço caretas e ele responde, mexendo as mãozinhas pequeninas. A mulher se aproxima:

– Pelo visto ele gostou de você.

– Pois é. E eu dele!

– A moça é bonita, não é filho? Diz para a mamãe!

A criança ri, deliciada, proprietária absoluta da nossa atenção.

– Como ele se chama?

– Mateus.

– E ele tem quantos anos?

– Vai fazer um aninho agora em julho. Coitado, na semana passada estava com inflamação na garganta, coisa feia.

– Que dó! O meu também tinha muita crise quando era menor.

– Você é mãe?

– Sou.

– De quantos?

– De um só, por enquanto – Rio. Normalmente as pessoas se espantam que eu já tenha um. – Por que, você tem outro?

– Sim, o meu mais velho tem quatro.

Fico curiosa para perguntar a sua idade, mas me contenho. Digo:

– Eu também fui mãe cedo.

– Com quantos anos?

– Dezesseis.

– Menina, eu também! Sorte que as avós sempre ajudam, não é?

– É – concordo, sem graça.

– Cadê o Mateus? Onde é que está o Mateus? – Uma mulher mais velha se aproxima e a criança se esconde no pescoço da mãe, para nossa graça. – Como está a tua mãe, Estéfani?

– Vai bem, tia Lúcia. Tirando a pressão alta, né?

– Ah, isso aí é só tomar o remédio e não exagerar na comilança.

– Esse é que é o problema.

Reparo que a minha nova interlocutora tem uma camisa, onde um jovem estampa um sorriso. Em letras vermelhas, leio: "Justiça para Tales Ribeiro." A mulher comenta:

– Essa desgraceira parece não ter fim. Favelado é assassinado em qualquer governo.

– Nem fala – responde a Estéfani –, eu só espero que os meus tenham melhor sorte.

– Hão de ter, em nome de Jesus! Você estava lá na hora, não estava?

– Estava. Torturaram os meninos no barraco, para eles darem os outros. Como não arrumaram nada, mataram.

– Mesmo se arrumassem, matavam de qualquer jeito.

– Esse rapaz era o teu filho? – atrevo-me a perguntar.

– Era, é e sempre será.

– Desculpe – baixo a cabeça, envergonhada por não saber o que dizer.

– Não, tudo bem, as pessoas sempre falam assim. Você tem filho?

– Tenho.

Penso no Júnior, cercado de árvores em Vassouras, e tenho uma vontade imensa de abraçá-lo agora.

– Pois então. Aconteça o que acontecer com ele, e Deus te proteja de todo o mal, você não deixará de ser mãe.

– Isso faz muito sentido – respondo. Eu nunca tinha pensado nas coisas desse jeito. Na verdade, eu nunca precisei pensar em como lidar com a morte do meu filho, a não ser, nos piores pesadelos.

Depois que a mulher se afasta, a Estéfani me conta:

– O filho dela morreu no dia em que saiu para comemorar o primeiro salário.

Quando minha amiga sai para resolver algum assunto, subo a escada aos fundos da sala e, na laje, encontro a Pipa jogando cartas com alguns rapazes. Ela já parece enturmada.

— Tinha que ver, no dia 20, os canas saíram correndo da gente que nem galinha! – ela diz, fanfarrona. Os outros riem. Um rapaz, com uma camisa polo branca e o rosto cheio de espinhas, replica:

— Tem que ver aqui, quando metem balaço de sete-meia-dois em cima deles! Já teve oficial do Bope que perdeu até as meias. Está duvidando? Os de menor tem essa meia guardada até hoje, de relíquia.

O Navalha está encostado na mureta, silencioso, com a expressão perdida ao longe.

— Pensando em quê? – pergunto, encostando-me ao seu lado.

— Adivinha.

Por que, desde que cheguei aqui, eu só faço perguntas tolas?

— Eu queria ter chegado a tempo de ajudar – digo.

— Você veio. Isso é o que importa.

— Eu não consegui falar com o Apê, me desculpe.

— Bobagem. Ele não ia conseguir fazer nada.

Fico em silêncio. Adiante, as casas.

— Isso é bonito.

— O que é bonito?

— Esse lugar.

— Menos, Ventania. Não precisa exagerar.

— Bonito de um jeito diferente, mas bonito. Todas essas luzes. Mas, sobretudo, as pessoas. Elas são muito bonitas.

— Diz isso porque não mora aqui.

— Quanto custa um aluguel?

Ele ri:

— Você acha que bancava morar no Jacarezinho?

— Por que, aqui é mais caro que a Lapa?

Ele ri outra vez:

— Não, sua doida, claro que não. Eu não falei bancar nesse sentido.

Se eu soubesse que, ainda hoje, conseguiria arrancar duas risadas do Navalha, isso já seria motivo suficiente para eu retornar aqui dez mil vezes.

— Se você achou essa vista bonita, tinha que ver do alto da fábrica.

— Por quê?

— Ah, porque lá é mais alto e tem menos claridade. Eu costumava ir lá com o Golpe, às vezes, soltar pipa.

— Fiquei curiosa.

– Um dia eu te levo.
– Que tal hoje?
– Hoje?
– É, hoje. Eu conheço a mania dos cariocas de "um dia." Isso significa: eu nunca te levarei lá.
– Você iria?
– Você acha que não?
– Depois de hoje, eu sei que você iria.
– E então?
– Está bem.
– Quer dizer, você não tem que fazer mais nada por aqui?
– Acho que não. O enterro vai ser só amanhã e o seu Otávio está com os seus amigos. Eu não aguento mais falar da mesma coisa.
– Então, me leva!
– Está bem. Vamos.

O Navalha desce na frente. A Pipa fuma e conversa, animada, e por sorte não nota quando eu passo. Espero que ela não fique chateada.

NAVALHA

– E a Pipa? – pergunto para a Ventania, quando chegamos perto da fábrica abandonada.
– Ela quis ficar lá, jogando.
– Essa garota é maluca.
– Olha só onde nós estamos. Não temos moral nenhuma para chamar alguém de maluco.

Eu subo primeiro no muro. Depois, dou a mão para a Ventania. Ela tenta dar impulso, não consegue, tenta de novo, não consegue outra vez. Eu ouço a sua respiração ofegante. Imagino que, para ela, cruzar o Jacarezinho quase de madrugada, entre becos e vielas, apenas para chegar ao terreno de uma fábrica abandonada, seja uma verdadeira aventura. Para mim, não seria nem um pouco – essas ruas sem asfalto, esse labirinto de barracos, são a continuação da minha própria casa –, a não ser pelas circunstâncias. Como desfecho improvável de um dia de tanto ódio, e de tanta dor, mesmo esses caminhos conhecidos ganham um significado estranho.
– Vem, deixa de ser medrosa!
– Eu não estou com medo!

Ela dá impulso e firma bem na minha mão. Depois, trepa finalmente no muro.

Do lado de dentro, a vista não é muito animadora: o matagal e a estrutura depenada do que foi, até 2007, uma fábrica de lâmpadas.

– Uau – ela diz – isto é imenso!

– Não é? Equivale a vinte campos de futebol.

Não deixo de me sentir orgulhoso, por ter algo legal para mostrar a ela.

Pulo para o lado de dentro. Ela se apoia em mim e também desce. Caminhamos até um ponto onde o matagal não está tão alto, e a claridade da noite sem nuvens é suficiente para guiar os nossos passos.

– Cuidado onde pisa – falo para ela –, tem cacos de vidro no chão e também um monte de sujeira química.

– Sujeira química?

– É, produtos que eles usavam para fabricar as lâmpadas, e que ficaram aí abandonados.

– Obrigada por só me avisar agora.

– É só andar com cuidado.

Caminhamos até um dos prédios. Falo:

– Daqui, a gente consegue subir no terraço. É um dos pontos mais altos.

Do lado de dentro, a escuridão é completa.

– Gente do céu! – ela diz, com espanto.

– Você quer ir embora?

– Claro que não! Agora que nós já viemos até aqui... Eu só queria poder enxergar.

– Usa a lanterna do teu celular.

– Você tem certeza de que não tem ninguém aqui dentro? Um segurança, ou, sei lá, um bandido?

– Certeza, certeza, nunca temos 100%. Mas, se tiver, vai ser morador do morro. Não dá nada.

– Tá legal, vamos.

Ela acende a lanterna e um rato se move pouco à nossa frente.

– Ah! – Ela dá um berro que deve ter sido ouvido do outro lado da estação de trem.

– Calma. Pode ter certeza que ele tem mais medo ainda de você.

Ela caminha encostada em mim. Eu conheço isso aqui na palma das mãos. À esquerda, há a sala da antiga oficina; passando por ela, há um corredor que leva até o que era uma casa de máquinas, da onde uma escada alta conduz à abertura no telhado.

– Isso é incrível – ela diz. Eu me sinto dentro de um daqueles filmes pós apocalípticos, sabe? Tipo *Blade Runner*.

– É – concordei por concordar, embora não conheça este filme.

– É muito doido pensar que Ipanema é tão Rio de Janeiro como aqui. É, sei lá, estranho e assustador ao mesmo tempo.

– A-hã.

Subimos as escadas. Depois, nos esticamos para passar pela abertura estreita e, pronto!, estamos bem em cima do telhado. À nossa frente, se derramam um mar de casas, a linha férrea, um pedaço da Linha Amarela, as luzes da cidade.

– Este lugar é incrível! – ela diz.

– Caramba, você só sabe dizer isso?

Ela parece nem me escutar, de tão admirada.

– Muita gente trabalhava aqui? – ela pergunta.

– Os pais de quase todos os meus amigos trabalharam aqui, quando eram mais novos. Os pais deles também. Alguns até se aposentaram.

– Têm casas quase até junto dos muros!

– O Jacarezinho cresceu ao redor dessa fábrica. Tinha outras, também, mas essa era a maior de todas.

Nunca imaginei que alguém de fora se interessasse por essas histórias. Eu mesmo falo o que ouço os mais velhos contarem, durante os churrascos ou nas filas de mercado. No final, eles sempre repetem a mesma frase: "hoje em dia não é bom como era antigamente." Pensando alto, acabo dizendo o mesmo:

– Hoje em dia não é bom como era antigamente.

A Ventania me olha. Apesar do frio, o céu está limpo, e eu posso ver as duas bilhas nos seus olhos, dilatadas pelo esforço para enxergar no escuro:

– Por que você acha isso?

Eu gosto de muitas coisas nessa garota, e o interesse genuíno dela pelas pessoas é aquilo de que eu mais gosto. Isso faz ela estar aqui, agora, num dos piores dias da minha vida.

– Não sei. Disse por dizer.

– Isso não faz nenhum sentido! Eu acho que a minha geração já aprendeu muito com os erros da geração dos meus pais. A questão da participação das mulheres, por exemplo. Em outra época, uma mulher que levasse a vida que eu levo seria internada num hospício ou algemada a um casamento forçado. Agora, as manifestações... Meu filho será mais consciente e melhor do que eu. Ah, vai! Não, Navalha, melhor é sempre o que está à nossa frente.

Ela gesticula com animação e a sua voz aquece a noite fria.

– É, mas isso não vai valer para o Golpe – respondo, menos por amargura do que para que ela continue falando e me convencendo. Ouvi-la, melhora as coisas.

– É verdade, e eu sinto muito! Eu queria ter chegado aqui antes, ter feito alguma coisa, qualquer coisa! Mas você vai seguir um outro caminho, e outros e mais outros, até que a gente consiga. Olha quantos nós somos; olha a nossa força!

Ela se cala, acho que espantada com as próprias palavras. Eu também me calo, pensando em tudo. Sabe o que é pensar em tudo? É o que eu faço nesse momento. Sob o peso das toneladas de pensamentos, me deito com as costas no chão. Agora, diante dos meus olhos, brilham estrelas infinitas, como se fosse apenas outra via expressa que a minha vista alcança.

– O que você está fazendo? – ela pergunta.

– Olhando o céu.

– Posso olhar aí com você?

– Bem – não posso deixar de achar graça –, o céu é público.

Ela tira o chapéu e se deita ao meu lado. Se eu pudesse apostar, diria que, nesses instantes de silêncio, ela também pensa em tudo.

– Lá em Vassouras eu também tinha o meu esconderijo, quando queria escapar da chatice do mundo. Eu descia por um caminho que passava dentro de uma antiga fazenda de café, que dava nas margens do Rio Paraíba, e ficava lá, a tarde toda, com os pés na água fria, brincando de fazer versos.

– Cada um morre com a sua roupa, não é? Aqui, o meu esconderijo é uma fábrica cheia de resíduos tóxicos, com vista para a Linha Amarela.

– Não fala assim. Lugares são como pessoas. Eles podem ser belos de milhões de jeitos diferentes.

– Como as estrelas?

– Depende. Não sei se as estrelas seriam bonitas, vistas de perto. Acho que a beleza está no que a nossa imaginação coloca nelas.

– E a tua imaginação é fértil, pelo jeito.

– Tanto quanto a tua.

– Eu não sou um artista.

Na penumbra, percebo que ela faz uma careta.

– Isso não é monopólio dos artistas! Olha, só uma imaginação fértil teria a brilhante ideia de convocar os protestos no verso de um panfleto de 'compro ouro'!

Ela ri da minha cara e até eu rio de mim mesmo. Depois, instala-se um pesado silêncio, dentro do qual eu consigo ouvir a sua respiração.

– A música é muito importante para você? – pergunto, para quebrar o gelo.

– Muito, de um jeito que eu não consigo explicar.

Depois de uma pausa, ela retoma:

– O que você sente quando está num protesto?

– O que eu sinto? São tantas coisas!

– Diga a primeira que te vier à mente.

– Ah, eu sinto que eu posso colocar para fora tudo o que eu quero dizer, e normalmente não consigo.

– É exatamente o que eu sinto todas as vezes que canto.

– Isso deve ser bom.

– Protestos sempre são bons?

– Às vezes, acontecem imprevistos. Você pode ser preso ou se ferir.

– Isso! Na música, também.

– Agora eu te entendo.

– Eu também entendo você.

Novo silêncio.

Meu coração bate desgovernado. Estamos um do lado do outro e eu ouço a sua respiração e sinto a vibração do seu corpo. Num impulso, coloco a minha mão sobre a dela. Ela a aperta entre os seus dedos.

De repente, um vento cortante varre a noite.

– Você está com frio? – pergunto.

– Um pouco.

– Vamos andando.

– Por quê?

– Porque você precisa se esquentar.
– Não quero ir agora.
Depois de uma pausa, ela pergunta:
– Por que você não sobe em cima de mim?
– Como assim?
– Assim nós nos esquentaríamos um ao outro.

Fico pregado ao chão, confuso, incrédulo e maravilhado. Ela parece se divertir.

– Navalha, você é gay?
– Eu? Não! Nada contra, mas eu não sou gay.

Viro-me e, como se não existisse mais nada, mergulho dentro da armadilha montada por essa estranha criatura, feliz por ser a sua coberta e a sua presa.

Sábado, 29/06/2013

APÊ

O lado B da Copa
    Metrô-Mangueira: uma comunidade com mais de quarenta anos de existência. Trabalhadores e familiares viviam com dignidade, perto do seu local de trabalho e estudo. Quantas daquelas pessoas assistiram, em 2007, o anúncio de que o Brasil sediaria a Copa do Mundo de 2014, e até comemoraram, inocentes, o que seria uma chance de prosperidade e investimentos para o país? A oportunidade de ver de perto um título da Amarelinha, frustrada em 1950, quando poucos ali já eram nascidos? Melhoria nos transportes públicos, na infraestrutura urbana, quem sabe, até na resolução do déficit habitacional? Não demorou muito, a carroça virou abóbora, e a abóbora apodreceu. Oficiais de justiça apareceram com pedaços de papéis, dizendo que aquele terreno era da prefeitura, que queria reavê-lo – e rápido. "Desde quando nos pediram papéis para comprovar o que todos sabem, isto é, que nascemos e crescemos aqui?", indagaram os moradores, atônitos. "Ordens, senhores e senhoras, ordens." Em lugar do PR – ponha-se na Rua – de 1808, havia agora o SMH – Secretaria Municipal de Habitação – fazendo as vezes de uma marca amaldiçoada. Como o poder público é preocupado com as pessoas pobres, não deixou ninguém desassistido: Que tal um aluguel social de três meses de duração, ao valor de quatrocentos reais? Certo, vamos tentar negociar uma vez mais. Que tal uma casa no condomínio "Minha casa, minha vida", em Santa Cruz, a 50 quilômetros de distância, onde as famílias ainda terão o privilégio de contar com segurança privada 24 horas por dia, 365 dias por ano, desde que paguem as suas taxas e não se metam a questionar as ordens da milícia? Não agrada de novo? Bem, neste caso não resta nenhum outro intermediário, que não seja o trator. A Justiça? Bem, basta uma liminar para se colocar uma casa no chão, depois, mesmo se aparece uma decisão contrária, já o objeto está perdido, literalmente... Hoje, a um ano da Copa, resta uma mulher, Madalena, com os olhos tristes mas firmes, casas em ruínas, entulho e lixo não recolhidos, ocupados por novas gerações de desabrigados, que serão substituídos por outros, que ocuparão as ruínas das ruínas por sua vez, porque os prometidos investimentos nas áreas sociais nunca vieram e o número de sem-tetos nas grandes cidades –

incluídas aquelas que terão o "privilégio" de sediar o torneio – só cresce. Pobre Metrô-Mangueira: tão longe de Deus, tão perto do Maracanã.

Será que ficou bom? Eu rabisquei isso ainda ontem, depois da briga com a Alice, inspirado pela cachaça que filei de um desconhecido. Essa foi uma sábia decisão, porque, com a dor de cabeça que eu sinto agora – é claro que não deveria ter aceitado o convite para encontrar velhos amigos em um tributo aos Smiths no estado de espírito em que me encontrava, o que me fez mergulhar numa espiral de álcool, autocomplacência e pensamentos negativos, que terminou ao redor de um vaso sanitário às cinco horas da manhã –, com a dor de cabeça que eu sinto agora não conseguiria terminar nem a primeira linha.

Mando o texto para a Rita e também para o Wiliam (a ideia é que as palavras acompanhem as suas fotos). Espero que eles não demorem a responder. Acho que vou mandar para a Flávia também. Pelo visto, ela me ligou ontem. Sim, ela me ligou ontem, mais de dez vezes. Também me escreveu: "Preciso falar contigo urgente." O que terá acontecido? Ligo e dá caixa postal. Só dá caixa o tempo todo. Acho que eu tenho o telefone da Karen aqui. Ela também não sabe de nada, porque a Flávia não dormiu em casa. Terá acontecido alguma coisa? Na sala, minha mãe está com o computador aberto, provavelmente em algum site de compras, e meu pai assiste a um programa de futebol sobre o jogo de amanhã – ele vai à partida com o sócio, que herdou o meu ingresso. Tomo um Ibuprofeno e saio atrás da Flávia. Além da preocupação sincera, este é um bom motivo para não ficar em casa.

FLÁVIA

Desperto com o cheiro do café e o barulho de chiados num rádio. Abro os olhos com a insegurança de quem não está em casa. Credo, que sofá-cama duro (mesmo para os meus padrões pouco exigentes, de quem dorme numa cama de viúva usada)! Minhas costas doem, mas isso também tem a ver com a friagem de ontem, aquele chão de concreto. Ontem... como nebulosas que colidem de repente, o dia de ontem vem inteiro à minha cabeça, inteiro. Não me arrependo de nada. É bom dar-se conta, ao acordar, que você não tem do que se arrepender. Ao menos, repetir isso me deixa mais confiante. A Pipa dorme ao meu lado (na verdade, ela roubou toda a coberta para si, a egoísta). Deitado no chão, de bruços, dorme o Navalha.

Na cozinha, avisto um vulto a se mexer diante do fogão, e fecho os olhos para que ele não me veja. Depois, abro um dos olhos, como quem espreita por uma fresta. A mulher – pois sim, o vulto é de mulher – veste uma calça cor de creme, uma blusa preta de mangas compridas e tem um lenço roxo amarrado no cabelo. A princípio, parece que ela fala sozinha; depois, reparo que ela comenta as intervenções do locutor:

"O fim de semana terá dias ensolarados e noites com temperaturas baixas no Rio"

– Graças a Deus, pelo menos não vai chover amanhã, na visita.

"Bombeiros chegaram há pouco até a praça da Cruz Vermelha, onde um incêndio atinge um sobrado"

– Eu queria saber se alguém se preocupa com a manutenção desses prédios.

"A bruxa não está solta só no Brasil, não: novos protestos violentos ocorreram na Turquia e no Egito"

– Está tudo revirado de cabeça para baixo mesmo, Deus que nos ajude.

"Resumo da novela Amor à vida: Paloma tenta convencer Bruno a deixá-la levar Paulinha para casa. Patrícia e Michel ficam juntos. Elenice descobre que Glauce retirou um prontuário do arquivo e conta para Joana"

– Gente, será que finalmente a Paloma vai conseguir?

Pé ante pé me levanto para ir ao banheiro. A mulher se vira e me olha: eu aceno com a mão direita, constrangida, e fecho a porta de plástico. Sento-me no vaso e tenho vontade de ficar aqui para sempre, ou, pelo menos, até o Navalha acordar. Já não sei se não me arrependo de nada que aconteceu ontem. Dormir com um amigo não tem nada demais, a não ser por dois motivos: 1) é raro que o amigo saiba lidar com isso, e 2) é raro que eu saiba lidar com isso. Lavo o rosto com água fria e, então, desperto. Olho-me no pequeno espelho com as bordas laranjas, dou uma arrumada mínima no cabelo. Tudo bem, Flávia, tudo bem. Somos todos adultos e o que está feito, está feito.

Reabro a porta e noto, desolada, que a Pipa e o Navalha dormem feito pedra. Na cozinha, a mulher segue seu diálogo nas ondas do rádio. De súbito, tenho uma curiosidade enorme de conversar com ela.

– Bom dia – digo, encostando-me no pequeno batente que separa a cozinha da sala.

– Bom dia – ela responde, sem deixar de bater ovos dentro de uma bacia. Sobre a pia, um relógio marca 6h45.

– Quer ajuda?

– Para fazer um bolo?

Calo-me. Ela logo emenda:

– Você pega um pote de margarina para mim na geladeira, por favor?

– Claro.

Ela parece bastante concentrada na mistura. Fala, sem parar de bater:

– Quando eles acordarem, o café vai estar pronto. Menina, por que você levantou tão cedo?

– Não sei... Perdi o sono.

– Que desgraça o que aconteceu com essa rapaz, o Marcelo. Eu avisei tantas vezes ao Roberto Carlos.

Quase perguntei pelo Roberto Carlos, mas me lembrei que se trata do Navalha.

– Eles eram muito amigos, não eram?

– Como unha e carne. Nem com o irmão ele era grudado desse jeito.

– Ele e o irmão não conversam muito?

– No Natal. Fora isso, o Paulo não quer o Roberto lá e eu também não faço questão. Às vezes, eles trocam cartas.

Sim, acabo de me lembrar do irmão do Navalha que está preso, e da experiência não-mística de quase-morte deles.

O locutor anuncia: *"Desde as primeiras horas da manhã, o BOPE faz uma operação na Vila Cruzeiro"*.

– É o que eu digo: o salário do crime é o preço da morte, mas esses meninos não escutam.

A angústia no seu falar mostra que "esses meninos" não são uma ideia, mas rostos e corpos conhecidos, que ela deve ter segurado nos braços quando eram pequenos.

– O que é incrível é que, fora da favela, é como se essas coisas não existissem. É como se a vida pudesse seguir seu curso normal, morram quantos morram aqui dentro – agora sou eu que penso em voz alta.

– Eu sei disso. Às vezes, saio daqui cedo, com o barulho do helicóptero em cima da minha cabeça, tiroteio comendo solto, como se o mundo fosse se acabar. Uma hora depois, quando chego no Leblon, as pessoas passeiam com os cachorros, exercitam-se na beira da praia.

– É revoltante.

Ela se vira para mim e pergunta:

– Por quê?

– Por quê? – Confesso que me espanto com a dúvida sobre o que parece inquestionável – Porque... porque não deveria haver tanta desigualdade, eu acho.

– Vocês com esse comunismo! Pobre tem que ralar, ralar pesado, de nada adianta ficar se lamentando. Cabe a Deus apontar as estrelas que têm que brilhar.

– A senhora há de convir comigo que muitos que não ralam se dão bem, e que tem trabalhador passando fome.

– Quem sabe? A justiça não é coisa dos homens. Julgar é função de Deus.

Ela coloca a massa no forno, senta-se em volta da pequena mesa retrátil, enche uma xícara de café e pinga quatro gotas de adoçante. Indaga-me:

– Você quer?

– Eu aceito, obrigada.

– Açúcar ou adoçante?

– Puro.

Ela faz uma cara de desgosto:

– Você consegue beber puro?

Sorrio:

– É, cada um com a sua mania.

– Vai ficar em pé?

– Ah, não. Obrigada – sento-me no banco de plástico.

Ela sorve o café e olha o Navalha, que dorme no chão.

– Ele é briguento, mas eu sei que ele tem um coração bom.

– Um dos melhores corações que eu conheço.

Ela suspira:

– Queria ter dado uma vida melhor para eles.

– E o pai?

– O pai deles?

Assinto com a cabeça. Ela segue:

– Vale de nada, está sumido no mundo. Mas eu também não fui mãe obrigada. Falhei em muitos pontos.

– Falhou? Eu imagino a luta para criar dois meninos sozinha, tendo que trabalhar o dia inteiro para pagar as contas.

– Isso, é verdade. Muita luta mesmo. Um, eu quase perdi; o outro, sempre fica ali, rodeando o perigo.

– Ser mãe não é fácil.

Ela me olha, intrigada. Depois, enche de novo o copo de café e indaga:

– E você lá sabe o que é ser mãe, menina?

– Eu tenho um filho.

Ela parece espantada:

– Mas tão nova!

– Só na aparência – gracejo.

– Quantos anos ele tem?

– Oito.

– E como se chama?

– Vítor.

– Nome bonito.

– É – repito. Não tenho ânimo para explicar que fiz a besteira de pôr o nome do pai nele.

– E o pai?

– Não vale de nada.

– Sei como é – ela diz e agora nós duas rimos juntas. Depois disso, é como se o gelo tivesse se partido. Falamos sobre crianças ("seja como for, elas são sempre uma benção"), novelas antigas ("as de hoje em dia só têm sem-vergonhice"), o preço absurdo das coisas no supermercado ("mas não deixe de comer arroz e feijão, você está muito magrinha"). Eu até arranco dela, depois de muita conversa, uma opinião favorável aos protestos, com uma ressalva: "desde que não tenha violência". Compartilhamos o primeiro pedaço de bolo, quente e açucarado, desses que nos renovam as forças para encarar a vida. Até que, de repente, notamos que o Navalha está atrás de nós, com os olhos esbugalhados.

– Que cara é essa, Roberto Carlos? Eu hein, parece que viu fantasma! – Diz a minha nova amiga.

NAVALHA

Por um momento, pensei que ainda estivesse sonhando. A Ventania e a minha mãe conversavam na cozinha – esta mesma cozinha que me viu tantas vezes com raiva ou com fome, e que hoje parece diferente pela presença inusitada. Como isso é possível? É incrível, mas parece que elas se entendem.

Minha mãe diz:

– Vai se arrumar, porque está quase na hora do velório.

Velório é uma palavra horrível. O relógio marca oito horas. O sepultamento do Golpe começa às 9h00, no cemitério de Inhaúma. Sepultamento, outra palavra horrível. Eu, por mim, não faço questão: quando bater as botas, podem me jogar no rio Jacaré, deixar que o fluxo me leve. Não quero choradeira.

A Ventania me olha e eu não noto nada de diferente. A não ser que ela parece mais bonita hoje, talvez porque o ar da sua graça faz um contraste com a pobreza das paredes descascadas, da combalida mesa de centro. Ela bebe café na xícara daqui de casa mesmo? Ontem foi um dia que mais parece uma ilusão: Golpe e Ventania, como o sol e a lua, o avesso e o avesso do avesso.

A ficha ainda não caiu. Acho que vou me dar conta de que o Golpe morreu na segunda-feira de tarde, quando não tiver nada para fazer em casa. Os amigos que sobraram ou estão plantados firmes na boca, ou trabalham na rua, como o Zero Bala. A Estéfani ontem se desdobrou, segurou as pontas na casa do seu Otávio. Por uma mulher dessas vale a pena vender bala no ônibus, gastar o tênis e a alma na correria para alimentar a escadinha que se estica a cada ano. Eu faria isso pela Ventania? Essa não é a questão. Ela nunca ficaria em casa, cuidando de filho. Isso seria tão imbecil como trancar na grade um pássaro livre, castigá-lo pela sua beleza.

É estranho, mas nunca pensamos tanto na vida como quando nos deparamos com a morte de outra pessoa.

Acordo a Pipa, que me xinga, vira para o lado e continua a dormir. Insisto, ela levanta, me olha e diz:

– Cuzão!

A Ventania intercede:

– Que conversa é essa?

Por sorte, a minha mãe está no quarto, se arrumando.

– Você é outra! – ela diz, com raiva.

– Adolescentes!

– Você, não é? Porque não sabia nem onde ficava essa merda desse Jacarezinho. Se dependesse de você, ainda estava perdida.

A Ventania coloca as mãos na cintura e parece não saber o que dizer.

Eu pergunto à Pipa:

– Por que tanta raiva?

Ela me olha e responde:

– Você sabe porquê.

A Ventania fala, num tom conciliador:

– Pipa, o Navalha vai enterrar o amigo dele, será que este é o melhor momento de discutir por causa de uma bobeira?

– Bobeira? Vocês me deixam sozinha num lugar estranho e isso é uma bobeira?

– Desculpa – diz a Ventania e ergue o braço –, foi mal. Reconheço. Podemos não brigar?

A Pipa tenta manter a raiva, mas vejo que ela já cede. No fim das contas, elas não vão ao enterro. A Pipa tem uma assembleia, lá na ocupação onde ela mora, em que discutirão a sua provável expulsão, "por causa de uns bagulhos nada a ver", segundo conta. Eu as acompanho até a antiga avenida Suburbana. Os ônibus, por desgraça, passam a toda hora. Antes de partir, a Ventania se vira e me diz:

– Você vai amanhã, não vai?

– Só não vou se não estiver vivo.

– Não faça brincadeiras idiotas.

Quando o ônibus arranca, ela ainda me olha, e eu daria tudo o que eu não tenho para saber o que ela vê.

Hoje é um dia triste, mas ainda resta alguma coisa. No fim das contas, fuçando bem, sempre resta alguma coisa, não é mesmo? Procurar e se mover atrás dessa coisa (que não se define de uma vez; que varia de pessoa para pessoa; varia, em cada pessoa, ao longo do tempo), voltar a procurar e a se mover outra vez, e de novo e de novo, até o último sopro, talvez seja isso o que se chama: "viver".

APÊ

Na casa da Flávia, encontro a Karen com o semblante preocupado, falando ao telefone:
– Eu prometo ao senhor que aviso assim que ela chegar (...) Ela esqueceu o telefone em casa, ele descarregou, o senhor sabe como ela é. (...) Pode deixar.
Depois, ela desliga o telefone e me diz:
– Era o pai dela.
– Eu imaginei.
– Até o Presidente arranjou um celular emprestado e ligou da Cinelândia. Parece que ela saiu ontem de repente, com aquela garota de cabelo azul.
O interfone toca.
– Alô – diz a Karen.
Do outro lado, ouço uma voz de criança:
– Oi. É a Venta?
– Não.
– É da casa da Venta?
– Você quer dizer da Flávia?
– Isso.
– Sim.
– Ela já apareceu?
– Quem fala?
– É o Zeca. Eu sou amigo dela.
– Oi Zequinha, não se lembra de mim?
– É claro que eu me lembro.
– É claro que ele não se lembra (a Karen sussurra para mim).
– Lembro sim! Ela já apareceu?
– Ainda não.
– Certeza?
– Bem, a menos que ela tenha se tornado invisível, tenho.
– Tá bom. Obrigado.
– De nada. – E, depois que o aparelho volta para o gancho. – Que menino educado!
Ranger de porta e, no limiar do corredor, aparece a figura pálida da Vivian:
– Aconteceu alguma coisa?

– A Flávia está sumida desde ontem.

– Como assim, sumida?

– Ela estava na Cinelândia, saiu correndo de repente e desde então não deu notícias.

Eu complemento:

– Ela me ligou, dizendo que precisava falar comigo com urgência.

– Caramba! – A Vivian leva a mão aos lábios e se senta no sofá. – Será que ela ficou chateada com alguma coisa que eu disse?

A Karen corta-a sem meios termos:

– Você acha que ela ficou chateada com o que você disse e, por causa disso, resolveu sair por aí, perdida pelo mundo?

– Eu não disse isso. É que...

Nesse momento, uma chave se mexe no trinco, e a Flávia aparece na sala, acompanhada do Zequinha (o qual, pelo visto, ficou de plantão diante do prédio).

A Karen, a Vivian e eu olhamos para ela, espantados:

– Gente, que cara é essa? – ela pergunta.

A Karen não perdoa:

– Flávia, Ventania, ou seja lá o que for: você é uma irresponsável!

A Vivian se levanta:

– Bem, agora eu sei que não tenho culpa de nada – e caminha, de volta para o quarto.

A Flávia pergunta:

– Por que eu sou irresponsável?

– Porque você some sem deixar rastos.

– Depois de me mandar mensagem dizendo que tinha uma emergência – Completo.

– Primeiro, eu esqueci o celular no silencioso, depois, minha bateria descarregou!

A Karen retruca, cheia de uma raiva protetora:

– Presta mais atenção da próxima vez!

O Zequinha repete:

– É, presta mais atenção da próxima vez!

– Essa é boa. Agora, depois de velha, eu sou tutelada!

A Karen pergunta:

– Mas, afinal, o que foi que aconteceu?

– Depois que a gente almoçar, e o Zequinha sair aqui de barriga cheia, eu conto.

O menino faz uma cara contrariada:

– Já puxei até cadeia, não sou mais uma criança!

A Flávia ri; a Karen exprime profundo desgosto. Depois do almoço – um macarrão a alho e óleo feito em dez minutos pela Karen e Coca-Cola sem gás –, com o "menino" devidamente despachado (não sem protestar, e prometendo descobrir o que aconteceu "de um jeito ou de outro"), a Flávia conta a história terrível envolvendo o tal do Golpe, a noite passada na casa do rapaz, dentro do Jacarezinho. A Karen está consternada:

– Muita crueldade.

– Lamento não ter atendido o telefone – digo.

– Apê, você não teria conseguido fazer nada.

– O pior é que eu sei disso. As coisas de vida ou morte se decidem pela força, não pelo direito.

A Karen me olha:

– Você não soa muito como um advogado dizendo isso.

– Por isso que eu vou largar a faculdade.

– O quê? – Ela diz, com espanto.

– Jura? – A Flávia, idem.

– Pois é.

Aproveito e conto sobre a minha ida ao Metrô Mangueira, e mostro as fotos que o Wiliam já postou, com o meu texto. Em duas horas, já temos 432 compartilhamentos.

A Karen comenta:

– Não sei se digo que está ótimo, pela qualidade da matéria, ou se está tudo uma merda, pela situação relatada.

– Fique com a situação real.

– Então, tá: mas que merda!

– Falando nisso – digo para a Karen –, você vai amanhã?

– Não iria, porque entro em semana de provas. Mas, depois do que ouvi hoje, podem estar certos de que estarei lá!

Após o almoço, enquanto eu lavo a louça, ouço a Flávia cantarolar no quarto. Depois, ela se enreda numa longa conversa com o pai e com o filho. Não sei se ela percebe, mas há um pequeno exército de pessoas que a amam e que buscam morder um pedaço da sua atenção o tempo inteiro.

Deve se passar uma hora, sei lá. Depois deste tempo, ela sai do quarto enrolada na toalha e parece se assustar ao me ver. Diz, sem graça:

– Ah, achei que você já tivesse ido. Vou tomar banho.

– Está bom.

Ela fica parada, me olhando. Depois diz:

– Está bem – e sai andando.

Será que eu estou sendo inconveniente? Bom, ela não disse as palavras "saia da minha casa agora", com todas as letras.

Meia hora depois ela volta, não fala nada, se tranca no quarto, troca de roupa e sai.

– Você quer um café? – pergunta, solícita.

– Aceito.

Quando as xícaras estão cheias, ela apoia os cotovelos na mesa e me pergunta:

– Apê, você está legal?

– Eu? É claro... Quer dizer... Sim.

– Desculpe a franqueza, mas não parece.

– Não?

Ela apenas faz um gesto com a cabeça e volta a apoiar os cotovelos na mesa, me encarando. Eu poderia morar uma semana dentro desse olhar. Ela tenta:

– Você está preocupado com o movimento?

– Também. Não sinto que o ato de amanhã tenha a mesma força de convocação que os outros.

– Por quê?

– Veja a tua amiga, a Karen: ela não é uma militante, é apenas uma pessoa com a consciência média normal. Há uma semana, se lhe perguntassem se iria ao próximo protesto, ela não só diria que sim como levaria outras pessoas.

– O coletivo socorrista?

– Isso. Agora, ela disse que tem que estudar para as provas...

– Ela disse que irá.

– Porque nós a convencemos.

– Como ela, outras pessoas podem se convencer também. Até gente que nem pisou nas ruas no mês de junho.

– Será possível? Acho que não sobra mais ninguém.

– Se você visse o que eu vi no Jacarezinho, veria que ainda sobra muita gente. Talvez a questão não seja só estas pessoas virem aos protestos, mas os protestos também irem até elas.

– Pode ser.

– É sério. Eu vejo, lá na Cinelândia, a quantidade de gente que para e conversa conosco. Pessoas as mais diferentes: sem-teto, donas de casa, funcionários públicos...

– Falando nisso, como está a conversa sobre a ocupação da Câmara?

– Digamos que está virando um relacionamento sério.

– Tomara que dê certo.

– Quem sabe?

Depois de um tempo, ela volta à carga:

– E então?

– E então que, no meio disso, a minha vida está pelo avesso. Eu não gosto de falar muito dessas coisas, mas lá em casa não vai nada bem, eu decidi sair do curso, do escritório.

– Seu pai deve estar furioso.

– Não, não está furioso. Já esteve. Agora ele está apenas frustrado.

– Ele já é grande o suficiente para lidar com as próprias frustrações. Você não deve pautar a tua vida por conta disso.

– Queria que fosse assim tão simples.

– Eu disse que é simples? Mas isso não significa que eu não pense desse jeito e ache que você também deva pensar e viver de acordo com as tuas convicções.

– Eu admiro a tua determinação.

– Obrigada, mas deixa essa parte do "eu te admiro" para depois da décima cerveja – ela ri e enche outra xícara de café.

Eu crio coragem e falo:

– Também tem a Alice.

– Quem é a Alice? Ah, sim, tua namorada.

– Ex-namorada.

– Sim. O que tem ela?

Resumo, como posso, a história da gravidez, até o último diálogo. Ela reflete seriamente no que eu digo. Pergunto, ávido pela sua solidariedade:

– Você acha que eu agi certo?

– É claro que não.

– Por quê? Você queria que eu dissesse que fico muito feliz em ser pai, quando decido começar tudo de novo? Ter um filho com a namorada que me deu um fora?

– A questão não é o que eu quero ouvir, Antônio Pedro. A questão é ela.

– Sim, e isso o que... Bem, o que ela deveria esperar que eu dissesse?

– Vocês não fazem ideia, não é?

– Como "vocês"? Tem mais alguém nessa cozinha?

Ela balança a cabeça numa negativa. Depois, diz:

– Tente dizer assim: 'Alice, você sabe o que eu penso, mas eu irei te apoiar e estarei do teu lado qualquer que seja a tua decisão'.

– Eu não sei se tenho certeza sobre isso.

– Ah, por favor, Apê! Pode ter certeza que as tuas dúvidas e confusões não são nada, mas nada mesmo, se comparadas ao que ela está sentindo agora. E 'sentindo', neste caso, não é mera força de expressão.

Ela fala de modo incisivo e me aniquila, mas, ao mesmo tempo, me desperta. Como eu não pude ver o que era tão simples?

– Você está certa.

– Nesse caso, eu sei que estou certa. – E, passado um instante. – Olha, não fique para baixo. Apenas se corrija. Dá tempo.

– Farei isso.

– Faça agora.

– Agora?

Ela ri:

– Não precisa ser tão literal. Acho que não faz tanta diferença se você esperar chegar em casa.

– Está legal. Obrigado.

Ela se levanta e me acompanha até a porta da sala. Diz:

– Então, até amanhã.

– Até amanhã e obrigado de novo.

– Não tem o que agradecer.

No exato momento em que ela abre a porta, nos deparamos com a Pipa, que já tinha a mão levantada para tocar a campainha. Ela está com a cara vermelha e os olhos rasos de lágrimas; carrega um travesseiro na mão e uma mochila do tamanho de uma casa pendurada às costas. A Flávia pergunta, surpreendida:

– O que houve?
– Eu fui expulsa da ocupação. Posso cair aqui, até segunda-feira?

Domingo, 30/06/2013

NAVALHA

Na saída da favela, dois policiais apontam para mim. Eles nem tentam disfarçar: é explanado mesmo. Se eles me parassem, seria menos pior, porque eu saberia qual é a bronca de agora. Não ficava o resto do dia preocupado com a possibilidade daqueles dedos terem desenhado, agora mesmo, um *x* na minha cabeça.

Desço em frente à Uerj. Para os lados do estádio, há viaturas, ônibus, caminhões e motos de todas as polícias que se possa imaginar. Não parece que haverá uma partida, mas uma parada militar aqui perto. Vindo no sentido oposto, avisto um grupo de dez pessoas, que seguram cartazes.

– Vocês vão para o protesto? – pergunto, quando eles se aproximam.

– O protesto já terminou – responde uma mulher, com camisa verde e amarela onde está escrito "luta e protesto" no lugar de "ordem e progresso".

Eu tomo um susto:

– Como assim, "já terminou"? Mas não são nem duas da tarde!

– Não, amigo. O nosso era de manhã. De noite, é o pessoal que só quer saber de confronto. É melhor você tomar cuidado – ela diz e eles se afastam.

Ufa! Cheguei bem a tempo.

FLÁVIA

Na mesa do café, a Karen e eu conversamos sobre a Pipa (ela dormiu no sofá, mas eu a acordei quando levantei e pedi que fosse para a minha cama).

– Flávia, eu entendo a tua situação. Eu também não diria 'não' para uma amiga. Mas só até amanhã. Pode colocar a culpa em cima de mim.

– Não se preocupe. Foi o que combinamos.

Ela faz uma expressão de incredulidade (não sei se o descrédito recai mais sobre a Pipa ou sobre mim). Pergunto, para romper o gelo:

– Vamos juntas ao protesto?
– Não vai dar. Eu terei que sair mais cedo, para comprar os materiais de primeiros socorros.
– Ah, que bom.

Bom? Sim, o engajamento dela é bom. O fato de nós precisarmos desse tipo de "material", não.

APÊ

Ontem, quando saí da casa da Flávia, eu estava decidido a ligar para a Alice, mas, à medida que a ideia ganhava contornos concretos, ela parecia mais e mais difícil. Ainda a coisa do protesto. Amanhã, eu prometo para mim mesmo que ajeitarei tudo. Na mesa da sala, o jornal ainda não lido destaca que nem a presidente nem o governador estarão presentes à final. Pelo visto, não sou só eu que decidi adiar o encontro com os meus problemas.

NAVALHA

A caminho da praça, encontro um grupo de pessoas que vai na mesma direção. Eu estou escaldado de andar sozinho, porque há carros e motos da Tropa de Choque que passam, voados, a toda hora. Esse, em si, não é o problema: o problema é quando eles vierem devagar, quase parando.

FLÁVIA

Cai a tarde quando a Pipa e eu chegamos à praça Saens Peña. A primeira coisa que chama a atenção é a quantidade esmagadora de policiais que há por aqui. Estacionado atrás da praça, há um ônibus com vidros escuros onde se lê: "Polícia do Exército." Não sabia que o Exército servia para patrulhar as ruas. Enfim, se uma coisa este mês me ensinou, é que eu não sei quase nada! Aos gritos de *"Não vai ter Copa!"* nos aproximamos do perímetro de segurança, em frente ao Rio Maracanã, guardado por linhas sucessivas de policiais.

Não há mais caminho. A estrada, finda-se aqui.

No entanto, esses milhares aqui reunidos – no curso da caminhada o protesto cresceu, como um bloco de carnaval que arrasta gente por onde passa – não parecem dispostos a dar de ombros e ir embora. Até que tudo se transfigure, eu sei que é só uma questão de tempo.

Falando em tempo: onde estará o Navalha?

APÊ

Estou ansioso. Pensei que hoje viesse bem mais gente. À primeira vista, parece até que é um protesto da polícia, dada a quantidade de soldados. Compartilho minha preocupação com a Rita, que sacode a cabeça, numa negativa:

– Apê, hoje o Brasil vai jogar uma final de campeonato no Maracanã. Foi montada uma operação de guerra contra o nosso ato. Além disso, dividiram o movimento, com essa palhaçada que houve mais cedo. Nesse contexto, não me parece que estas milhares de pessoas sejam pouco. A verdade é que o mês de junho nos deixou mal-acostumados.

Sob efeito das suas palavras, observo a praça com outros olhos. Aqui estão os que já estavam nas ruas antes de junho. Várias dessas pessoas – o bombeiro detido no motim de 2011, a mãe que perdeu seu filho numa chacina, os estudantes "revolucionários" que tremulam a bandeira da Palestina – que eu conheço de vista das assembleias e dos atos, já estavam aqui, muito antes de as coisas acontecerem. Estarão aqui, sem dúvida, depois. Para elas, o Brasil não é nem nunca foi o país do futebol; o lugar onde o correto é tirar vantagem. O que podem os cordões policiais, diante desta natureza de ir contra a corrente?

Precedida pelos fogos de artifício, a manifestação põe, enfim, os pés na rua. Só então avisto a Flávia, do outro lado da avenida. Ela me acena, mas, antes que nos encontremos, a marcha arranca. A sorte está lançada.

NAVALHA

Para evitar as barreiras policiais, nós fomos obrigados a nos desviar bastante do caminho (muitas barreiras). Eu entrei e saí de ruas nas quais nunca pisei antes, e me perdi algumas vezes nesse labirinto de prédios. Tijuca, bairro horroroso: uma Copacabana sem praia, cheia de gente metida a besta. À medida que nos aproximamos, consigo ouvir as explosões das bombas. Como eu encontrarei a Ventania no meio dessa confusão?

APÊ

Em frente à barreira, um jovem vestido com camisa social argumenta com os policiais enfileirados:
– Como vocês podem impedir nosso direito de livre manifestação? Este lugar não pertence à FIFA, mas aos cidadãos do Rio de Janeiro!
O soldado não diz nada. Deve ouvi-lo com tanto tédio quanto eu, que aprendi, aos trancos e barrancos, que este tipo de conversa é inútil.
– Quem vai impedir o nosso direito de ir e vir, hein?
Um tenente responde:
– Só cumprimos ordens.
O jovem se exalta, com aquele desprezo absoluto ao que lhe é tão caro, e, no afã da argumentação, seu braço resvala no tenente, que perde de vez a paciência:
– Se encostar em mim de novo, vai preso!
Uma garota muito branca, vestida com um casaco da Escola Americana, intervém:
– Nós não queremos violência. Só estamos aqui para reivindicar os nossos direitos pacificamente.
Um sargento negro, com os bigodes espessos, faz um gesto afirmativo com a cabeça. Com certeza, não é em jovens como aquela que os policiais pensam durante suas instruções de abordagem de suspeitos.
Nessa hora, voam algumas garrafas na direção dos policiais. Uma quase me atinge. Umas vinte pessoas gritam: "Não tem arrego!"
A garota da Escola Americana se volta para trás, na direção dos que gritam:
– Vocês estão malucos? Nós somos contra a violência!
Uma outra mulher, com camisa vermelha no rosto, sai do meio da aglomeração e, com o dedo em riste, responde-lhe:
– Quem é contra a violência? Você já subiu alguma vez numa favela? Que tal gritar contra a violência quando o Caveirão aparecer

na sua frente? Violência é o que eles fazem. O que nós fazemos é resistência!

Há aplausos para a mascarada. A outra responde:

– Que isso? Que violência de pensamento!

A sua voz é calma como a das ondas do mar. A outra, dura como uma bigorna:

– Então, sai da frente!

Dito isso, ela volta para o meio da manifestação. O sargento diz, para a outra:

– Viu?

Não sei o que ele quer dizer com "viu?" Isso significa: nós temos o direito de jogar bombas em cima de vocês (incluindo a pacifista da Escola Americana)? Porque é o que acontece, assim que o relógio marca 18h. Bombas e tiros, tiros e bombas, bombas, bombas. Em meio à névoa, sobressai um clarão incandescente: alguém acaba de arremessar um coquetel molotov.

FLÁVIA

A Pipa berra nos meus ouvidos:

– Não solta da minha mão!

Dali a um minuto, entretanto, é isso o que acontece: por força da desorientação e do desespero, corremos em sentidos opostos, todos os quais parecem igualmente cercados.

A uns quinze metros, vejo tremular a bandeira da Palestina. Ao seu redor, o único grupo de pessoas que se mantém compacto. Tento ir na sua direção, mas novas explosões e escudos se interpõem no meu caminho. Corro. Para onde? Não faço a menor ideia. Apenas...

NAVALHA

Em frente ao Colégio Militar, me reúno ao que parece ter restado do protesto. Não reconheço ninguém: mesmo aqueles que não costumam se mascarar, são obrigados a proteger o rosto, pela quantidade insuportável de bombas jogadas contra nós. Hoje é, disparado, o pior dia. Minha garganta fecha algumas vezes. "Calma, isso passa." Uma bomba, da qual se desprende uma fumaça azul, cai bem do meu lado e eu a chuto de volta. Depois, vem outra e outra. Alguém desaba do meu lado, atingido por um tiro de bala de borracha na perna. Uma dupla de socorristas voluntários se aproxima e também é alvo dos tiros.

– Corre, corre!

Há policiais não só à nossa frente, mas nas esquinas das ruas em que passamos; na retaguarda; em todos os lados. Até helicópteros da polícia fazem voos rasantes, para espalhar mais o gás. Nem no Jacaré eu já vi tantos de uma vez só, assim. Poderia até dizer que aqui seria o lugar mais estreito em que eu já estive, não fosse o tipo da munição empregada. Apesar de tudo, isso faz uma baita diferença.

APÊ

Mal consigo respirar e não enxergo nada. Amanhã sem falta eu vou comprar uma máscara de gás, daquelas enormes, no Mercado Livre.

Corro, de mãos dadas com a Rita. Estamos fechados num anel de fumaça e fogo.

– Eu não aguento mais – ela diz, colocando as mãos nos joelhos. Continue.

– Eu não vou te deixar aqui!

– Eu vou para a delegacia e depois me liberam.

– Vamos Rita, eu te levo.

– Aí seremos dois presos, em vez de um.

– Nem pensar.

Quando tento pegá-la no colo, dou-me conta de que as minhas forças também se esvaem. Sem ar, com a camisa transformada num trapo nojento de vinagre e suor, tento duas vezes e não consigo.

– Vocês, aí, parados! – um policial grita.

A Rita ergue os braços:

– Está bem.

Quando ele se aproxima, ela dá um chute no seu joelho (sem força alguma, mas capaz de atrair a sua fúria) e me grita:

– Foge, Apê!

Com as últimas energias que me restam, saio em disparada, enquanto vejo a minha amiga desaparecer no meio de uma bolha de fardas e coturnos.

Numa esquina, vejo homens da Tropa de Choque posicionados; atrás, vêm a Cavalaria. Estou perdido.

FLÁVIA

Só vejo coturnos e cassetetes marchando na minha direção, em câmera lenta. Não tenho mais forças; privada de oxigênio, quase não raciocino. Estou a ponto de desistir.

NAVALHA

Apesar de tudo, eu não posso reclamar da sorte. Quando já não tinha mais aonde ir, avistei o grupo que se mantinha reunido em torno da bandeira da Palestina. Percebi quando eles se meteram dentro de um prédio e, sem pedir licença, entrei no meio. Um homem mais velho, de óculos, com um sotaque que não era do Rio de Janeiro, me perguntou:
– Você por acaso é da polícia?
Eu devo ter feito uma cara bem feia, porque, antes que eu respondesse, ele continuou:
– Brincadeira. Se fosse da polícia, não precisava de esconderijo, não é, juventude?
Ele fala de uma maneira engraçada. Isso lá é jeito de chamar alguém, "juventude"? O que importa é que eu consegui abrigo.

FLÁVIA

– Entra logo, Ventania – alguém me puxa, com força, quando estou quase inconsciente, para dentro de uma garagem.

APÊ

Ouço uma voz conhecida, que me grita:
– Apê!
Olho ao redor, surpreso de ser reconhecido neste labirinto de fumaça, mas não encontro nada.
– Aqui, aqui! – Vejo uma mão, que me acena do lado de dentro do que parece ser uma garagem, no subsolo de um prédio.

NAVALHA

Somos umas vinte pessoas dentro dessa garagem. Se se trepa nas grades, pode-se avistar a rua, abarrotada de cavalos. Foi assim que eu reconheci a Ventania, e esta, por sua vez, o lerdo do Apê, que quase não entrou a tempo de se safar.

Uma senhora, com os cabelos brancos como neve, nos traz uma garrafa de café e uma bandeja com pães e bolo. Enquanto as pessoas comem, ela nos conta a sua história:

– Eu conheci o pai do meu filho num dia como esse, em 68. A gente esperava a Cavalaria se aproximar e, quando eles estavam perto, lançávamos as bolas de gude para os cavalos tropeçarem. Eu era boa naquilo...

As pessoas a escutam como se também matassem uma fome. A nossa protetora continua:

– Depois do AI-5, ele abandonou a faculdade, foi para a clandestinidade e nos separamos. A última notícia que me deram é que ele foi visto ensanguentado na sede de Polícia do Exército, em fevereiro de 1970. Era lá que ficava o DOI-CODI.

O porteiro, um senhor magro e alto, com o tradicional uniforme azul, aparece girando as chaves do prédio:

– Dona Esmeraldina, a senhora vai criar um problema sério para mim! O que o síndico vai dizer se encontrar essa garagem cheia de gente de fora?

– De fora? São todos meus sobrinhos e netos.

Uma risada coletiva, cheia de calor, domina o ambiente.

O funcionário leva a mão à testa suada, resmunga e sai.

A mulher fala, diante da bandeja vazia, na qual não restaram nem os farelos:

– Eu vou lá em cima pegar mais biscoitos. Tentem não fazer muito barulho. Sabem como é, têm uns fascistas aqui no prédio.

E sai, com passos rápidos e enérgicos. Embora eu já tenha ouvido a maldita palavra outras vezes, ela a pronuncia de um jeito diferente, "faxistas." Devem ser modos de outra época. Viro-me para a Ventania e pergunto, curioso:

– O que quer dizer aquilo que ela disse, "DOI-Codi"?

– É o BOPE da época da ditadura.

Embora eu adorasse as aulas de História no colégio, não me lembro de contarem sobre isso. Vai ver, seria no ano em que não tivemos essa matéria. Ou apenas eu matei essa aula, para ficar de vagabundagem na rua com o Golpe ou com o meu irmão, aprendendo um outro tipo de coisas.

Uma mulher, com o cabelo tingido de vermelho e a camisa escrita: "Lute como uma professora", repete em voz alta uma notícia que acaba de ouvir:

– Parece que os efeitos do gás foram tão fortes que várias pessoas passaram mal dentro do Maracanã. A imprensa internacional só fala nisso.

A pequena plateia aqui reunida vibra, se abraça e aplaude como se fosse um gol. Depois, voltamos a ouvir explosões do lado de fora.

"Silêncio!" – várias pessoas advertem, cochichando. Um segundo depois, uma bomba de gás explode dentro do prédio.

FLÁVIA

Respiro aliviada ao sentir o ar fresco bater no meu rosto. Tivemos que esperar por longas horas até que a polícia levantasse o bloqueio. Pelas notícias que recebemos – precárias, porque o sinal de celular aqui quase não pega – há dezenas de feridos e presos.

Na saída, em frente ao portão de ferro, dou um abraço afetuoso na senhora Esmeraldina:

– Obrigada, viu? Muito obrigada.

– Não tem de quê. Meus joelhos não prestam mais para correr. Cada um ajuda como pode.

Um por um, os refugiados fazem fila para agradecer a dona da casa. Em alguns, ela se demora em abraços mais longos, nos cumprimentos de "companheiros".

– Pessoal – diz o senhor mais velho, de óculos –, melhor não sair em grupos grandes, porque vai chamar a atenção da polícia. Vamos nos dispersar em duplas.

Puxo o Apê e o Navalha pelo braço, cada um de um lado:

– No nosso caso, será um trio.

Só agora recebo as dúzias de mensagens da Karen:

"Vc está bem???" "Oi, como vc está?" "Responda quando puder, pf!!" "Estou em casa. A Pipa está comigo." Também há algumas chamadas perdidas da Amanda, mas, a estas, eu só retornarei amanhã.

Nas ruas, há montes de lixos revirados, cacos de vidros pelo chão, um forte cheiro de borracha queimada. No ponto de ônibus quebrado, eu espero. Os dois me encaram, como se aguardassem que eu dissesse algo.

– Gente, eu adoraria continuar a conversa na minha casa, mas é que a Pipa já está lá e eu estou um pouco... enrolada, para dizer o mínimo.

O Navalha diz:

– Eu ia para a minha casa, mesmo.

– Eu também – completa o Apê, olhando para o chão, desapontado.

Pergunto para o Navalha:

– Você tem ônibus a essa hora?

– Passa kombi a noite toda.

– Você pode cair lá em casa – o Apê oferece, solícito.

– Já disse que não precisa.

Nas paredes de uma agência bancária, do outro lado da rua, alguém pichou: "AMANHÃ VAI SER MAIOR." O relógio de rua marca 23h59. Quando ele virar, será 1º de julho, e o mês mais extraordinário da minha vida terá terminado. Quem sabe como será amanhã? Quem sabe?

FIM

Dados Internacionais de Catalogação na Publicação (CIP) de acordo com ISBD

M538j   Mendes, Igor

        Junho febril / Igor Mendes; – São Paulo: n-1 edições, 2023
        364 p ; 16cm x 23cm.

        inclui bibliografia e índice   ISBN: 978-65-81097-63-9

        1. Literatura Brasileira 2. Romance 3. Ficção 4. Contos
   I. Título. II. Série

2023-1456   CDD 869.8992
                                              CDU 821.134.3(81)

Elaborado por Vagner Rodolfo da Silva – CRB-8/9410

Índice para catálogo sistemático:

1. Literatura brasileira 869.8992
2. Literatura brasileira 821.134.3(81)

n-1

O livro como imagem do mundo é de toda maneira uma ideia insípida. Na verdade não basta dizer Viva o múltiplo, grito de resto difícil de emitir. Nenhuma habilidade tipográfica, lexical ou mesmo sintática será suficiente para fazê-lo ouvir. É preciso fazer o múltiplo, não acrescentando sempre uma dimensão superior, mas, ao contrário, da maneira mais simples, com força de sobriedade, no nível das dimensões de que se dispõe, sempre n-1 (é somente assim que o uno faz parte do múltiplo, estando sempre subtraído dele). Subtrair o único da multiplicidade a ser constituída; escrever a n-1.
Gilles Deleuze e Félix Guattari

n-1edicoes.org

v. 6027041